Någons
Dotter
Piga
Hustru
Änka

Gunvor Waller

Till Karin och Lovis

Och ett stort tack till deras bröder

för allt stöd

Omslag: Porträtt av Maria Nilsdotter "Kryper-Maja" © Paul Piltz/Bildupphovsrätt 2024

Förlag: BoD – Books on Demand, Stockholm, Sverige
Tryck: BoD – Books on Demand, Norderstedt, Tyskland

ISBN: 978-91-8080-006-8

INNEHÅLLSFÖRTECKNING

Inledning

En serie osannolika sammanträffanden gjorde att jag hittade personliga uppgifter om kvinnor som levde för mycket länge sedan.

Jag fick veta varför gamla skröpliga Kirsten i Ydre tvingades visa upp sig inför samhällets högste under ärkebiskop Abraham Angermannus räfst 1596.

Jag kunde läsa om varför Valborgs man mördades i Lekvattnet 1676 och förstå varför hon gifte om sig med en odåga i Gräsmark.

Jag fick veta varför Brita Olofsdotters man i Buckarby i Nora bar det tjusiga namnet Stålnäbb.

Våra förmödrar har kallats döttrar, pigor, hustrur eller änkor. Jag funderar på hur de kan ha haft det. Att vara hustru under den långa tid då nästan alla var beroende av marken och jordbruket var inte att vara hemmafru. Man och hustru var ett team, ett hushåll, de arbetade tillsammans för sin försörjning. De klarade sig inte utan varandra.

Överst i de äldsta husförhören står mannen i huset med titel, förnamn och patronymikon, namnet han fått efter sin faders förnamn. Hans titel och namn talar om var han hör hemma i samhället. Han kan vara bonde, torpare, fattighjon, soldat eller kyrkoherde. Han har sin egen status.
Under honom står hustrun, H plus ett förnamn.
Sedan följer döttrar och söner, D respektive S, med ett förnamn.
Längre ner kommer pigor och drängar, antingen med bara förnamn eller med patronymikon.

När en flicka föddes var hon någons dotter, i tonåren blev hon någons piga.
När hon gifte sig blev hon någons hustru. I bästa fall var hon det i resten av livet men alltför ofta blev hon ensam.
Då blev hon någons änka.
Hon var alltid någon i relation till en man.

Jag tröttnar på allt fnitter om hur bråttom män hade att gifta om sig, jag tröttnar på hurtfriska kommentarer om hur änkor nog hade en lönnkrog eller försörjde sig på annat sätt, haha. Jag läser om att änkor kunde ta över männens rörelser och att de styrde över stora gods. Den möjligheten fanns för ett litet fåtal.

Det stora flertalet änkor, och änklingar, fick det besvärligt. Tack vare arkivfynd, bokfynd och många års letande har jag fått en bild av några kvinnors liv. De är historiska personer, de råkar också vara mina egna förmödrar, förutsättningen för att jag finns.

Kvinnan på omslagsbilden får representera alla Britor, Lisor, Lovisor och alla andra kvinnor som gick rakryggade genom livet. Hon hette Maria Nilsdotter och bodde i Lekvattnet i Värmland. Hon var också dotter, piga, hustru och änka. Hon gick under namnet Kryper-Maja eftersom hon var gift med en förlamad man som kallades Kryper-Per. Men Maria böjde sig inte. Det finns foton av henne på äldre dar och ingen var så rak i ryggen som hon. Paul Piltz heter konstnären som målat den underbara tavlan.

Jag brukar åka på Släktforskardagarna som anordnas av Sveriges Släktforskarförbund. Där kan jag knyta kontakter, få inspiration och lära mig mer. I Nyköping 2015 gick jag till Östgöta genealogiska förenings monter för att få råd. Släktforskare är ett hjälpsamt släkte, jag fick uppgifter som tog mig vidare och när jag fortsatte i arkiven mötte jag Kirsten.

Kirsten är min ff ff ff ff fm ff mm. Det är så många led att tanken svindlar. Hon stiger fram ur skuggorna fast den tidens dokument bara ger mig hennes förnamn. Hon var pionjär inom sitt yrke i en tid när nya tankar mötte gamla traditioner, när det blev uppror och krig.

Valborg Mattsdotter mötte jag när jag forskade i mitt skogsfinska ursprung. Hon är historiskt belagd på många sätt, mest som dotter, hustru och änka till män som är väl dokumenterade antingen för god vandel och framåtanda eller för smussel och grova brott.

Brita Olofsdotter var helt enkelt den kvinna som kom till mig när jag fascinerades av hennes mans fantasieggande namn, Stålnäbb. Det visade sig att han bara var en liten del av hennes långa strävsamma liv. Soldaten Stålnäbb och pigan Brita upplevde Karl XII:s på helt olika sätt, han som hjälte och hon som hungrig jordbruksarbetare. Brita fick bara två barn och den äldsta dog som spädbarn. Men dottern Brita levde och efter hennes kom en rad kvinnor som förde släkten vidare.

Lisa Strömberg var Brita Olofsdotters dotterdotter. Hon bytte liv, flyttade till staden. Det var inte ett dugg mer glansfullt än livet på landet, snarare tvärtom. En änka bland änkor hade det inte fett. Männen dog ifrån dem, den ene efter den andre.

Gustava Sundin var Lisas dotter. Hon var på många sätt den som fick det eländigast av dem alla. Men hon fick se livet vända för sin dotter Lovisa.

Lovisa Ernström var en av alla ungar i fattigkvarteret men under andra halvan av 1800-talet kunde enstaka människor få ett bättre liv. Hon levde i ett långt äktenskap, familjen hade en stadig inkomst och hennes barn fick utbildning.

Varför rotar jag det här, egentligen. Inte för att oja mig över hur de hade det, inte för att det är lätt, utan därför att jag så gärna vill förstå hur de hade det.

Bland referenslitteratur och kontorsmaterial i mitt arbetsrum har jag de här två bilderna. Den övre är ett gammalt foto från Svenska Turistföreningen, den undre är en målning av Erling Ärlingsson. Det är samma motiv, kanske från samma dag och samma utflykt. Så olika kan världen se ut, beroende på hur du ser på den.

Mitt projekt har vuxit och vuxit. Jag har suttit på min kammare med den vackra utsikten.

Nutiden finns här bland nära och kära, bland vänner och i olika engagemang. Den finns på TV, i alla möjliga appar och på sociala medier.

Dåtiden finns i arkiven som numera till stor del finns i datorn, hos Riksarkivet, Arkiv Digital, digitaliserade böcker, Lantmäteriet, DigitaltMuseum, hemsidor, facebookgrupper. Via mejl och messenger har jag fått hjälp av personer med lokalkännedom som gett mig tips eller skickat mig skrifter. Det finns så många ställen att skaffa fakta och det här är inte fiction.

Ett stort, varmt tack till alla som bidragit med hjälp och peppning.

Numera läser jag sällan utan att ha en penna i handen, det finns alltid något som behöver kommenteras eller betonas eller förfasa sig över.
Jag hoppas att Du också känner att du kan klottra och vika hörn i den här boken.

Ingen levde förr i tiden.
Vi lever alla i den modernaste av tider.

Gunvor Waller

Foto: Per Börjeson

Kirsten – prästfru i krig och förändring

Kirsten grät där hon halvt satt, halvt låg, framför alla de höga herrarna. Efter ett händelserikt liv hade hon bara en viktig sak kvar att göra. Hon bad att få skiljas från Herr Måns, prästen i Ryd. Sedan skulle hon dra sig undan, bli som död. Kroppen värkte men det var hon van vid, det värsta var alla nyfikna blickar.

Ärkebiskopen hade kallat till möte i Eksjö år 1596. Där var biskopen, ett stort antal präster, häradshövdingen, fogdar och militärbefäl. På plats var också nämndemännen hemifrån Ydre härad och från flera andra härader. Kirsten var mycket liten inför alla maktens män. Naturligtvis hade de inte kommit för att lyssna på en gammal gumma men detta var hennes enda chans att få sin röst hörd.

Herr Måns hade blivit utfattig och levde i elände. Allt berodde på att Kirsten inte dög längre, att hon inte var någon riktig hustru. I fjorton långa år hade hon varit sjuk i reumatism. Hon hade ingen kraft kvar, kunde inte själv gå från rum till rum. Hushållet förföll. I sängen var hon som en avdomnad lem, otjänlig och oduglig. Hon önskade att Herr Måns skulle bli fri och få en ny hustru, en hustru som kunde arbeta tillsammans med honom i församlingen. Efter att ha tänkt igenom saken noga beslutade ärkebiskopen och biskopen att ge Herr Måns ett skilsmässobrev.

Aldrig hade jag trott att jag skulle hitta så personliga uppgifter om en förmoder som levde på 1500-talet. Historien utspelar sig i Ydre härad, i gränstrakterna mellan Östergötland och Småland. Det var en tid av stora förändringar, de åren vi kallar reformationen. Kirsten föddes som katolik, blev hustru till två protestantiska präster, mor till en prästfru och mormor till en präst.

Kirsten föddes långt innan alla personer i ett hushåll registrerades och under hela sitt liv var hon bara någon i relation till en man. Herr Bengts i Sund hustru, Herr Bengts i Sund änka, Herr Måns' i Ryd hustru. Hennes patronymikon, hennes efternamn eller fadersnamn, får vi aldrig veta. Föräldrarna var katoliker som alla andra under det tidiga 1500-talet. Vi kan gissa att Kirsten var född runt 1520.

Det ville kungen ge sina undersåtar att genom en strikt manlig arvsrätt skulle man undgå alla de maktstrider som hade slitit sönder landet innan han blev kung.
Riksdagen i Västerås 1544.

Den här historien handlar om hur livet blev för en av kung Gustavs undersåtar, en flicka som föddes uppe på Östergötlands bördiga slätt, gifte sig med en präst och flyttade från Skänninge till det bergiga och karga Ydre vid gränsen till Småland.

Dotter

Kirsten föddes i skarven mellan det gamla och det nya. Under medeltiden var Sverige ett katolskt land och från slutet av 1300-talet en del av Kalmarunionen. Till slut slets unionen isär av inbördes strider. Det kulminerade med att den danske kungen Kristian II ställde till med Stockholms blodbad 1520 och att en ung Gustav Eriksson blev ledare för ett befrielsekrig.

Ingen anade att Kirsten skulle bli prästfru. Föräldrarna gjorde upp planer för hennes framtid, de letade efter en man med bra ställning, ekonomiskt och socialt. En präst var inte att tänka på eftersom präster levde i celibat. Hennes pappa var kanske borgare eller handelsman, han var en person med lite högre status, en man vars dotter kunde gifta sig med en lärd man. Även en borgarfamilj hade marken och jordbruket som en del av sin försörjning. Stadsborna höll häst, några kor och en gris i anslutning till bostaden. Kirsten behövde aldrig bli piga, det hon behövde lära sig fick hon ta del av i hemmet, allt från slakt till sömnad. För en kvinna var viktigt att vara dygdig och lydig, att ta vara på Guds gåvor, att vårda hushållets tillgångar, att vara fruktsam och att inte vara rädd för att ta i. Hon skulle helst ha en viss klokhet så att hon kunde hjälpa och stödja sin man men utan att överglänsa honom.

Kirsten liten när unionsstriderna kulminerade och när Gustav Eriksson valdes till Sveriges kung 1523 men under hennes ungdom hände det omvälvande att kungen bröt med påven, att kyrkan och alla dess skatter kom i statens händer och att Guds Ord, Nya testamentet, trycktes på svenska. Kung Gustav riktade sig gärna till sitt folk, både i tal och skrift. Säkert lyssnade hennes föräldrar. Kungen talade om ett rike som stod enat mot fienden, han talade om att odla upp landet och stärka ekonomin, han sa att han alls inte ville införa en ny tro bara att Guds rena ord hädanefter skulle predikas på svenska. Folket lyssnade på honom men en del började protestera. Det blev oroligt både här och där när skatter höjdes och det gamla invanda förändrades. När kungen bestämde om en klockskatt, att varje sockenkyrka skulle lämna ifrån sig en kyrkklocka, väckte det heta känslor och i Dalarna blev det uppror.

I Småland, de små länderna, hade folk varit vana att sköta sig ganska självständigt och där klagades allmänt på allt det nya. En man som hette Nils Dacke fick med sig smålänningarna och en del av deras grannar i ett uppror som såg ut att växa till inbördeskrig. Så hade det ju varit förut och så måste det kanske bli igen, att Sveriges styre skulle avgöras med krig. Det hade varit så många kungar, så mycket blodspillan. Kung Gustav kunde bli avsatt, han också. Till slut blev det ändå Dacke som fick ge sig. Många offrade livet för att få tillbaks det som var gammal och fornt men kungen höll sig kvar.

För en ung människa som hade livet framför sig var det en orolig tid, det var inte gott att veta vilken väg som var den rätta eller den säkra.

Hustru

Kirsten blev gift med en man som var lärare och rektor vid skolan i Skänninge, i Östergötland. Ja, jag skriver blev gift för jag har ingen aning om hur självvalt det var. Kanske hade de träffat varandra och fattat tycke, kanske var det ett äktenskap som arrangerats för att hon skulle få en trygg framtid. Alldeles säkert var det med föräldrarnas goda minne, något annat var inte möjligt.

Maken hette Bengt Johansson men hade under studietiden latiniserat sitt namn till Benedictus Jonae. Oftast kom han att kallas Herr Bengt.

På den här tiden fanns det egentligen bara en utbildning. Skolade män kunde antingen arbeta som präster eller utbilda blivande präster. Det stod alltså läraren Herr Bengt fritt att arbeta även som präst. Herr Bengt hade gjort sig känd som en lärd och allvarsam man, han hade visat att han stod på kungens sida och att han följde den lutherska tron. Det var bara några år sedan det blivit lagligt, ja till och med påbjudet, för präster att gifta sig. Någon skörlevnad fick inte förekomma bland präster, levde man tillsammans skulle man vara gift. 1536 hade bestämmelsen om celibat tagits bort. Prästens hushåll skulle vara ett föredöme, en mönsterfamilj.

1544 fick Benedictus Jonae en ny tjänst. Eftersom han stod i stor nåd hos kung Gustav utsågs han till präst i Sunds socken som ligger vid gränsen mellan Östergötland och Småland och som i många avseenden räknades till Småland. Där skulle han efterträda en papistisk och upprorisk präst. Vad tänkte Kirsten? Det var tungt att lämna det invanda, gjorde hon det med stolthet över makens befordran eller med oro för de svåra motsättningarna som hon förstod att de skulle möta.

Kirsten och hennes man lämnade Skänninge på den bördiga östgötaslätten och flyttade sju mil söderut till ett skogigt, stenigt och sjörikt område. Prästgården som de kom till hette Hjälmseryd.

Det var ett mycket speciellt uppdrag Herr Bengt fick, han skulle leda de upproriska in på den rätta vägen. Varken prästen eller prästfrun var till en början välkomna till Sund.

Nu kom det i alla fall en prästfru. Kirsten hade ingen förebild att luta sig mot, hon fick själv skapa roll. Många var djupt skeptiska till att präster gifte sig, tyckte att de svek. Kirsten hade hört att reformatorn Olaus Petri hade gift sig med sin Kristina redan 1525 men det var väldigt uppseendeväckande, en riktig skandal. Och det var otroligt modigt av Kristina att ta det steget. Olaus Petri hade brutit sitt kyskhetslöfte och biskop Brask i Linköping ville bannlysa honom. Det var bara det här nya påfundet, att kungen var kyrkans överhuvud, som räddade honom. Kungen tyckte det var bättre att kyrkans män var gifta än att de levde i synd. Men det fanns de som höll med biskop Brask och kallade prästfruar för horor. Hur såg församlingen på Kirsten? Säkert granskades hon ordentligt. Släpptes hon in i kvinnogemenskapen? Kvinnor samarbetade i många saker, som linberedning, osttillverkning och inte minst vid graviditet och förlossning. Fick hon förtroenden? Pratade andra kvinnor med henne om privata saker? Det var farligt att föra saker vidare till någon de inte litade på.

Familjen, byn och kyrkan gav tillhörighet och trygghet i livet. Inga gifta personer hade separata yrkeskarriärer. I bondesamhället hade man och hustru sina olika arbetsuppgifter, man kompletterade varandra och byggde i bästa fall en enhet som fungerade. Det fanns inget annat skyddsnät än familjen. De flesta änkor och änklingar gifte om sig, ensam klarade man sig dåligt. Det hade funnits en enda självständig roll för kvinnor, en plats där de kunde arbeta eller göra karriär, det var i klostren. Nu drogs klostren in, det ena efter det andra, och den möjligheten försvann. Den djupa kristna tron rutade in livet och gav det mening och tröst. Gud fanns. Vördnaden för Gud och hans kyrka omprövades under reformationen men en djupt kristen tro ändrade inte form i en hast bara för att det kom ett påbud från kungen, allra helst inte när påbuden förenades med stöld av kyrkans dyrbara, symbolfyllda ägodelar. Förändringen tog tid.

De flesta som levde i Ydre var bönder. Några var av gamla adelsätter och ägde säterier och gårdar i trakten. Alla var beroende av jorden för sitt uppehälle.

Prästen hade en särskild roll i socknens gemenskap. Han stod över den enkle mannen, han höll ihop församlingen med undervisning och genom sitt föredöme. Hans familj hade fler rättigheter än andra men också fler skyldigheter. De skulle leva på rätt sätt, deras odlingar skulle vara föredöme för hur man skulle hushålla. Även om mycket av kyrkans yttre prakt och ståt skalades av under reformationen fick inte prästen som person bli för enkel. Han skulle utstråla makt och pondus. Som moraliskt föredöme skulle han vara arbetsam, givmild, omtänksam och nykter. Att hans hustru var nykter var självskrivet, hon var ju kvinna. Hon måste vara ett föredöme i dygd, enkelt klädd i lång kjol utan prål, men gärna av hög kvalitet, och med en långärmad överdel som gick ända upp i halsen, förkläde, håret gömt i en hätta, ett bälte om midjan. När Herr Bengt läste upp kungens förmaningar om att klä sig som sina förfäder och att inte pråla tittade han kanske lite extra på de mest utstyrda i församlingen, väl medveten om att de som kom från hans hus lydde kungens bud.

Dackefejden och förlusten av kyrkans värdesaker

Många av dem som bodde i socknen hade anslutit sig till Dackefejden 1542 och 1543. Hösten 1542 deltog bondehären ett slag vid Kisa. De vann en stor seger och erövrade både vapen och förnödenheter från kungens trupper. Framgången stärkte dem och de tågade norrut mot Linköping. Kvällen den 11 oktober hade de bara en mil kvar. De slog de läger i en liten by som heter Haddorp men gick rakt i en fälla. På morgonen överraskades de av kungens män som satte eld på byn. Hundratals av dackefolket brändes till döds eller slogs ihjäl. Sund drabbades hårt, fruar och barn förlorade sina familjeförsörjare och gårdar brändes.

De som deltagit, eller misstänktes ha deltagit, i upproret dömdes till hårda straff. En del avrättades, andra fick stränga böter som de fick betala med silver eller med ett lämpligt antal oxar. Några upprorsmän värvades till soldater och skickades till Finland, till ryska gränsen. Det var sådana som gått med på att byta sida och som var duktiga soldater men som kungen absolut inte vågade ha i närheten.

Kung Gustav hade haft särskilt stora problem med den upproriske prästen Simon Olavi som använt kyrkan i Sund för att piska upp stämningen mot kungen. Han, och några andra präster som varit med sedan den katolska tiden, vågade sig på att uppmana folket till strid. Herr Simon ställde sig i predikstolen: *Jag ska mässa idag och ropa hämnd i himmelen över den omilde konungen och hans avföda och alle de hans tjänare äro, gören så I, både män och kvinnor, var vid sitt namn, och I alle, som hämnd ropa kunnen, att han måtte få ett nederfall och aldrig uppresa sig igen.*

Det var farliga ord men församlingen hade lyssnat. De hade stort förtroende för sin sockenpräst. I en av Sunds gamla kyrkböcker berättas om Simon Olavi att han hade varit länge i Sund, han kom dit redan 1515. Han var en nitisk förfäktare av den påviska religionen och slog sig till Dackens parti, står det. Sett ur hans eget och församlingsbornas perspektiv var han en djupt troende man som höll fast vid det han fann rätt och riktigt. Simon fängslades och fördes till Stockholm. Sockenborna var upprörda och ledsna, församlingen tyckte om sin präst. De ställde upp genom att betala hans böter. Allmogen skickade en delegation till kungen och bad honom frige Herr Simon och några andra präster. Den 6 april 1544 riktade sig kung Gustav direkt till ydreborna. I ett öppet brev till menige man i Ydre, hans kära undersåtar, skrev kungen att prästerna, herrarna Anders i Vi och Simon i Sund nog inte var så oskyldiga som en del till äventyrs menade. Han kunde inte gå med på att de skulle få återvända till sina gamla tjänster. Dannemännen som bygga och bo i Sund och Vi skulle skaffa sig andra goda, kristliga och trogna själasörjare som kunde undervisa dem i Guds heliga och rena ord och deras själs salighet.

Den nye, gode själasörjaren var Kirstens man, Benedictus Jonae. Han kom som kungens utsände och till på köpet hade han en hustru med sig. En gift präst hade man inte haft förut.

Företrädarens avsättning var inte det enda som upprörde invånarna. Det var en hel del som de nyanlända måste ta hänsyn till när de flyttade in i prästgården. Sund hade också varit platsen för en av de sista sammandrabbningarna under Dackefejden. Vid midsommartid 1543 hade Nils Dacke blivit sårad, han kunde inte följa med när de andra fortsatte att kämpa. Kungens fogde Peder Nilsson kom till tingsplatsen i Sund för att med största allvar tala människorna till rätta. Han kom inte ensam, med sig hade han 240 knektar. Då dök en av Dackes närmaste män, Sven i Flaka, upp tillsammans med en trupp bönder. Det blev strid, bönderna vann och knektarna tvingades dra sig tillbaka. Men Sven i Flaka hade blivit dödad. Under stora hedersbetygelser lät bönderna begrava honom på Sunds kyrkogård. Detta kunde kungamakten absolut inte gå med på, en förrädare fick inte vila i vigd jord. Knektarna återvände och grävde upp liket. Den döde upprorsmakaren drogs in i ett litet hus bredvid kyrkan, huset tändes på i alla fyra hörnen. Kungens fiende måste inte bara dö, han måste förnedras. Allmänheten skulle varnas. Tag er i akt! Ni ser vad som händer med de upproriska!

Församlingsborna i Sund var prövade och splittrade när de tog emot den nye prästen. I många år var läget spänt och oroligheter förekom i Östergötland, Småland och Västergötland. Grannar stod mot grannar, misstänksamheten var stor. Hur mötte sockenborna Benedictus Jonae, Herr Bengt? Tyckte de att han trängt bort deras gamle, omtyckte Herr Simon eller var de glada att det kom en ny präst så att de inte var utan? Blev han deras gode, kristlige själasörjare? Var de beredda att lyssna på hans lutherska undervisning om deras själs salighet?

Det var en annan sak som sved också. Några år tidigare hade alla kyrkorna i Ydre varit föremål för en kyrkovisitation. Prästerna och kyrkvärdarna beordrades att plocka fram sina klenoder, kyrkans guld- och silverarbeten. Allt som inte absolut behövdes för den nyttiga gudstjänsten skulle överlämnas till kronan för att betala rikets kostnader. Ingen fick hindra de utsända kommissarierna utan måste hjälpa till att bära fram värdesakerna. Höga straff hotade dem som var motsträviga.

För Sunds kyrka noterades att man hade: förgyllt silver 7 mark och 6 lod lödigt, oförgyllt 2,5 mark och 1 lod lödigt. Om jag räknat rätt blir det ungefär 1,5 respektive 0,5 kg silver. Av detta unnades kyrkan att få behålla en nattvardskalk och en oblatask. I nåder fick brudkronan stanna i kyrkan mot att de betalade dess värde i pengar. Den skulle förvaras som konungens egendom och varje gång den användes skulle hyra betalas. Allt utom dessa tre saker fick man lämna ifrån sig.

De flesta bodde smått, i låga, gråa trähus med träinredning. Bland allmogen var det ovanligt att pynta sitt hem med prydnadssaker. När det blev helg gick man till kyrkan och trädde in i en annan värld. Där strålade vaxljusen, där blänkte och gnistrade det i guld och silver. Det var magiskt. Det vackraste man hade fanns i kyrkan. Ofta var det skänkt av enskilda församlingsbor och hade stort personligt och religiöst värde. Det gjorde ont att lämna ifrån sig dyrbarheterna.

Herr Bengt

När Dackefejden var över kallade kungen till riksdag i Västerås den 9 januari 1544. 145 män, adel, präster, borgare och bönder, från hela riket samlades utomhus, vid Stallhagen väster om slottet. Kungen började med att hålla ett flera timmar långt tal om den gamla onda tiden och de goda tider som låg framför dem alla. Sedan fattades några omvälvande beslut.

Som alldeles ny präst fick Herr Bengt ställa sig och förklara allt det nya för sina sockenbor. På riksdagen hade man bestämt att från och med nu gällde arvsrätt till Sveriges tron. Kungens äldste son skulle ärva tronen. På det sättet skulle allt gå smidigt till och man skulle slippa alla maktstrider som riskerade att slita sönder landet. Det lät ju bra, alla ville ha lugn och fred.

Men han hade annat att berätta och det var inte lika lätt att ta till sig. Kyrkolivet förändrades genom en massa förbud och förbud är aldrig populära. Nu skulle det vara slut med vigvatten, rökelse, själamässor, helgondyrkan och pilgrimsfärder.

Vigvatten hade använts både i kyrkan och i olika traditioner på gårdarna, exempelvis för att välsigna åkrarna. Det fick inte längre användas, inte rökelse heller. Själamässor som hjälpt de döda i livet efter detta fick inte längre utföras. De levande kunde inte hjälpa den som redan var död, hette det. Helgondyrkan förbjöds men man kunde fortfarande hedra helgonen som goda kristna förebilder. Processioner med helgonbilder, reliker eller andra symboliska föremål fick inte längre förekomma. Man fick inte längre göra pilgrimsfärder och utmed vägarna plockades vallfartskrucifix bort. I den bönbok som utgavs samma år hade bönerna till Maria och helgonen bytts ut till förmån för böner för kung och överhet, hem och vardagsliv. Församlingen kunde knappast protestera högt, de fick böja sig och tiga. Förändringen gick inte på en dag, den tog tid och många gamla traditioner levde kvar i decennier.

Prästen var ordförande i sockenstämman där socknens män behandlade kyrkans underhåll och förvaltningen av dess tillgångar. Pengarna skulle räcka till så mycket. Det var ett ständigt lappande och lagande på den gamla kyrkobyggnaden. Enligt den nya ordningen skulle man vara stilla och lyssna till den långa undervisande predikan. Då tyckte sockenstämman att det behövdes kyrkbänkar och gärna ville man kosta på kyrkan en predikstol. Allmogen fick ett nytt betungande ansvar när klostren stängdes och fattigvård och sjukvård lades på socknen.

Källa: Lantmäteriets historiska kartor

23

Inom några år växte Herr Bengts arbetsuppgifter. Han blev kyrkoherde i ytterligare 2 socknar, Västra Ryd och Svinhult, och så småningom blev han också prost över alla socknarna i Ydre kontrakt. Han blev biskopens förlängda arm och hade uppsikt över förhållandena i de övriga församlingarna: Asby, Torpa, Norra Vi och Malexander.

Det var ungefär en kilometer från hemmet till kyrkan i Sund. Den var mycket gammal, byggd av ohuggen gråsten. Det var en enkel, långsmal byggnad med små fönster, 27 meter lång. På kyrkogården stod klockstapeln med klockorna som kallade till gudstjänst. Kyrkogården var träffpunkt för samtal, köpenskap, lekar och skvaller.

Den viktigaste uppgiften för den nye lutherske prästen var att undervisa församlingsborna i Guds rena ord men prästen var också myndigheternas röst, alla nya kungörelser lästes upp i kyrkan. Kungen hade insett att sockenprästerna var en enorm resurs, de hjälpte till att sprida hans budskap, hans propaganda.

Gudstjänsterna i den mörka och kalla kyrkan började tidigt på morgonen och pågick länge. Predikan var lång och det var lätt att somna fast det rakt inte var lugnt och tyst. Folk pratade och trätte, barn och hundar sprang omkring och vuxna gick ut och in i kyrkan. Det skar sig med prästen som gjorde allt för att få församlingen att lyssna och lära. Psalmsången fick en viktig plats i den nya läran. Det var lättare att lära sig nya texter utantill genom att sjunga. Man sjöng ur Swenske songer eller wisor som getts ut 1536. Men den kunde de flesta inte läsa, antingen därför att de inte lärt sig eller för att det var för mörkt. Det fanns ingen orgel, de sträva, ovana rösterna sjöng så gott de kunde, var och en till sin egen melodi och kanske med egna ord.

Med den nya läran förändrades synen på nattvarden. Tidigare hade församlingen huvudsakligen varit åskådare till det magiska, att oblat och vin förvandlades till Jesu kropp och blod. Det hade varit en stark tradition att ha en gemensam nattvard vid påsk, då hade församlingen fått ta del av brödet medan vinet var reserverat för prästen som mycket rituellt stod längst framme vid altaret med ryggen mot församlingen. Enligt den nya läran fick alla både bröd och vin och de kunde själva, för sin tros och sitt samvetes skull, välja när och hur ofta. Var det få nattvardsgäster drog det inte ut så mycket på tiden men ibland blev gudstjänsterna extra långa.

Avstängning från nattvarden var ett kännbart straff som man drabbades av för olika förseelser som träta i hemmet eller med grannarna. Det var både personligt och socialt kränkande.

Vid familjehögtider som dop, bröllop och kyrktagning var det extra mycket rörelse och glam. Dopet följdes av barnsöl, i bästa fall. I värsta fall föregicks det av öldrickande så att dopvittnena var ordentligt rusiga. Bröllopen kunde bli alldeles för glada och påkostade för kyrkans smak. Och kungen påpekade ofta att allmogen, hans trogna undersåtar, skulle klä sig enkelt och avstå från överflöd. Kyrktagning eller En moders tacksägelse skedde fyrtio dagar efter ett barns födelse. Kvinnan kom till kyrkan tillsammans med följekvinnor. Där välkomnades hon tillbaka till gemenskapen, man firade att hon och barnet mådde bra.

Utanför kyrkan stod stampande och otåliga hästar bundna i trästaketet. Ofta rymde de och ställde till oreda. Kyrkan var samlingspunkten dit alla kom, ofta eller sällan beroende på hur långt bort man bodde. Hjälmseryds hushåll bodde nära och skulle vara väl representerat.

Det finns inga direkta berättelser om kyrkobesök just under den här omvälvande reformationstiden men det var nog ganska likt det som berättas på 1600-talet. Vad vi vet är att kyrkan var avskalad och enkel sedan man fått lämna ifrån sig mycket av inventarierna, att det från början inte fanns några kyrkbänkar och att det var ett ständigt spring ut och in ur kyrkan.

Prästen utstrålade allvar med sin långa svarta rock, svarta hosor och små svarta läderskor, oxmuleskor. Om det var vinter hade han skinnfodrad rock och stövlar. Hans enkla dräkt skulle vara ett föredöme.

Rock eller jacka för herrar kallades kjortel. Hosor var som sydda långstrumpor. Höga herrar kom gärna i kort kjortel, vackert dekorerad med skinn och broderier. Den slutade ovan knäna så att de kunde visa upp sina vackra ben i tajta hosor i olika färger. Till det hade de en tjusig hatt eller barett. Andra män kom i enklare kjortlar och långa, vida allmogebyxor.

Kvinnorna bar lång, enfärgad kjol, ofta kombinerad med ett färgglatt livstycke. Förklädet var med även på helgdagar, det var högsta mode. Närmast kroppen bar de en linnesärk. När det var kallt hade de flera lager kjolar och en tröja, liknande en tajt jacka. Om de gjorde som kungen påbjöd bar de enkel ylleklädsel utan prål, "att allmogen med sin klädebonad brukade måttlighet och bleve vid den gamle gode dräkt som deras föräldrar före dem". Den som var lite modigare, och rikare, hade puffärmar och rikt broderat liv. En pälsfodrad väst, tröja eller mantel var skön att ha på vintern, kyrkan var inte uppvärmd.

Bild från Ydreboken av Thure Filén, fotograf Carl Jacobsson.

Till Västra Ryds kyrka i sydväst var det en dryg mil på en väg som rundade sjön Östra Lägern, om man inte tog genvägen över sjön med båt eller på isen. Den gamla kyrkan var byggd av ohuggna granitblock. Den revs 1883 men det finns ett foto bevarat. Den var 20 meter lång, en stram, mycket hög och imponerande byggnad med brant, spånklätt tak. Den saknade torn men hade klockstapel. På Kirstens och Herr Bengts tid var fönstren fortfarande mycket små.

Mellan Västra Ryd och Svinhult fanns en sockenväg, drygt en och en halv mil lång, som kom att kallas prästvägen just för att den användes av präster som Herr Bengt. Den var så stenig och oländig att den endast kunde ridas med största fara. Särskilt besvärligt var det att ta sig fram på våren och hösten när det var blött och halkigt.

Källa: Alvin, Mandelgrenska samlingen

Svinhult låg i sydost så att socknarna bildade en triangel. Dit var det 15 km fågelvägen men mycket längre att ta sig fram på snirklande stigar genom häradets största skogar. Där fanns en vacker liten träkyrka, 15 meter lång. Den var byggd av timmer, klädd med spån och hade ett torn som bara var till prydnad. Klockorna hängde i en fristående klockstapel. Också denna kyrka var mycket gammal.

När som helst kunde prästen kallas på sockenbud till en svårt sjuk församlingsmedlem. Då tog han med sig sitt sockenbudstyg, en nattvardsservis i miniatyr, vin och oblater. Många bodde så avsides att han bara kunde ta sig dit till fots eller med båt. Han kunde behöva både följeslagare och extra vägvisare. Det gick inte fort och ibland hann han inte fram i tid. När sedan den döde skulle föras till kyrkan för begravning var den oländiga terrängen ett stort problem. Ett bärarlag fick bära kistan som hängde med vidjor på en stång.

Den goda vardagen

I skuggan av alla omvälvande händelser och nya påbud pågick vardagslivet, alla de invanda arbetsuppgifterna som till syvende och sist hade samma mål för alla: att få mat på bordet, tak över huvudet och värme på vintern.

När Herr Bengt lämnade Hjälmseryd och red iväg på något uppdrag kunde Kirsten omöjligt veta när han skulle komma tillbaka. Det gick oftast inte att resa fram och tillbaka på samma dag.

Kirsten fick se till att allt löpte på. Precis som alla andra kvinnor var hon underställd sin man men i hans frånvaro var hon matmor och arbetsledare för gårdens pigor och drängar. Det var hon som hade nycklarna, det var hon som kontrollerade att matförråden var fyllda, att tyger och textilier tillverkades och förvarades väl och att djur och människor hade det bra. Herr Bengt hade säkert insyn i mycket men han hade inte tid för allt. Han representerade både kungen och kyrkan och skulle först ena en splittrad församling och sedan få ännu mer ansvar med två nya socknar och så småningom bli prost. Han blev allt mer upptagen.

Prästfruns arbete skilde sig inte mycket från bondhustrurnas runt omkring. Med några få undantag fick alla i landet sin utkomst av en bit jord. Jordbruket var prästens levebröd och prästfamiljen var jordbrukare.

Det var ingen rik och bördig jord de fått att förvalta, inte alls som den de kände till uppe på de bördiga slätterna vid Skänninge. Lite åker hade de och gott om betesmark för djuren men marken var kuperad, stenig och tuvig. Det fanns våtmarker som kunde ge en del myrslåtter men de var så besvärliga att skörda att höet bara kunde bärgas med stor svårighet. Mellan åkertegarna var kärr med al och björk på ett ställe och torra enebuskar på ett annat. Dessutom växte här ek, hassel och ett par talldungar. På denna besvärliga jord bröt man ny mark genom att fälla träd och bränna en svedja. Först odlades råg något år, sedan blev den betesmark och efter trettio eller fyrtio år kunde samma mark svedjas igen.

För inte så länge sedan hade kyrkan ägt nästan halva Ydre härad. Nu hade kungen dragit in kyrkans rikedomar till staten men till prästtjänsten hörde fortfarande rätten att bruka prästgårdens jord. Socknens bönder hade tidigare lämnat en tiondel av det de odlade i skatt till kyrkan. Nu gick två tredjedelar av tiondet till statens kassa men prästen fick fortfarande en tredjedel. Tiondet betalades in natura, med säd eller annat gårdarna producerade. En del fick han som kvicktionde, levande djur, och han kunde utöka sin boskapsbesättning med kalvar eller lamm.

Dagen började tidigt på Hjälmseryds gård. Redan vid fyratiden var Kirsten i farten. Om det var gudstjänstdag begav sig Herr Bengt till kyrkan i god tid före klockan sju. Han hade kungörelser att förbereda och det kunde dyka upp någon med oplanerat ärende som ville tala med honom.

Drängarna tog itu med arbetet på åkrarna och i skogen. Jordbruket sköttes ungefär likadant som fäderna gjort och som kommande generationer skulle göra i ett par hundra år framöver. På gården odlades korn och råg. De hade gott om kor som gav gödsel till åkrarna. En bit bort, vid Forsnäs mellan Sund och Västra Ryd, disponerade prästgården en kvarn. På några mindre jordbitar odlades ärtor, rovor, humle, lin och hampa. Av allt som odlades måste man varje år ta undan en del så att man hade till nästa års sådd.

Arbetsuppgifterna var noga uppdelade. Män och kvinnor, unga och gamla, alla visste vad som förväntades av dem. Man arbetade hela livet, tills skador eller ålderdom satte stopp, då hamnade man på undantag eller blev fattighjon. Skillnaden var att gamla föräldrar eller andra närstående fick ett undantagskontrakt med avtal på vad de skulle få att leva av under sina sista år medan fattighjonen fick vara glada för den hjälp de kunde få.

Vintrarna var långa och kalla. När det var bra slädföre gick det lätt att frakta tunga saker, lätt att åka på marknad, bjuda in till fest eller åka bort på besök. Det hårda arbetet slapp man ändå inte undan. I skogen slet männen med sina yxor för att skaffa tillräckligt med ved och virke. Det som höggs kördes hem på snön för att ligga och torka och kunde inte användas förrän tidigast nästa vinter. Det skulle dröja länge innan sågen började användas i skogen. I våra ögon var det så mycket de inte hade, elektricitet och rinnande vatten till exempel. Men det visste de inte. I deras ögon levde de i den nyaste av världar. De hade massor av användbara redskap och under vintern gick man igenom allt, harvar, plogar, ok, tömmar, selar, kärror, yxor, spadar, skottkärror, hackor, liar och skäror. Fisknäten behövde förnyas. Hudar lades i en lag av bark för att garvas. Kvinnorna spann ull och lin och satte upp vävar. Störar gjordes i ordning till humle och till inhägnader. Kvarnen kontrollerades så att allt skulle fungera när vårfloden kom. Ingen var sysslolös.

Ljuset återvände och på senvåren började plöjning och sådd. I början fick man ta det försiktig, oxarna var svaga efter att ha stått inne hela vintern och behövde tid att äta upp sig. Båten tätades och tjärades så att den kunde läggas i Stora Sundsjön som låg öster om gården. I en vik av sjön la man mjärdar för att fånga abborre och mört. Man gick gärdsgårdssyn för att vara säker på att alla ängar och odlingsmarker var oåtkomliga för djuren. Äntligen fick kreaturen komma ut i skog och hagar, först grisarna, sedan de vintertrötta korna, fåren och getterna, var det riktigt illa fick de bäras ut. Efter ett tag kunde man börja mjölka.

På försommaren fortsatte åkerbruk, sådd och plantering. Man tog bast av lind för att göra rep och man skar björknäver som var användbart till så mycket, bland annat till taktäckning. Alla kläder bars ut för vädring och piskning. Allteftersom det blev varmare fick man se till att tunnorna med smör och saltat kött hade tillräckligt med saltlake så att inget fördärvades. Höladorna städades och kontrollerades så att de var torra och täta för nu såg man fram emot slåttern. Liarna gjordes i ordning och bars ut.

Höet slogs när sommaren var som ljuvligast och för att få så mycket vinterfoder som möjligt torkades också vass och löv. Och så var det dags att rensa och gallra, inte så roligt men nödvändigt. Humlen plockades och störarna lades upp till förvaring. Sädesladorna städades ur, det började bli dags för skörd av korn och råg. När säden var torr började tröskningen, ett enahanda och tröttsamt arbete. Ju bättre och härligare skörden var, desto tjatigare blev tröskningen. Men vinterns mat var räddad.

På sensommaren såg man till att köpa riktigt mycket salt. Visst kunde man torka och röka råvaror men om maten skulle räcka hela vintern måste den saltas in. Lin och hampa rycktes upp och hängdes på tork. Sedan fick det ligga ytterligare några veckor i fuktigt gräs för att rötas. Arbetet fortsatte med bråkning, skäktning och häckling. Frön till nästa års linsådd torkades och lades till förvaring. Djuren började tas hem till stior, lador och stall. Liarna och de andra redskapen ställdes in. Båtar och fiskeredskap togs upp medan slädar och kälkar gjordes i ordning. Mickelsmäss, 29 september, markerade slutet på odlingssåret. Inomhusarbetet började. Räkenskapsåret avslutades och drängar och pigor fick sin lön. Så gick det mot vintern igen, det blev bråda dagar med slakt och julförberedelser.

När livet var gott löpte det på så där, år efter år. Sysslorna satt i ryggmärgen sedan barnaåren.

Kung Gustav skrev brev till sina undersåtar, prästen fick läsa upp det han hade skrivit. Kungen tjatade på bönderna att de skulle förbättra sin odling på alla områden, att vara självförsörjande på humle framhöll han särskilt ofta. Humle användes för framställning av öl som dracks i stora mängder. Det var mättande, det släckte törsten efter all den salta maten, det fick ersätta vatten som ofta var förorenat. I hemmen var det kvinnorna som stod för bryggningen och ryktet spred sig om vem som var skickligast. Det kunde vara stor skillnad på kvaliteten men ölet som bryggdes hemma var inte särskilt alkoholstarkt. Alla drack det, män och kvinnor, nunnor och barn. Det var inte alls förknippat med dåliga vanor.

Lin bereddes enligt alla konstens regler och användes till textilier. Lin heter på latin Linum usitatissimum som betyder det mest användbara eller det högst nyttiga. Det vävdes till tyger av olika kvalitet. Av de kortare fibrerna fick man blånor, blaggarn, blångarn, ett ord som finns i ett otal lokala varianter och stavningar. Vardagsplagg som skjortor, särkar och linnen var ofta av blaggarn.

Ull, lin och skinn gav material till allmogens alla kläder. Det fanns extra fina kvaliteter, till exempel engelskt kläde, för den som hade råd med importerade varor. Siden fanns kanske i högre kretsar och i några kyrkoplagg. Bomull kände man till sedan vikingatidens handel men det var en dyr importvara användes väldigt lite. Kvinnor var ständigt sysselsatta med att karda, spinna eller väva. Hela proceduren från linsådd och fårklippning till färdigt tyg skedde i hemmet eller tillsammans med byns andra kvinnor. Kirsten själv slapp inte undan, alla arbetade.

Hampa behandlades ungefär som lin och användes till repslagning och till grövre textilier som säckar, segel och tält. I takt med att krigen växte och härarna blev större behövdes stora mängder tält men i Sund odlade man mest för eget behov.

Ydre räknades ibland till Småland och ibland till Östergötland men liknar mest Småland, kuperat och skogigt. Mellan skogar och sjöar, berg och dalar hade människor med stor möda röjt sig mark. Det var en trakt som lämpade sig bra för boskapsskötsel.

I förteckningen över vad alla gårdar ägde när de skulle betala till Älvsborgs lösen 1571 ser vi att prästgården i Sund hade 3 par oxar, 16 kor, 5 stutar, 2 kvigor, 15 får, 13 svin och 4 hästar. Det var en normal besättning för en stor skogsgård men med fler hästar än de flesta hade. Det berodde nog både på att prästen var ute och reste så mycket och på att de skulle kunna ställa upp med skjutshästar när resande behövde byta sin trötta häst mot en utvilad.

Kor, får och getter mjölkades hela sommaren. Djuren var mycket mindre än i våra dagar men mjölken hade hög fetthalt Det blev mycket ost och smör som man kunde tjäna pengar på. Köttdjur kunde säljas eller bytas mot säd med dem som bodde på slätterna där de hade bättre förutsättningar för att odla. Kor och smådjur var kvinnornas ansvarsområde. På sommaren betade djuren i skogen men det var ett evigt slit med att samla foder så att de kunde hållas vid liv över vintern. *Tänk efter*, skrev kungen till sitt folk, *hur långt det är mellan Mårtensmässan och Valborgsmässotid. Har ni tillräckligt med foder att föda boskapen. Vore det inte bättre att slakta eller sälja en del så att de inte behöver svälta och dö. Håll er inte med lyxhästar utan skaffa goda dragoxar till att bruka er åker och äng.*

Gården hade uthus av alla de slag, ladugård, stall, loge, härbre, källare. Mat till både människor och djur skulle förvaras på bästa sätt så att det räckte till nästa sommar. Sällan åt man färsk mat eller drack färsk mjölk. Kött och fisk saltades eller röktes, mjölken kärnades till smör och ystades till ost. Fiske gav ett extra tillskott, kanske fick man en färsk smakbit ibland, men det mesta saltades. Bröd storbakades några gånger om året. Brödkakorna fick ett hål i mitten så att de kunde de hängas på en stång i taket, oåtkomliga för råttor och möss. Brödet var hårt och fick blötas upp när det blev dags att äta det.

Den vardagliga maten kunde ofta ätas direkt, saltade eller rökta varor behövde inte mycket tillagning. Det var enkelt. Över den öppna elden hängde en gryta att koka i men någon större variation var det inte.

När maten dukades fram, på trätallrikar och i träskålar, åt man med träsked och kniv eller med händerna. De flesta hade sin egen kniv. Så kallade supskedar eller brännvinsskedar fanns i många hushåll De var runda med ett kort smalt skaft. De var populära gåvor och ett bra sätt att samla på sig silver men inget att använda till vällingen.

172969
Foto: Adolfsson, Thomas

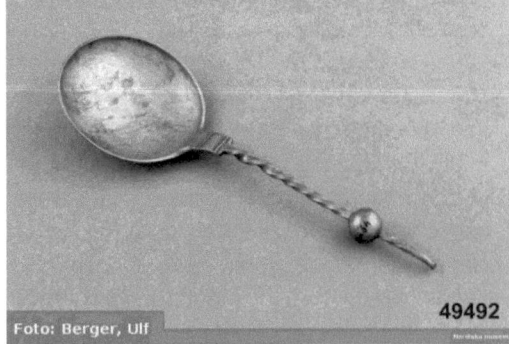

49492
Foto: Berger, Ulf

Källa: Nordiska museet

Prästgården Hjälmseryd brann 1631 så vi kan inte veta hur den såg ut. Jag kan ändå inte låta bli att fantisera och tänka på gamla prästhem jag sett, till exempel Carl von Linnés barndomshem, den enkla stugan i Råshult på 1700-talet, t v.

I Ydreboken av Thure Filén finns ett foto av Carl Jacobsson på en stuga som sägs ha varit prästboställe i Sund och flyttats till säteriet Ed, bilden t h. Det kan möjligen vara det hus som byggdes efter branden 1631. Det är ett litet hus, lite djupare och lite större än ett enkelt torp. Kirstens hem var rimligen inte större än det som byggdes senare. De stora fönstren får vi tänka bort, om Kirsten hade fönster var de små och få.

Prästgårdarna var grå timmerbyggnader med ett större rum med öppen spis och några kammare. Det var alldeles för dyrt och jobbigt att värma upp stora hus. Man byggde smått och än så länge var det mest kungligheter som höll på med skrytbyggen. Det finns få bouppteckningar från den här tiden men, när de så småningom börjar komma, lägger man märke till att bolster, täcken med dun eller fjäder, var bland det dyrbaraste hushållen ägde, ofta det värdefullaste efter djuren. Bolstren höll människor vid liv under kalla vinternätter. Så fort man slutade elda blev det iskallt och vattnet frös i hinken.

Inomhus var det mörkt. 1500-talets bostäder saknade ofta fönster men kunde ha ett ljusinsläpp, ett vindöga, med tunt skinn som släppte in lite ljus. Fönsterrutor var små, dyra att framställa och köpa och svåra att frakta. Genom klostren hade glastillverkning i liten skala kommit igång i Sverige, så kanske hade ändå prästgården haft möjlighet att skaffa små, riktiga fönster.
Belysningen kom från eldstaden eller enkla torrvedsbloss och ett och annat ljus av vax eller talg. Vintertid höll man sig i ett eller två rum, resten av rummen stod kalla tills det kom gäster.

Och besök kom det. Gästgivargårdar fanns ännu inte. Prästgården fick vara beredd på att ta emot resande och ordna mat och övernattning. Det innebar extra arbete för Kirsten och dryga kostnader för prästen. Det var spännande också att få träffa resande som kom med nyheter och att få visa upp sin gästfrihet, vänlighet och gudfruktighet.

Sund låg vid ett vägskäl där en öst-västlig väg gick över sundet mellan Stora och Lilla Sundsjön och korsade den nord-sydliga vägen som fortsatte ner i Småland. Bron över sundet var bara en farlig spång. Vägar sa man men vi skulle kalla dem stigar eller vandringsvägar, man kunde möjligen rida och klövja sin last på hästar. Det förekom också att man använde släpor, två träslanor som bands ihop och drogs efter hästen. På vintern kunde man köra med släde och ta genvägar över frusna sjöar. Då passade man på att frakta tyngre saker och att resa på marknad, gå på besök och bjuda in till fest. Det strategiska läget gjorde Sund till en lämplig tingsplats. Där samlades hög och låg. Många hade lång väg och de tillresta måste övernatta, de högsta hos prästen, de andra runt om på gårdarna. Sommartid sov man lite här och var i uthusen men vid vintertinget fick man tränga ihop sig i de små stugorna.

Gästning var den gamla termen för skyldigheten att ta emot resande och deras hästar. I första hand handlade det om att kungens och biskopens män skulle tas om hand och deras hästar utfordras. Det utvecklades till två ganska betungande pålagor, gengärd och fodring, som inte ens prästen slapp undan trots att hans gård var skattefri. Gengärd innebar att alla var tvungna att bidra med livsmedel när resande kom å ämbetets vägnar. Fodring handlade om att förse kronans hästar med mat. Det var en mycket stor mängd hästar som behövdes i riket och i takt med en allt bättre administration, ökande centraliseringen och en växande krigsmakt blev det allt viktigare att ha ett system som klarade försörjningen av kronans och militärens hästar. Man får ett begrepp om behoven att förflytta sig och frakta gods om man tänker sig nutidens alla fordon, all bensin som behövs och skatterna vi betalar i samband med det. Precis som vi har många olika sorters bilar hade de hästar för de mest skiftande ändamål. Bara ibland var praktiskt genomförbart att flytta kronans hästar från gård till gård, från bete till bete. I stället fick man betala ett belopp i pengar eller med säd, smör m.m. Det man betalade med livsmedel in natura kunde antingen säljas vidare eller försörja den väldiga apparaten av människor på kungens gårdar och i administrationen. På så sätt fick kronan medel över till hästarnas foder. Fodringsavgiften steg och steg och blev en stor belastning för gårdarna. Prästgården var speciellt ansvariga för att ta hand om biskopen och hans följe och utfodra deras hästar.

En sorts gäster var mindre välkomna, soldaterna. Borgläger kallades prästens, sockenkyrkans och böndernas skyldighet att inkvartera soldater. Det handlade om att hysa krigsfolk när de drogs samman till försvar eller var på marsch genom landet. Det handlade också om kung Gustavs strävan att skapa en inhemsk armé och försöka slippa de fruktansvärt dyra legosoldaterna. Allt fler svenska soldater skrevs ut. Mellan Dackefejden och kungens död 1560 växte den svenska hären till 15 000 man och en tredjedel av dem kom från Småland. Många saknade egna hem, när de inte var i tjänst blev de förlagda i socknarna. Soldaterna anklagades för att trampa ner och förstöra, vara närgångna och tjuvaktiga. Skräcken för sjukdomar spelade också in. Pesten återkom vid flera tillfällen. Andra dödliga epidemiska sjukdomar som spreds bland soldaterna var fläcktyfus och dysenteri. Sjukdomarna kom ofta i samband med missväxt och dålig motståndskraft. Man hade så lite att sätta emot och ingen visste hur smittan spreds.

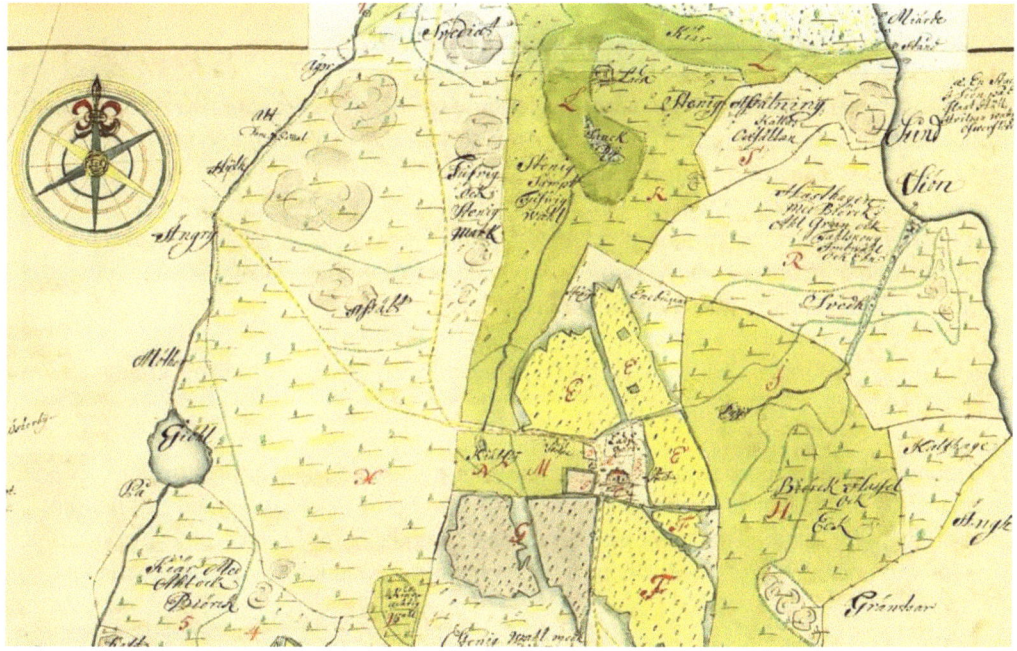

Källa: Lantmäteriets historiska kartor

1698 ritade lantmätaren denna karta över Hjälmseryd. Han beskriver marken som tuvig och stenig mark, kärr, sank dy, svedjat.

Fattiga och rika

Det här var ingen rik och bördig bygd, både Herr Bengt och Kirsten visste att bland invånarna i Sund, Västra Ryd och Svinhult fanns både de som behövde tas om hand och de som hade möjlighet att ta om hand. De hade väldigt olika förutsättningar.

Jordbrukarna betalade skatt utifrån sina odlingsmöjligheter och sin bärkraft. För att få in mer skatt till staten fanns två sätt: utöka antalet gårdar eller ta ut extraskatt.

Det fanns olika sorters gårdar och olika sorters bönder.

Skattebönder eller självägande bönder brukade jord som de ärvt eller köpt. De betalade skatt i förhållande till hur stor deras gård var. De borde sitta säkert men kungen började inkräkta allt mer på deras självbestämmande.

Kronobönder brukade eller arrenderade kronans mark. Deras årliga utgifter var desamma som för självägande bönder men dessutom skulle de betala en betungande städja vart sjätte år. Den som inte kunde få fram pengar blev vräkt.

Tidigare hade det funnits kyrkobönder men de blev kronobönder i takt med att kronan tog över kyrkans mark.

Frälsebönder brukade mark som hörde till adeln eller frälset, de som var frälsta eller befriade från skatt. De betalade sina avgifter till husbonden och gjorde sina dagsverken hos honom. De var utsatta för ägarens godtycke och deras villkor kunde variera. De dryga extraskatterna slapp de inte undan men de behövde bara betala hälften av vad krono- och skattebönder avkrävdes.

När alla sätt prövades för att få in mer skatt beskars böndernas rätt att bestämma över de egna gårdarna och markerna. De fick inte jaga högvilt: älg, hjort och rådjur. De fick inte fälla eller på något sätt skada bärande träd: ek, bok, apel, hassel, oxel, rönn och hägg. Inte ens om träden stod illa till och hindrade bonden fick de tas bort. Träden var viktiga som virke till skeppsbyggnad och de som bar frukt lockade till sig högvilt som kungen och adeln hade ensamrätt till. Bok- och ekollon var bra föda för svin som fick gå lösa på skogen och böka. Men den bonde som hade släppt ut grisarna för att äta i den egna skogen fick betala en ny skatt, ollonskatten, i form av fläsk till kronan.

Kungen underströk att alla skulle hålla sina hus, åkrar och ängar i gott skick. Även fria skattebönder som fått sina gårdar i arv eller genom köp kontrollerades. Husesyner genomfördes regelbundet. Den som misskötte sin gård förstörde sin egen försörjning, producerade för lite och kronan fick inte in sin skatt. Sådan fördärvad jord drogs in till kronan och fogdarna fick i uppdrag att sätta dit andra bönder. Den skulle vara närmast till att besitta jorden, som henne förbättrat och vid makt hållit. Det lönade sig inte att klaga och säga att familjen ägt gården i generationer. Som rikets herre skriver Gustav att han har samma rätt att styra över skattebönderna som adeln hade över sina arrendatorer. Varje år skulle bonden underhålla och bygga nytt på gården, sätta upp ny gärdsgård, dika ut en viss längd och hålla humlegård. Syningsmän kontrollerade byggnaderna och om de fann röta i husen blev det böter i förhållande till hur många stockar som var angripna. Om det var så illa att det bedömdes som ogillt hus fick bonden böta 3 mark och bygga nytt. Till det kom att bönderna kunde bli skyldiga att göra dagsverken, sköta skjutsning och inkvartering.

Herr Bengt blev en del av myndigheternas övervakning. Prästgårdarna låg under biskopens kontroll. Under sin tid som prost i Ydre kontrakt var Herr Bengt biskopens ombud. Han hade rätt att visitera sina grannförsamlingar och samtidigt inpränta att kungen ville se prästgårdarna som goda föredömen.

Kungens fogdar hade huvudansvaret för att driva in skatter men det var prästen som upprättade förteckningen över tiondet. Han hade god insyn i hur sockenborna hade det, vilka som klarade sig bra och vilka som hade svårt att klara alla utgifter. Han visste vem som hade goda förråd och skulle klara ett nödår. Han visste vem som behövde hjälp.

När kyrkan drogs in till staten förlorade den två tredjedelar av tiondeskatten. Det var bland annat pengar som skulle ha gått till fattigvård. Utan de pengarna blev det svårare att hjälpa behövande. Den som inte hade egen jord hade svårt att försörja sig. Vid nödår blev det svält i många stugor, även hos dem som hade en gård. Även om man ansåg att de som kallades äkta fattiga borde få hjälp var det svårt och ibland omöjligt att få mat och pengar att räcka till. Vid missväxt drabbades alla, vem kunde då hjälpa.

Äkta fattiga var de som inte var fattiga på grund av lättja eller slarv. Änkor med barn, föräldralösa barn och gamla och skröpliga som saknade familj var värda att få hjälp. Men vem skulle bekosta den? Soldater som överlevt kriget men kommit tillbaka med svåra skador hade också svårt att komma tillbaks in i samhället.

Den som var utfattig kunde inte heller ge sig iväg och söka en bättre tillvaro någon annan stans. Ingen socken ville ta emot personer som var i behov av hjälp.

Förvisning från socknen var ett hårt straff som kunde utdömas för den som begått upprepade brott och inte kunde göra rätt för sig. Ensam, medellös och utan sin sockens nätverk var man inte välkommen någonstans. För många återstod bara tiggeri och ett liv i djupaste elände.

Den sjukvård, eller snarare omvårdnad, som klostren tidigare skött försvann när de flesta kloster stängdes. Nunneklostret i Vadstena fanns visserligen kvar länge men med allt färre nunnor. Inga nya skrevs in. Att de gamla fick vara kvar berodde delvis på att de som ensamma kvinnor skulle bli en ekonomisk belastning för samhället. Munkarna däremot fick erbjudande att lämna det katolska och bli präster eller lärare.

Kungen själv samlade i ladorna och i sina skattkistor. Ingen vanlig människa visste väl hur mycket han hade men det var självklart att kungen var rik. Han hade en stor mängd gårdar och han la mycket pengar på kläder för sig och sin familj. De var nykomlingar bland Europas kungahus och ville med alla medel visa upp sig som minst lika förnäma. Det skulle vara skillnad på folk och folk.

Den goda vardagen var sig lik, fylld av arbete och glädje. Den onda vardagen kom i olika skepnader. Missväxt, sjukdomar och krig slog sönder det man byggt upp.

Kung Gustav

Landsfadern Kung Gustav hade synpunkter på det mesta. Han var en pappa med stora ambitioner och mycket hårda nypor. Landet skulle odlas upp. Gårdar som stått öde sedan digerdöden skulle återtas. Den som tog upp ett nybygge fick flera års skattefrihet men målet med nyodlingarna var att på sikt få in mer skatt. För allmogen blev det fler och fler skatter och mer och mer kontroll. Det var ingen måtta på allt kungen la sig i. Kirsten fick snabbt reda på alla nya förmaningar eftersom hennes man satt som en spindel i nätet. Kungen var väldigt direkt och konkret när han riktade sig till folket.

Käre dannemän! Här i riket blir många sköna hemman fördärvade och ödelagda bara därför att åkrarna inte dikas och ängarna blir alldeles skogbeväxta. En del av er är inte arbetsamma och flitiga med att hålla gårdarna i stånd, så som förr era framlidna föräldrar gjort. Därför bjuder Vi er att dika era åkrar och röja skogen från ängarna, och icke spara något arbete eller möda. Om ni inte tänker mer på detta än hittills, då ska ni inte förvåna er över att Vi vill tänka ut något annat medel. Ty Vi ser inte genom fingrarna med att kronans jord och hemman fördärvas och ödeläggs. Därefter mån I rätta eder.

Ni ser väl, goda karlar, vilket svårt regn det har varit så att vi fruktar att om det fortsätter kan det bli den största nöd och svårighet att få in säden. Därför ska på alla Våra slott och gårdar snarast uppsättas goda rior (torkhus), *på det sätt som brukas i Finland och Livland. Alla som har gårdar och gods ska strängeligen förmanas att de också bygger sig rior så att allmogen lär sig att ta efter och inte lider så svår skada på säden som de ofta gjort förut.*

1546 skriver kungen till alla sina invånare och klagar på dem. Ståt och prål och onyttiga varor är inte allmogen till någon nytta. Därför bjuder han och befaller att allmogen ska bruka måttlighet i sin klädsel och annat sådant och förbli vid den gamla, goda dräkt som fader och föräldrar haft. Om de vill pråla, då är det deras största heder att de gör det med sin åker, äng och andra ägor och att de flitigt anlägger och förökar humlegårdarna. I stället för att ha dyra kläder ska de ha sköna mjöl- och maltbingar, god boskap, oxar, kor, får och annat slikt.

En stor orsak till dyrtiden var, enligt kungen, att allmogen håller stora gästabud, inte bara vid bröllop och dop utan också på "latemanshelg", där de inte gör annat än att i överflöd äta upp det som tagit dem så lång tid att dra ihop. När söndagarna inte räcker tar de till lördagarna och andra dagar som de borde använda till sitt arbete med åker, äng och fiskeri. Och när man håller bröllop, dop och kyrkogångsöl så är det med omåttliga kostnader och med outsägligt överflöd av mat och öl. *Därför bjuder Vi, att sådane skadelige gästabud som ock allt annat överflöd skall upphöra och förbjudas, vid Vår ogunst och vrede.*

1555 riktar sig kungen åter till Sveriges allmoge. Han klagar över att en del bönder är så egensinniga och lata att de låter åkrarna växa igen, och ängarna likaså. Och i synnerhet låter de bli att ta upp de gamla diken som har funnits så att hemmanen i grund fördärvas. Där det förut varit sköna byar med åker och äng är nu mossar och kärr. De låter i lättja och oförsiktighet sina svin fördärva och böka upp jorden så att de varken får säd eller gräs som korna hade kunnat äta. *Så svälta både ko och so ihjäl. Gud ska veta, att Oss högeligen förtryter, att sådan skada och fördärv ska gå ut över riket.*

Han kunde tala direkt till folket i en bygd och tala om exakt när de borde skörda höet på sina ängar och att de skulle skörda rågen när den var mogen. Allt visste han bäst.

Indirekt berättar ändå kungen för oss att det fanns många tillfällen att samlas till fest och glädje. Hur kändes det att bli knäppt på näsan av kungen för att vissa dagar fått lite guldkant och livsglädje? Han som levde i sådan prakt! Hela tiden hade man kungens och kyrkans ögon på sig. Kyrkans man i Sund, kung Gustavs utvalde, det var Kirstens man. Kirstens hem måste vara en förebild för andra. Var Herr Bengt en sträng herre eller kunde han se mellan fingrarna?

1555 fick Ydre och Östergötland en egen hertig. Hertig Magnus var Gustav I:s tredje son. När han blev utnämnd till hertig var han bara 13 år. Några år senare började han visa tecken på allvarlig sinnessjukdom och hertigdömet kom efter hand att förvaltas av kungen. Magnus fick aldrig något större inflytande över vad som hände i Ydre.

Den 29 september 1560 dog gamle Kung Gustav, han som styrt och ställt med allt, han som vinnlagt sig om att vara en landsfader men använt hårda metoder och grymma straff. Han hade fyra söner och arvsrätten var bestämd sedan riksdagen i Västerås 1544. Erik var äldst, sedan följde Johan, Magnus och Karl.

Erik XIV

Gustav hade sett till att hans söner fått en mycket god utbildning i alla konster som krävdes av en ung prins som ville röra sig bland Europas kungligheter. De lärde sig läsa och skriva direkt på latin, och framför allt Johan var väldigt språkkunnig. Latin och religion var grundläggande i undervisningen och de studerade klassiska författare, grammatik, logik, retorik, astrologi och historia. Några av de historieböcker som Erik och Johan gärna läste och tog till sig var Olaus Magnus' Historia om de nordiska folken och Johannes Magnus´ Historien om alla göta- och sveakonungar. Där fick de lära sig att Sveriges långa historia gick ända tillbaks till Noas sonson Magog år 88 efter syndafloden. Det var tack vare denna fantasifulla regentlängd som Erik fick det höga numret XIV. Sverige var alla folks urhem och härifrån erövrade göterna hela världen. Från de här böckerna fick bröderna och deras omgivning sin världssyn. Det var inte konstigt att de blev ytterst förnärmade när motståndare sa att de bara var söner till en svensk bonde.

Som äldste son tog Erik XIV över efter sin far och nu tänkte alla att maktskiftet skulle bli just så smidigt och fredligt som Kung Gustav utlovat. Den praktfulla kröningen ägde rum i Uppsala domkyrka nästan ett år senare. Det var mycket att förbereda. För första gången skulle en arvprins ta över tronen. Gustav I:s rikssvärd hade Erik fått redan vid faderns begravning. De övriga svenska riksregalierna, kronan, spiran, riksäpplet och riksnyckeln tillverkades för just detta tillfälle.

Nyckeln, spiran, kronan och
äpplet.
Foto: Alexis Daflos/Kungl.
Hovstaterna

Redan innan Erik blev kung hade en särskild skatt tagits ut för hans räkning. Varje bonde skulle betala ett lod silver för att bekosta Eriks friarresa till England. Det har ibland skämtats om detta, att Erik försökte få själva drottning Elisabeth till hustru, men tanken var inte så dum. England var ännu inte den stormakt det senare skulle bli. En handels- och försvarsallians skulle vara bra för bägge länderna. Men Eriks resa blev aldrig av. Först avbröts den på grund av Kung Gustavs död, sedan på grund av dåligt väder. Och Elisabeth ville inte gifta sig, inte med någon.

I stället fick Erik ordna och finansiera bröllop för sina systrar. Tre av systrarna gifte sig under hans regeringstid, Anna 1562, Cecilia 1564 och Sofia, som gifte sig samtidigt som Erik gifte sig med Karin Månsdotter 1568. Prinsessorna hade blivit lovade 100 000 daler var i hemgift. Den enorma summan hade Gustav tänkt ut för att hans döttrar skulle överglänsa prinsessorna på kontinenten som i allmänhet bar fick en fjärdedel eller tredjedel så mycket. Men pengarna fanns inte utan måste skaffas genom extra brudskatter. 1563 hade man ännu inte fått ihop pengar till Anna, som gift sig året innan. Extraskatten väckte protester och klagomål från allmogen som hävdade att de inte hade råd. Gång på gång fick kungen påminna och hota fogdarna med repressalier om de inte levererade pengarna. För Cecilia, som gifte sig 1564, gick det helt enkelt inte att skaffa fram så stora summor, hon fick nöja sig med att få en tredjedel i taget.

Kung Erik hade egna åsikter om religionen och kyrkan. Han ville ta bort flera katolska seder och ge ut en ny, mindre papistisk, kyrkoordning. Det arbetet fick han inte ägna sig åt så länge, snart upptogs hans tid av krig och personliga svårigheter. Erik var mycket olik sin far, han var ung och hetsig. Mycket av det han gjorde skulle påverka Kirsten och de andra invånarna i Ydre och Sund.

1563 - 1570 Ett bestialiskt krig

Längre än vi föreställer oss var Danmark Sveriges värsta fiende. Skåne, Blekinge, Halland, Bohuslän, Jämtland och Gotland var danska. Finland var en del av Sverige och hertigdöme för Johan, Gustav Vasas näst äldste son.

Ungefär samtidigt som Erik blev kung i Sverige blev hans kusin kung Fredrik II av Danmark. De var unga och hetsiga och oförsonliga. De gamla kungarna Gustav I i Sverige och Kristian III i Danmark hade lyckats hålla fred med varandra, väl vetande vad ett krig skulle kosta. De båda kungarna var svågrar och hade varit gifta med Katarina av Sachsen-Lauenburg respektive Dorotea av Sachsen Lauenburg.

1563 startade Nordiska sjuårskriget. Kriget drabbade befolkningen i stora delar av nuvarande Sverige med härjningar, död, svält och sjukdomar. Taktiken var att skövla och bränna fiendeland så att motståndaren inte kunde försörja sina trupper där.

En av de stora tvistefrågorna var vem av kusinerna som skulle få ha Tre kronor i sitt riksvapen.

Fredrik II:s vapen

Wikimedia Commons

Erik XIV:s vapen

Källa: Livrustkammaren

Så här kunde rubrikerna ha sett ut om det funnits tidningar och löpsedlar de här åren, 1563 – 1570:

DANSKARNA HAR TAGIT ÄLVSBORG

SALTET RISKERAR ATT TA SLUT

DANSKARNA FÖRSÖKTE TA SIG IN VIA SMÅLAND MEN VÅRA TAPPRA SOLDATER JAGADE BORT DEM

VI SLOG TILL MOT RONNEBY – STADEN ÄR BRÄND OCH ALLA DÖDA

VI SJÖSÄTTER MARS – KONUNGENS OCH VÄRLDENS STARKASTE SKEPP

MARS SPRÄNGD I LUFTEN UTANFÖR ÖLAND

VI HAR ERÖVRAT VARBERG – VÄGEN MOT VÄST ÄR ÖPPEN

VÅRA TAPPRA SVENSKAR HAR KÖRT BORT FIENDEN VID AXTORNA

PESTEN HÄRJAR

FIENDEN HAR FÖRLORAT HELA SIN FLOTTA UTANFÖR GOTLAND

RANTZAU HÄRJAR I VÄSTERGÖTLAND

RANTZAU HÄRJAR I SMÅLAND

RANTZAU NÄRMAR SIG ÖSTERGÖTLAND

VARBERG FÖRLORAT TILL DANSKARNA

Kirsten och de andra i Ydre hade inga tidningar, inga snabba radio- eller Tv-reportrar, inga appar. Nyheter färdades långsamt men de kom fram i olika former. De kom som skrivelser som lästes upp i kyrkan, de kom som nya skatteutskrivningar, de kom som varningar för att beblanda sig eller handla med fienden. De var fulla av fake news och rykten. Kungens propagandamaskin valde vad folket fick veta. Från grannarna längre ner i Småland nåddes de av berättelser som var fyllda av skräckskildringar och grymhet.

Det här var ett obegripligt hårt krig. Vi läser och ser på TV om hur det gick till bland Maya- och Inka-folken, hur Djingis Khan slog sig fram, hur korsriddarna dödade i Guds namn och vi lider med dem som lever i krigsdrabbade länder i dag. Vi säger: Oj, så förfärligt det var då, där borta, någon annan stans. Nordiska sjuårskriget var här. Det har varit ganska bortglömt. I skolan fick jag mest lära mig att det handlade om Älvsborgs fästning fram och tillbaka och om Älvsborgs lösen. I utstuderad grymhet står det inte många andra krig efter. Tusentals sjömän blev kanonmat och sjönk med sina brinnande skepp. Deras öde var främmande för Kirsten och inlandsbefolkningen, de hade ingen aning om hur många liv som offrades i det glansfulla sjökriget. De hade nog av sitt. I det här kriget blev man inte bara dödad. Man kunde få händer, öron, bröst, armar och ben avhuggna, magen uppsprättad, fick se sina familjemedlemmar plågas och dödas, kanske brännas inne. Det gällde inte bara att döda fienden. Allmogen, landsbygden, skulle utarmas så mycket som möjligt, svältas och lemlästas. Om och om igen! Den brända jordens taktik: om ingenting växer, om det är öde, kan fienden inte ta sig fram där. Bygder tömdes på folk. Döda och döende soldater lämnades där de låg. Senare finns beskrivningar om resande som kommit till ställen i skogen där det låg högvis med ben. Där och då hade det inte funnits någon kvar som kunde ta hand om dem, det fanns kanske inte ens någon kvar som kunde sörja. Kungens knektar skulle vara på befolkningens sida men de uppträdde hotfullt och tog vad de ville ha.

Inte ens fiendens hästar förunnades en snabb död. Man skar hälsenorna av dem.

Sveriges södra gräns gick norr om Skåne och Blekinge. Västkusten var dansk utom en smal remsa ut till Älvsborg vid dagens Göteborg. Längre norrut hörde Jämtland och Härjedalen till Danmark-Norge. Grannar på ömse sidor om gränsen försökte skapa egna lokala borgfreder. De var beroende av varandra, de kände varandra och ville fortsätta med fredlig handel. Det var förräderi och straffades grymt.
När härarna drog in i fiendeland behövde de vägvisare. Med hot om att bränna gården och döda invånarna tvingade de bönder med sig. En sådan man, som kanske fått höra vad fienden planerade, kunde inte få leva så han mördades som tack för sin hjälpsamhet.

Härarna drog sig långsamt fram, några mil om dagen. De förde med sig en tross som bestod av hundratals vagnar. De var lastade med så mycket förnödenheter som möjligt men det räckte inte långt. I stället blev härarna "självförsörjande", de tog vad de behövde från allmogen. Den egna kungen beskattade bönderna för att bekosta det dyrbara kriget, fiendekungen och hans knektar tog det de hade kvar att leva av.

Kung Erik förlitade sig mycket på sina inhemska soldater. De var till stor del bönder, en tredjedel var smålänningar. De var motiverade att försvara sig. De hade stor kunskap om terrängen, de kunde bygga bråtar, hinder, ligga i bakhåll och överraska fienden. Men de var dåligt utrustade och inte alls tränade för stora slag. Det gick inte att klara sig utan inhyrda knektar, tyskar, skottar, engelsmän och fransmän. Legosoldaterna kostade pengar och mellan slag och truppförflyttningar skulle de bo någonstans. Det enklaste, för staten, var att hysa in dem hos bönderna. Det kallades borgläger. För bönderna blev de en plåga. Knektarna slogs, begick övergrepp och övervåld, stal mat och värdesaker och trampade ner odlingarna.

Ett hot som snabbt blev mycket allvarligt var risken för saltbrist och därmed svält. Hushållen använde stora mängder salt. Det var en av få saker som gemene man köpte, nästan allt annat fick man via självhushåll. Utan importerat salt kunde man inte konservera kött och fisk. När Älvsborg föll alldeles i början på kriget försvann Sveriges enda väg västerut. Nu hotade matbrist och hungersnöd. Gustav Vasa hade byggt upp ett saltförråd i Stockholm. Det kom till användning men skulle inte räcka hur länge som helst. När Sverige lyckades ta Varberg i augusti 1565 kunde importen återupptas, om skeppen klarade sig förbi fienden. Sommaren 1566 lyckades svenska flottan kapa några nederländska skepp utanför Bornholm. Skeppen var fullastade med salt! Det var precis vad Sverige behövde men man kunde nu inte ta det hur som helst, Sverige var inte i krig med Nederländerna. Under hot köpte man saltet för halva priset och Sveriges befolkning kunde klara mathållningen ett tag till.

1564 tog sig fienden långt upp i Småland. Människor gömde så mycket de kunde och flydde från brinnande gårdar, maten tog slut. Svenskarna var inte bättre. Blekinge skövlades och brändes. Berättelsen om Ronneby blodbad lever kvar och än idag visar kyrkan upp en dörr med märken efter svenskarnas yxhugg. Erik XIV skrev själv: "man stack uti dem såsom uti en hop vildsvin, och skonade man ingen. Vattnet i älven var rött som blod utav de döde kroppar." Enligt Erik dog alla stadens vapenföra män och en finsk trupp, som anlände för sent för att hinna delta i plundringen, dödade de kvinnor och barn som var kvar. Krigets ansikte är inte vackert. Erik stoltserade med en stor seger, danskarna använde Ronneby som exempel på hur barbarisk Erik var. Det var propaganda åt bägge håll. Grymheterna upprepades och upprepades. Uddevalla, som också var danskt, brändes 2 gånger samma år. Kunde man inte vinna eller erövra en plats förstörde man allt för att det inte skulle vara en fördel för fienden. Och skräcken spred sig bland befolkningen.

Under 1565 och 1566 slog pesten till på olika platser. Sjukdomar spreds, som alltid, bland soldaterna. Vid något tillfälle löste kungen problemet med de sjuka soldaterna genom att skicka hem dem, och smittan spreds.

I augusti 1565 brändes Varberg och efter några dagar lyckades svenskarna inta Varbergs fästning. Det var en viktig framgång. Nu fick man åter en hamn mot väst. Senare på hösten försökte danskarna, under ledning av fältherren Daniel Rantzau, ta tillbaka Varberg. Det lyckades de inte med men det blev ett stort och blodigt slag vid Axtorna, en bit in i landet. Danmark vann men Sverige behöll Varberg och danskarna begav sig söderut. Stora slag till lands var inte vanliga i det här kriget. Taktiken var ju att plundra och förstöra och försvåra för varandra.

De stora slagen stod till sjöss. Det låg mycket prestige i att rusta och segla imponerande stridsflottor. Erik XIV lät bygga nya skepp, bland dem Mars som skulle vara världens största krigsskepp. Mars seglade inte ens ett år innan hon sprängdes, fattade eld och sjönk i maj 1564 med närmare 1000 personer ombord. Flottan kostade oerhörda pengar. Befolkningen som utsatts för så mycket fick nya extraskatter att betala. Skatten erlades för det mesta in natura, i form av mat, uppehälle, kläder och hästar till soldaterna. Kungen kunde också tvångsköpa varor till ett pris som hans män bestämde.

Det fanns ett sätt att slippa undan beskattningen: bli soldat. Men vem skulle sköta gården och skydda den mot fienden om far i huset försvann?

Kung Erik började se fiender överallt. Han var inte bara ovän med sin kusin i Danmark, han kom inte överens med sin egen bror, hertig Johan. Redan i augusti 1563, några veckor innan kriget tog riktig fart genom Älvsborgs fall, fängslades hertig Johan och hans familj. De som tjänat närmast Johan avrättades. Johan hölls i fångenskap under större delen av kriget, ända till hösten 1567. Släktskap eller gammal vänskap var inget att luta sig mot. Vem som helst kunde råka ut för kungens hårda straff.

En som fick prova på kungens nyckfullhet och maktfullkomlighet var den unge Nils Sture. Redan som artonåring hade Nils för kungens räkning varit i England för att fria till drottning Elisabeth. Det var 1561. Sedan hade han tjänat kungen i kriget men kungen var missnöjd. 1566 anklagades han för förräderi och dömdes till döden. Under förnedrande former fördes han in i Stockholm på en utsvulten åkarhäst, omgiven av käringar och fattigbarn. Han fick en halmkrans på huvudet och ett tomt ark papper som visade alla de gods han skulle få i belöning. Plötsligt slog kungen om, bad om ursäkt och utsåg Nils till att fara till Lothringen och förhandla om äktenskap med en ny prinsessa. Den 21 maj 1567 hade han återvänt och kom till Uppsala. Där blev han genast inspärrad i ett rum intill sin far Svante Sture, sin bror Erik och flera andra adelsmän som också fängslats. Den 24 maj gick kungen och några soldater in till Nils och högg honom till döds. På väg ut mötte de Eriks gamle lärare Dionysius Beurræus. Av någon anledning blev den upprörde kungen arg på honom också och beordrade knektarna att döda honom. Kungen var förvirrad, försvann ut i skogen och var borta i flera dagar. Det hindrade inte att knektarna samma dag verkställde dödsdomarna mot Nils far och bror och ett par andra adelsmän.

Det finns mycket mer att läsa om detta och de politiska följderna. Jag tänker här mest på hur enskilda människor uppfattade osäkerheten och skräcken som var maktens styrmedel.

I någon form nådde alla dessa nyheter fram till allmogen. Då var de oftast kraftigt förvanskade. Hur mycket påverkade oron och skräcken livet i Sund och på Hjälmseryd prästgård? Vardagslivet gick sin gilla gång. Något val fanns inte. Bruka jorden och se till att du har så du klarar dig över vintern. Skydda dina vänner men var försiktig med vad du säger. Göm undan så mycket som möjligt.

1567 kom kriget till Kirstens hemtrakter. Den danske härföraren Daniel Rantzau hade härjat i Västergötland 1566. Han var skicklig och modig. Hans namn spred skräck. Nu gav han sig på nytt in i Sverige med sina soldater, tolv kanoner och en stor tross, niohundra vagnar lastade med förnödenhet, kvinnor och barn. Målet var att ta sig upp till Mälardalen.

Den 20 oktober lämnade de Halmstad. Efter 10 dagar hade de tagit sig ungefär femton mil och närmade sig Jönköping. Den väldiga apparaten tog sig inte fram mer än ett par mil om dagen. De slog läger i byn Västra Jära. Nästa dag stack de byn och kyrkan i brand. Ingen återvände, inget syns längre, byn utplånades. Senare samma dag möttes svenskar och danskar i en blodig närstrid vid Getaryggen alldeles i närheten. Det försinkade danskarna en aning men kostade många hundra liv på den svenska sidan. De överlevande svenskarna flydde, de döda plundrades och fick ligga kvar på slagfältet. Det fanns ingen som kunde begrava dem. Hela trakten var ödelagd. Danskarna tog sig till Jönköping. Där kunde de återhämta sig och fylla på sina förråd. Svenskarna hade tänkt bränna staden innan de flydde därifrån. Det hann de bara påbörja. De lämnade kvar mycket som danskarna fick nytta av.

Det var sen höst och mycket besvärligt att ta sig fram till fots eller till häst. Ännu svårare var det att få med sig vagnar och kanoner. Rantzaus utsända spejare rapporterade att vägen genom Östergötland var alltför smal, knölig och full av bråtar, uppbyggda hinder, som var svåra att forcera. Broar var förstörda. Innan året var slut lyckades Rantzau ändå föra sina män genom Holaveden och långt upp i Östergötland, ända till Skänninge. Holaveden är ett svårgenomträngligt, kuperat skogsområde mellan Vättern och Sommen. Den har två kända färdvägar, Västra och Östra Holavedsvägen. Då, på senhösten 1567, tog danskarna den västra som gick nära Vättern, ungefär fem mil väster om Sund.

Rantzau blev överlycklig över de rikedomar han kunde lägga beslag på i de fyllda ladorna i det bördiga Östergötland. Brandskattning kallades det när bönderna betalade, med silver, mat och förnödenheter, för att slippa få sin gård bränd. Den som köpt sig fri på det sättet riskerade att bli avrättad eller att få gården bränd i alla fall när de svenska knektarna upptäckte att han hjälpt fienden. Över tusen gårdar brändes, av danskar eller svenskar.

Just då behövde danskarna inte utsträcka sina rövarturer till det karga Ydre. Men de var nära! Befolkningen var vettskrämd, grävde ner och gömde undan så mycket de kunde. Männen lämnade sina hem för att bli soldater, för att bevaka fienden, ligga i bakhåll och bygga hinder vid de vägar de trodde att danskarna skulle ta. Om de kunde smög de fram och skar hälsenorna av motståndarnas hästar. Kvinnorna fick göra så gott de kunde, ständigt vara beredda på att ta barnen och djuren och fly ut i skogen. Kanske gömde de sig redan i grottor och kojor.

Erik XIV hade varit svag och akut psykiskt sjuk ända sedan Sturemorden i maj 1567. Kände allmänheten till hur frånvarande kungen var, att Sverige stod utan ledare? Normalt sett fick ingenting sägas som var negativt om kungen. Den här gången bröt kungen själv tystnade. Han skickade ut ett brev till folket och uppmanade alla att fira en tacksägelsefest sedan han tillfrisknat från sin sjukdom. I snirkliga och omständliga vändningar försvarade han dödandet av Nils Sture och de andra adelsmännen. Han hade gått i den vilda marken utan att någon försvarat honom och han hade disputerat så med djävulen att han inte kunnat sköta rikets affärer. Dock har Gud allsmäktig till slut upplyst honom så att han kommit åter till sin myndighet och kungliga regering. Nu var Sveriges rike kommet i lag igen. Det måste ha förvånat alla att Erik var så öppenhjärtlig.

Erik var en komplicerad person, känslig och bildad, lynnig och grym. I hans värld var kungamakten absolut, han själv var oövervinnlig. När han frisknat till bestämde han sig i januari 1568 för att samla sina trupper i Vadstena. Bara detta, att kungen visade sig med sina trupper, borde räcka för att skrämma bort en enkel adelsman som Rantzau, tyckte kungen. Befolkningen ute i bygderna förstod bättre hur effektiv och grym den danske härföraren var. Det var en och en halv mil mellan Vadstena och Skänninge, där Rantzau vilade och väntade på förstärkning från Danmark.

Kriget var i Östergötland. Danskarna satt inte still i Skänninge utan rörde sig runt om i landskapet. Vadstena och delar av Norrköping brändes. Söderköping brändes två gånger samma dag, först av svenskarna själva, sedan av danskarna. Linköping brändes av svenskarna för att inte falla i danskarna händer. Soldaterna tog så mycket de kunde, värdesaker, mat, vin, öl och brännvin. Det livsviktiga saltet spreds ut för att förstöras och förstöra. För yrkesknektarna var plundringarna en del av lönen.
Härarna samlades, skräcken spred sig. Men det blev inget stort slag. De danska förstärkningarna hade stoppats i Värnamo. Rantzau fick inget meddelande om detta och förstod inte vart de tagit vägen. Det var vinter och svårt att ta sig fram. Han insåg att han var i underläge och beslöt att bege sig hemåt. Nu tog danskarna östra Holavedsvägen. Den gick

väster om sjön Sommen och var ännu mer svårframkomlig än den västra. Så besvärlig var den att man tog risken att delvis gå över Sommens nyfrusna is. Vid månadsskiftet januari-februari gjorde de några dagars uppehåll vid Säby kyrka, nära nuvarande Tranås. Sedan fortsatte de söderut mot Eksjö. Som närmast var de drygt en mil från Herr Bengts socknar. Säkert gjorde de räder i trakten för att skaffa förnödenheter. Det saknas uppgifter om hur Sund, Svinhult eller Västra Ryd drabbades men i skattelängden 1571 är sex gårdar i området öde. I hela Ydre härad var det 12 ödegårdar. I tabeller över antalet gårdar, ödegårdar och inbetald tiondeskatt ser vi att häraderna i Småland, Öland, Östergötland och Västergötland drabbades olika hårt under olika år. Där det var väldigt många ödegårdar berodde det säkert på skövling, där det var färre kan det lika gärna ha berott på den svåra missväxten. Kombinationen av skövling, bränder, missväxt och att brukare dött i kriget skapade stor nöd.

Danskarna lämnade efter sig ödelagda byar, obegravda soldater, brända hus, faderlösa barn, föräldralösa barn, hjälplösa änkor, människor som förlorat hela sitt uppehälle. Många behövde hjälp bara för att överleva. Danskarna lämnade efter sig samma hemska ödeläggelse som svenskarna gjorde till exempel i Blekinge.
Ingen hade vunnit något. De båda kungarna var lika envisa och ingen ville ge sig. De kunde inte sluta fred. Efter ett tag fick man veta att danskarna verkligen lämnat Sverige. Kunde man andas ut? Kunde man börja bygga upp det som förstörts?

Tiondeskatt togs ut varje år. Under katolsk tid gick en del av pengarna till fattighjälp. Efter 1527 delades skatteintäkterna så att kronan tog 2/3 och kyrkoherden 1/3. Under de sista krigsåren blev skördarna usla på grund av missväxt. Den mängd säd som betalades i tionde var hälften eller mindre än hälften av vad den skulle ha varit ett normalt år. Herr Bengt och Kirsten fick mindre inkomst än de var vana vid. De och alla andra välbärgade hade säkert samlat i ladorna under goda tider men nu sinade förråden. De riktigt fattiga hade inte mycket hjälp att få. Fattigvårdspengarna fanns inte längre och även om det funnits pengar fanns det inte mycket att köpa.

Inbördeskrig

1568 blev det inbördeskrig också. Erik var fortfarande osams med Johan. Johan hade suttit fängslad i fyra långa år men under 1567 hade Erik gått med på att släppa honom fri.

Hertigarna Johan och Karl var djupt oroade över Eriks sjukdom och politik. De ville avsätta Erik men det var inget man gjorde bara så där, man måste ha adeln och folket på sin sida för att inte bli anklagad för förräderi. Erik själv gav dem en möjlighet som de genaste utnyttjade. Han gifte sig med Karin Månsdotter, en enkel flicka av folket. Paret fick en son, Gustav, en tronarvinge. Den 4 juli 1568 kröntes Karin till drottning. Erik var lycklig men i brödernas och adelns ögon var det upprörande och bröt emot allt vad som gällde för en kung.

I juli 1568 samlade Johan och Karl allt fler upproriska till Vadstena. Adelsmän som ansåg sig orättvist behandlade av Erik anslöt sig. Den 19 augusti började de tåga mot Stockholm. Erik samlade sina styrkor för att slå tillbaka. Vid Botkyrka kyrka, sydväst om Stockholm, lyckades han besegra sina bröder. När Johan och Karl inte lyckades ta sig fram den vägen gjorde de en kringmanöver och angrep i ställer Stockholm från nordväst. Allt fler gick över till hertigarna och Erik blev belägrad på slottet.

Nu hände något riktigt vidrigt, avrättningen av Jöran Persson den 22 september 1568. Jöran var Eriks förtrogne men blev trots det utlämnad till de upproriska. Nu skulle de statuera exempel. Nu skulle man visa att det var nya herrar som bestämde. Och man skulle göra det offentligt, så att alla fick veta. Inom synhåll för Erik, som satt kvar på slottet Tre Kronor, fördes Jöran Persson till galgplatsen vid Brunkebergstorg för att skymfas och avrättas. Tortyren började med att bödeln skar av honom öronen och hissade upp honom i galgen med ett rep om magen. Efter en stund blev han nedtagen och bands i stället vid fyra pålar på marken. Bödeln slog sönder hans smalben, hans lår och hans armar. Till slut började bödeln slå honom på bröstet. Då först skrek Jöran. När hertig Karl kom ridande ropade han efter förbarmande och hertigen befallde att man äntligen skulle hugga huvudet av honom. Liket styckades och sattes upp på stegel, ett hjul på en hög stång, så att alla skulle se det.
Det tog inte slut där. Jörans mor, Anna, anklagades. Anna var prästfru. Hon hade varit populär vid Gustav Vasas hov och varit husföreståndare på Strömsholms slott där Gustav Vasas änka Katarina Stenbock bodde. Nu påstods hon ha påverkat kungen och Jöran med trolldom och dömdes till rådbråkning, hon skulle avlivas lika grymt som sin son. Men Anna fick en snabbare död. På väg till avrättningsplatsen föll hon, eller kastade sig av hästen, och bröt nacken.

Den 29 september 1568 gav Erik upp och fängslades. Inbördeskriget var över. Så gick det med Gustav I:s tanke att genom en strikt manlig arvsrätt skulle man undgå maktstrider.

Johan III

Sverige fick en ny kung. Redan den 9 september, innan han blev kung, fick Johan en trohetsförpliktelse av prästerskapet i Ydre och Kind. En av dem som skrev under var Herr Bengt i Sund. Han och de andra tog ställning och "alldeles onödde och otvingade" uppsade de den ed de svurit kung Erik.

Skulle det bli fred nu? Johan sträckte ut en hand till Fredrik II i Danmark men fick inget gensvar. Vid nyåret skrev han till hela folket om sin önskan efter fred men hur hopplöst avlägsen den verkade vara. Kriget måste fortsätta. Under 1569 skedde de flesta krigshandlingarna till sjöss och i Baltikum medan Fredrik II rustade vid gränsen. I slutet på året begav sig danskarna till Varberg för att återta staden. Då passade svenskarna på att gå in i Skåne och härja ända ner till Ystad. I december tog danskarna tillbaka Varberg, Sverige var åter igen avskuret från västerhavet. Under 1570 fortsatte skövlandet, brandskattningen, bestraffningarna, bränningarna och våldet i gränsbygderna. I Bohuslän, Halland, Blekinge på den danska sidan och Västergötland, Småland på den svenska fick allmogen och stadsborna leva i skräck och se sitt arbete förstört. I Ydre och Östergötland, som låg längre från gränsen, kunde man ändå börja bygga upp igen, ha djuren hemma på gårdarna och så sina åkrar.

Den 13 december 1570 slöts äntligen fred. I stort sett hade ingen vunnit någonting. Bara den lilla viktiga biten svensk kust vid Älvsborg hade kommit i danskarnas händer. Den skulle svenskarna få tillbaka mot en lösen på 150 000 daler silvermynt, Älvsborgs första lösen. Då visste man förstås inte att det bara var den första.

Nu måste alla vara med och betala med en tiondel av sina ägodelar. Bara de egentliga adelsmännen var undantagna men inte de som på olika sätt arbetade under dem. Det upprättades längder över vad alla ägde i silver, koppar och kreatur. Längderna finns bevarade och det är där vi kan läsa att prästen i Sund år 1571 ägde 3 par oxar, 16 kor, 5 stutar, 2 kvigor, 15 får, 13 svin och 4 hästar. Han hade också hela 160 lod silver, mer än två kilo, samt mässing, tenn och koppar. Ingen annan i socknen hade så mycket värdesaker. Totalt betalade socknen 42,5 lod silver, av det stod kyrkoherden för 16 lod. Socknen betalade också 570 mark i penningar och prästen stod för 56 mark och 3 öre av den summan. Prästen hade det gott ställt. Värre var det för de fattiga, de som inte hade silver att ta av, de som bara hade en eller två kor, de som redan beskattats hårt på grund av kriget. Myntet mark försämrades kraftigt i värde under den här tiden och det är svårt att beräkna hur mycket dessa summor motsvarade och hur hårt det drabbade den enskildes ekonomi. Jag kan inte låta bli att jämföra med prinsessornas hemgift. 100 000 daler var hade pappa Gustav lovat de fem döttrarna, som om det bara var att trolla fram pengar ur befolkningen.

Kirsten blir änka

Skattelängden berättar mer för oss. Kirsten hade förlorat sin man. I nästan 30 år hade han varit kyrkoherde men 1571 det var inte längre han som antecknades som boende på prästgården. Det var Magnus Johannis, Kirstens måg. Det var han som ägde så mycket silver. Men om vi tittar noga ser vi att under hans namn står: med sin suära. Det är en stavningsvariant av svära, svärmor.

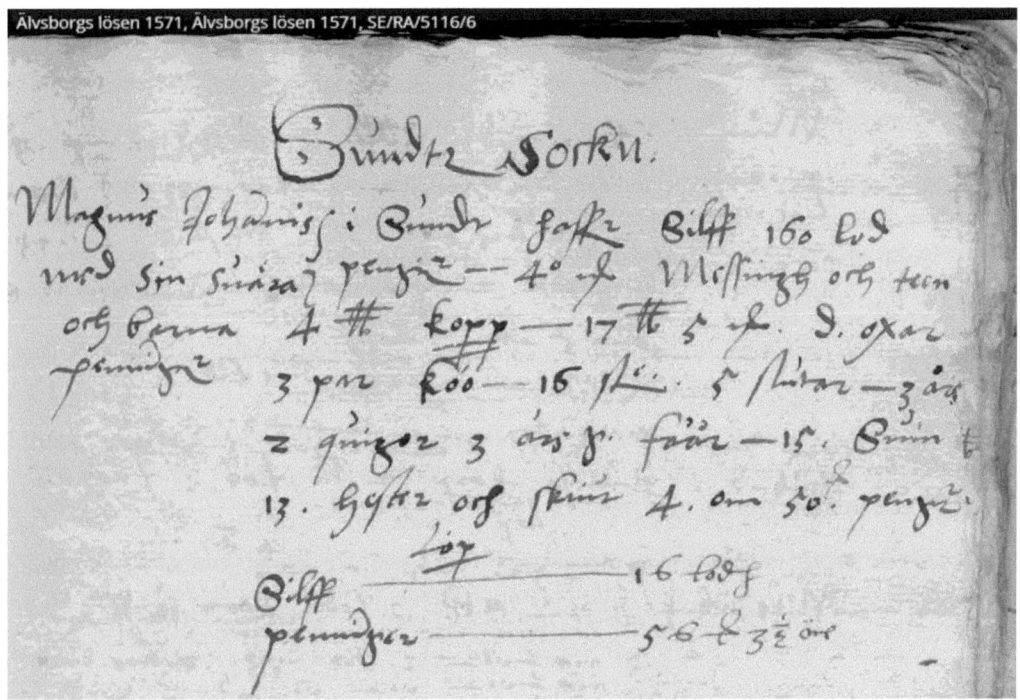

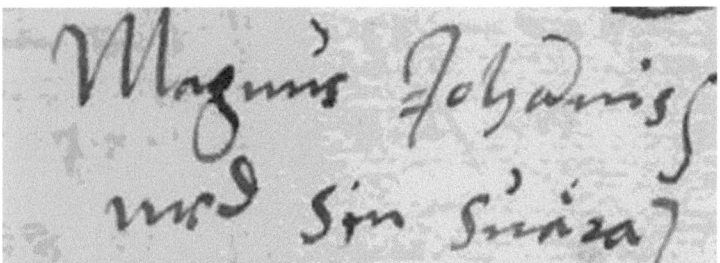

Källa: Riksarkivet Älvsborgs lösen 1571, Älvsborgs lösen 1571, SE/RA/5116/6, bildid: B0001005_00008

För att få en åtråvärd tjänst som kyrkoherde var det vanligt att den sökande erbjöd sig att ta hand om prästänkan genom att gifta sig med henne. På det sättet slapp socknen den dryga utgiften med att ta hand om en medellös kvinna och hennes barn. Det kallades att konservera änkan. Men Magnus Johannis hade tur när han sökte tjänsten, i prästgården fanns inte bara den halvgamla änkan utan också en dotter som var villig att gifta sig med honom.

Det fanns inte många val för en fattig prästänka. Änkor må du bevisa ära, om de äro rätta, värnlösa änkor. Men om en änka har barn eller barnbarn, då må i första rummet dessa lära sig att med tillbörlig vördnad taga sig an sina närmaste och så återgälda sina föräldrar vad de äro dem skyldiga; ty sådant är välbehagligt inför Gud. En rätt, värnlös änka, som sitter ensam, hon har sitt hopp i Gud och håller ut i bön och åkallan natt och dag. Ur Paulus första brev till Timoteus.

Vart kunde hon ta vägen? Nu var hon överflödig. När maken gick bort hade hon ingen försörjning. Det viktigaste man kunde äga var marken man odlade. Kirsten och hennes man hade inte ägt någon mark, bara brukat kyrkans jord. Hade Kirsten fått någon morgongåva när hon gifte sig? Morgongåva bestämdes innan ett par gifte sig. Oftast uppgavs hur många lod silver kvinnan skulle få. Den var hennes personliga egendom som skulle finnas som en säkerhet om hon blev änka. Nu hade Kirsten bara några personliga ägodelar och kanske silver från sin morgongåva.

Till en början bodde Kirsten kvar på prästgården. Magnus Johannis kunde säkert upplåta lite plats åt henne och ta vara på all hennes kunskap, samtidigt som han säkert var glad för att han inte hade behövt gifta sig med henne.

Efter några år ändrades den kyrkliga planeringen. Man beslöt att dela upp de tre socknarna, Sund, Västra Ryd och Svinhult, och flytta Magnus Johannis till Asby, fem kilometer norrut.

Kirsten blir konserverad

Västra Ryd och Svinhult fick en ny präst. Han hette Magnus Olai eller Herr Måns. Han fick tjänsten på villkor att han konserverade änkan. 1573 gifte de sig, Kirsten och Magnus.

Återigen slås jag av hur länge det är sedan allt det här utspelade sig. Vi har inga födelsedatum, inga bekräftade dödsdatum. Det skulle dröja till en bra bit in på 1600-talet innan alla svenskar registrerades och skrevs in i kyrkoböckerna. Det finns så få dokument. Kirstens män finns i några. Alla huvudpersonerna i Kirstens liv finns nämnda i ett och samma, protokollet från ärkebiskop Angermannus' visitation.

Skattelängden för Älvsborgs första lösen, som är en pålitlig källa, nämner inte Benedictus Jonae. Det antyder att han dött senast 1571, andra källor, t ex Sunds kyrkobok 1707, säger 1572 men då har det gått så lång tid mellan händelserna och nedtecknandet att felaktigheter kan ha smugit sig in.

När Benedictus Jonae och Kirsten tog över Hjälmseryd trettio år tidigare var det en gård fylld av inventarier och i full verksamhet. När Magnus Olai kom till Västra Ryd hade prästgården legat i träda i många år. Han och Kirsten fick börja på nytt. De ägde inte prästgården utan förvaltade den åt församlingen och det låg i allas intresse att den sköttes väl. Det var viktigt att Herr Måns var en god och arbetsam jordbrukare. Han skrev till Kammarkollegiet och bad om skattefrihet eftersom prästgården varit öde. Vid sin sida hade han i alla fall en hustru som visste hur en prästgård skulle skötas. Tillsammans tog de itu med arbetet. Prästgården skulle återfå sin glans och status. Kirsten hade erfarenhet och var fortfarande i sin krafts dagar.

I det dagliga livet, bland församlingsborna, skulle prästen och hans familj vara ett föredöme. Deras goda exempel skulle visa på värdet med äktenskapet och familjen. Kirstens och Magnus lite udda hushåll fick inga barn. Kanske tyckte Kirsten att det var skönt att vara förbi oron att få en ny barnkull. Magnus däremot gick miste om möjligheten att få en egen familj, samtidens idealfamilj, den på vilket allting vilade.

Precis som i Sund fick Kirsten ta mycket ansvar och nu när hon var äldre kunde hon stå på sig och vara stolt över sitt kunnande. Hon visste hur en gård skulle skötas och hon var inte ovan att lyssna till de politiska och religiösa diskussionerna. Givetvis fick hon, som kvinna, hålla sig tyst och inte tro att hon kunde påverka men prästhustrun måste veta vad som hände och kunna vakta sin tunga. Så länge hon var frisk löpte arbetet på. Hon gjorde sin del medan Herr Måns skötte det kyrkliga församlingsarbetet och pappersarbetet och ofta var hemifrån.

Källa: Lantmäteriets historiska kartor.

Kirsten bodde på prästgården Rydsnäs, huset på kartan är bara ett karttecken, vi kan inte veta hur huset såg ut.
Kyrkan låg lite längre söderut. Karta från 1699.

Gården låg vackert på en udde vi sjön Östra Lägern, ungefär en halvmil ifrån kyrkan. Nu finns ingenting kvar. 2012 gjordes en arkeologisk utredning för Östergötlands museum. Då hittades rester av husgrunder och en jordkällare. Man tror att prästgården hade legat där sedan 1200-talet.

Rydsnäs var en liten prästgård i en vacker men karg trakt. Här fanns sjöar och berg men inte så mycket odlingsbar mark. Runt bostadshuset och på ett par mindre bitar fanns åkrar med bördig sandjord annars var det stenigt, skogigt och sankt om vartannat. Mellan udden och fastlandet var ett kärr, för att kunna ta sig till fastlandet måste man ha en bro.

Det var svårt att få det att gå ihop. I ett gammalt kyrkoregister hittade Herr Måns papper på att en fjärdedel av hemmanet Sjöarp i Ryd hörde till kronan. Sjöarp låg flera kilometer bort men om han kunde få bruka även den odlingsmarken skulle det ge lite tillskott och förbättra ekonomin. Han skrev till kung Johan III och bad att få bruka området som prästgårdens jord. Herr Måns fick ett välvilligt svar.

Wi Johan den tredje med Guds nåde, Sveriges, Göthes och Wendes konung, Storfurste till Finland, Carelen, Wåtskepetin och Ingermanland i Ryssland, och öfver de Ester i Liffland Hertig.

Vår undersåte Herr Måns i Ryd, Ydre härad i Småland har visat upp ett gammalt kyrkoregister som legat i Ryds kyrkokista. Av det ser Vi att fjärdedelen av hemmanet Sjöarp hör Oss och Sveriges Krona till. Och eftersom samme Herr Måns klagar över att prästbostaden är ganska ringa är det Vår allvarliga vilja och befallning att synesmän utsynar den fjärdedelen och lägger den till prästbostaden. Skrivet på Vårt Kungliga slott Vadstena den 6 februari 1578.

Många brev och skrivelser hanterades vid kungens kansli varje dag, de handlade om allt från viktig utrikespolitik till lokala frågor. Johan var inte lika petig i detaljer som hans far varit men den här brevväxlingen tog han tag i, den handlade om en kyrkans man och dem månade Johan om, det vill säga att han uppmuntrade de präster som valt sida och stödde kungens nya gudstjänstordning. Kungen beordrade att synesmän skulle mäta upp marken och lägga den till prästgården.

Kyrkan i Västra Ryd finns inte kvar. Den revs 1883. Den var stram, avskalad med högt spånklätt tak. Den hade inget torn utan en fristående klockstapel. På den ängsliknande kyrkogården hade varje gård eller by sin egen gravplats, sin ättehage, där de själva ansvarade för att gräva gravarna. För att skydda begravningsplatsen fanns ett timrat plank som ständigt behövde repareras och ofta var i skröpligt tillstånd. Stenmur byggdes långt senare. På Kirstens tid hade kyrkan bara 4 små rektangulära fönster. Altaret var murat av grov sten med sidoöppningar för de heliga kärlen.

Herr Måns' andra kyrka, i Svinhult, var helt annorlunda. Den var en vacker spånklädd timmerkyrka med torn, bara 15 meter lång. Tornet var en ren dekoration, klockorna hängde i en fristående klockstapel.

Båda kyrkorna var medeltida och mycket gamla redan när den här historien utspelar sig. Vägen mellan kyrkorna, prästvägen, hade varit flitigt nyttjad i flera hundra år men förblev under hela Magnus Olais tid så knagglig och dålig att det var enklare att gå bredvid hästen.

Långt senare, omkring år 1700, kom lantmätaren till Hjälmseryd för att göra en avmätning. Han antecknade på kartan det han fick höra av dåvarande kyrkoherden Tilliander i Sund. Tilliander berättade om tre av sina företrädare, bara om dessa tre som tydligen lämnat stort avtryck.

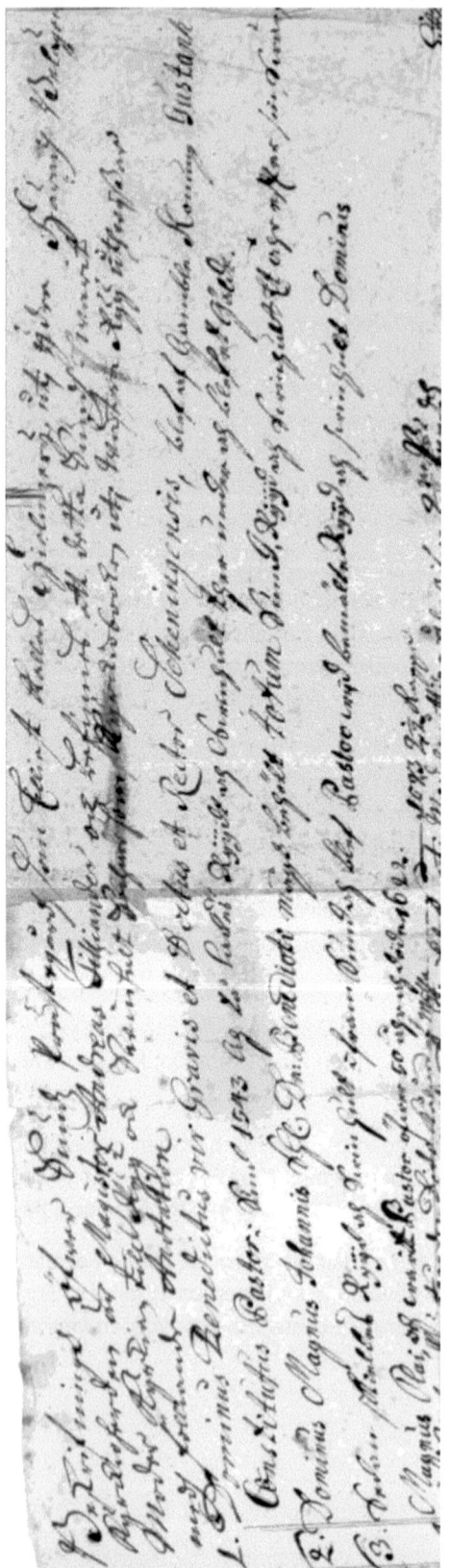

Herr Bengt, en lärd och allvarlig rektor från Skänninge, blev utsedd av gamle Konung Gustav, han efterträddes av sin måg, Herr Måns, och Ryd och Svinhult skildes strax därefter från Sund. Ny pastor i Ryd och Svinhult blev Magnus Olai, som även han kallades Herr Måns. Han var kyrkoherde där i femtio år och dog peståret 1622.

Magnus Olai måste ha varit mycket yngre än Kirsten. De var ett omaka par som inte alls passade in i den gällande mallen.

Källa: Lantmäteriets historiska kartor

Under åren när Nordiska sjuårskriget närmade sig sitt slut, när Kirsten blev änka och prästhustru igen hade det varit regimskifte. Erik XIV blev fängslad av sin lillebror Johan. 1569 beslutade riksdagen att Erik förlorat sin rätt till tronen. Johan blev kung Johan III. En ny kung betydde förändringar för människorna i Sverige. De olika kungarnas personliga åsikter förändrade villkoren, inte minst för den enskilde prästen.

Redan 1568 hade Benedictus Jonae, Kirstens förste man, och de andra prästerna i Ydre svurit Johan sin trohet. Alldeles otvingade står det och det kanske de var men att protestera hade troligen inneburit avsättning och kanske ännu värre följder. Då, fem år in i kriget, var det nog inte så svårt för prästerna att instämma i propagandan som sa att Erik inte främjat fäderneslandets välfärd utan förhållit sig okristligt och otillbörligt mot sina undersåtar, vilket ingen kristen och ärlig svensk man längre kan tåla.

Johan var ständigt misstänksam och rädd för att förrädare skulle ställa sig på Eriks sida och hjälpa honom att fly. Det var komplicerat att vara kung över ett land där den förre kungen fortfarande levde. Det fanns fortfarande de som höll fast vid sin trohetsed till Erik, i alla fall inbillade sig Johan det. Erik dog i fängelse 1577, med stor sannolikhet arsenikförgiftad på order av Johan.

Johan III regerade längst av bröderna, hela 23 år, mellan 1569 och 1592. När han tog över var Sverige utarmat och sargat av kriget. Hans regeringstid fortsatte att vara en kostsam tid med ständigt nya skatter.

1570 lyckades han få fred med Danmark. Det var en otrolig lättnad för folket och i längden sparade det naturligtvis en massa pengar men just där och då stod man med uppgiften att få ihop de där 150 000 daler silvermynt som danskarna skulle ha för Älvsborgs fästning

Samma år började ett tjugofem år långt krig med Ryssland. Krigshandlingarna märkte man inte av mitt inne i Sveriges inland, men soldatutskrivningarna, kostnaderna och skatterna märkte man. Så småningom kom dödsbuden och en och annan soldat kom hem. Då började man förstå hur illa det stod till. Några kom för att få sig en tids återhämtning efter år i krig. Andra kom hem därför att de lemlästats, förfrusit sig och fördärvats och inte längre kunde vare sig kriga eller försörja sig själva.

Det var inte tappra strider som tog livet av de flesta soldater, det var sjukdomar, köld och svält. Kung Johan hade tidigt förstått att soldaternas krigsvilja och hälsa ökade om de fick tält, malt, mjöl, bröd, sill och förråd för minst en månad men tiden gick, det gick inte att skaffa tillräckligt med mat, alla krigsområden var förhärjade och brända. Det blev svält. Förutom rödsot och andra sjukdomar, som slog hårt mot de försvagade, slog pesten till vid flera tillfällen. Soldaterna, som ställt upp till rikets försvar under kriget mot dansken, var inte alls lika motiverade att slåss i främmande land under dessa vidriga förhållanden. Många deserterade och flera gånger var det nära myteri. Rådet i Stockholm, de höga män som var utsedda att vara ungefär som en regering, var mycket bekymrade. Redan 1573 vädjade de till kungen att sluta fred. 1576 hävdade de att nya soldatutskrivningar inte kunde företags eftersom folket fått lida så stora gärder och utskylder. Men kriget fortsatte år efter år. 1589 ber rådet: hugsvala den fattige, menige man som dagligen med ömkliga ord kvida och klaga, i största nöd och fattigdom i en tid med stora kostgärder och penningutgifter.

Ting och marknadsplatser var viktiga mötesplatserna mellan folket och de styrande. De var utmärkta platser för att sprida propaganda. Ofta kom kungen själv men han kunde också skicka ut sina betrodda män. Efter Erik XIV:s avsättning behövde Johan försvara sig, Erik framställdes som krigslysten och okristlig medan Johan var den som skulle hjälpa landet till god fred. Sen kom det nya kriget. Han var den rättfärdige, milde kungen, den bildade kristne renässansfursten i kamp mot barbarhövdingen. Ryssarna målades upp som särdeles grymma och okristliga. Det var inte svårt att tro på när man fick höra vad ryssarna gjort. 1569 kom en svensk delegation till Ryssland. I Novgorod fick de vänta i tre månader. När de äntligen fick träffa ståthållaren krävde denne att de skulle erkänna att han var jämbördig med kung Johan. När de vägrade blev de plundrade och avklädda, misshandlade och bundna efter hästar. I det tillståndet släpades svenskarna genom Novgorod till stor förnöjelse för stadens invånare. De fick tillbaka sina kläder och kördes med fångtransport till Moskva för mer förnedring. Därifrån fördes de 27 mil österut och hölls fångna. Först i februari 1572 kunde de ta sig till Finland. Ännu mer skrämmande var det att få höra om Ivan den förskräckliges dödsstraff mot de svenska befälhavarna efter stormningen av Wittensten i Estland 1573. Det berättades att svenskarna fästes vid spett och stektes levande. Även i en tid då man var van vid offentliga avrättningar och hårda kroppsliga straff var detta obegripligt fasansfullt.

Johan III var mycket bildad och konstintresserad. Utan att ha finansiering för det satte han igång stora byggnadsprojekt. Både Gustav och Erik hade startat slottsbyggen, under Johans tid tog de fart ordentligt. Många av våra slott byggdes eller byggdes om under hans tid. För att få pengar och folk till byggena tog han ut nya, betungande skatter och dagsverken. Inte ens när finanserna var riktigt dåliga på grund av kriget kunde Johan tänka sig att dra ner på byggnationerna.

Pengabristen och de många skatterna ledde till att *svenskt mynt var så fördärvat, att ingen ville hava penningar för sitt gods utan de som försiktiga voro bytte gods för gods*. Det skulle gå 4 mark på en daler men markens värde försvann nästan helt när det 1592 gick 84 marker på en daler.

Johans mamma hette Margareta Leijonhufvud. Trots att hon var gift med reformationskungen Gustav förblev hon troende katolik i hela sitt liv. Hon dog när Johan var 13 år. Johans hustru, Katerina Jagellonica, var katolik från Polen. Johans son, Sigismund, uppfostrades både lutherskt och katolskt i hopp om att han skulle bli regent i både Sverige och Polen. Johan var väl insatt i religiösa frågor. Han utvecklade en idé att han skulle vara den som kunde ena de söndrade kristna och bringa fred på jorden. Det ledde till en del förhandlingar med påven men naturligtvis var uppgiften alltför stor, då som nu.

Inom Sverige genomfördes flera kyrkliga förändringar. Johan III ville återge kyrkan prakt och skönhet och satsade pengar på förbättring av både byggnader och inventarier. Nu skulle man få värdiga kyrkoskrudar och vackra föremål och en del ritualer skulle återinföras. Nu skulle kyrkobyggnaderna rustas upp. För prästfrun Kirsten och hennes man visade han sin välvilja när han gav dem mer jord 1578.

1571 fick Sverige en ny kyrkoordning där mycket återinfördes av det som många i början på reformationen kämpat så hårt för att få behålla. Den gamla nattvardsformen var en av de ceremonier som fick komma tillbaka, liksom kyrkans guld, ljus, helgonbilder och krucifix. Prästerna skulle klä sig i vackra mässkläder och inte se slarviga och smutsiga ut och de fick inte lägga sin mössa på altaret. Men sedan de starka motsättningarna flera decennier tidigare hade en ny generation präster kommit i tjänst. För många av dem var det den enkla, avskalade kyrkan och det rena ordet som var rätt och värdefullt. De kanske inte sa så mycket, de kanske bara skyndade långsamt med de nya påbuden.

Röda Boken var en ny gudstjänstordning som trycktes 1576. Den innehöll mycket som kunde ses som katolsk och ledde till en långvarig strid om vad som var rätt och viktigt i gudstjänsten, i människans möte med Gud. Präster som inte ville följa den nya ordningen avsattes. Kungens yngre bror Karl var hertig av Värmland, Södermanland och Närke. Han ogillade Johans dragning mot det katolska. Han var emot Röda Boken och opponerade sig mot brodern. Präster som förföljdes av Johan fick en fristad i Karls hertigdöme. En av dem som kom under hertig Karls beskydd var Abraham Angermannus. Han var bondson från Ångermanland men hade han fått studera i Rostock och sedan lyckats komma in i de riktigt betydelsefulla kretsarna. Han var svåger till ärkebiskopen Laurentius Petri Gothus, de var båda gifta med döttrar till Laurentius Petri Nericius, Sveriges förste lutherske ärkebiskop. Svärfadern var i sin tur bror till reformatorn Olaus Petri. Angermannus var ivrig motståndare till Johan III både i skrift och i brinnande predikningar. Kungen förklarade de motsträviga prästerna fredlösa, de skulle fängslas om de lämnade hertigdömet. Deras egendom togs i beslag. Förvirringen var stor. Man kallade varandra för papister och satanister. Rykten gick att präster skulle tvingas skilja sig, att predikan skulle bli på latin och att 100 000 munkar skulle komma till Sverige. Som alltid gällde det att stå på rätt sida, väga sina ord och vara försiktig. Reformationen var verkligen inte över. Senare, 1587, valdes Sveriges tronarvinge, Sigismund, till kung i det katolska Polen. Åt vilket håll skulle Sverige gå. Den medelväg som Johan önskade sig fanns inte. Det var en bitter strid.

Vad skulle en vanlig, enkel undersåte tänka och göra? Vilken fot skulle en präst stå på? Magnus Olai i Västra Ryd lyckades av allt att döma balansera rätt. Två år efter Röda Boken fick han det kungliga brev som gav honom och Kirsten större trygghet och mer mark att bruka.

Skulle svenskarna byta tro varje gång de fick en ny kung eller hertig? Skulle olika landsändar ha olika religion? De ständiga förändringarna skapade oro. Johan III utlyste särskilda böndagar. Alla måste komma till kyrkan för att göra avbön och ångra sina synder, synder som drog Guds straff över landet.

Berodde svårt väder, svält och krig på att man inte gjorde det som var rätt mot Gud? Var det Guds straff? Vilken lära var det i så fall som var rätt mot Gud? Skrämmande järtecken tolkades som att undergången var nära. De sockenbor som på 1540-talet hade kämpat för det som var gammalt och fornt hade ersatts av en ny generation, en generation som vuxit upp med den lutherska läran och tyckte att det var den som var tryggheten. De flesta följde bara med i förändringarna, vad de än tänkte innerst inne. Alla hade sin roll och sin plats i samhället, lydnad mot överheten och ansvar för sina arbetsuppgifter. Martin Luthers Lilla Katekes var den lärobok där man fick lära sig kärnan i den sanna tron, Tio Guds bud, Trosbekännelsen och Herrens bön.

I kyrkans undervisning fick man lära sig om hustavlan och vilken plats och vilka noggrant bestämda uppgifter var och en hade i tillvaron.

Prästerna var överhet i det andliga. Alla deras åhörare, oavsett stånd, var deras undersåtar. Prästen skulle vara nykter, förståndig, fridsam och fri från penningbegär.

Det världsliga låg under kungen. Han var tillsatt av Gud med ansvar att styra, döma och övervaka folkets tukt och ordning. Att sätta sig upp mot konungen var att sätta sig upp mot Gud, att underordna sig var att hedra Guds vilja.

Hushållet omfattade alla som bodde tillsammans. Husfadern, ibland husmodern, skulle både moraliskt och ekonomiskt sörja för dem alla, föda dem och se till att de levde efter Guds vilja. Resten av hushållet skulle utföra sina uppgifter och visa kärlek och vördnad för husbonden.

En och samma person kunde alltså vara överhet med ansvar och underdånig undersåte. En fogde var överhet gentemot befolkningen men underställd kungen. En husfader var överhet i sitt hushåll men undersåte gentemot kung och präst. "När var och en sin syssla sköter, då går det väl, vad än oss möter", står det.

1580 var sommaren kall, det blev ett dåligt skördeår som snart skulle följas av flera. Herr Måns tid och uppmärksamhet splittrades mellan de kyrkliga striderna, omsorgen om församlingen och det hårda arbetet med att försöka få en egen skörd. Kirsten slet också hårt. I tio år delade de en fungerande vardag. När Kirsten var i sextioårsåldern började krämporna komma. Hon drabbades av "torrvärk", reumatism, och blev sämre och sämre. Till slut kunde hon inte klara sig utan hjälp. Hon kunde inte bo kvar på Rydsnäs. Vem skulle sköta henne? Kirsten flyttade till sin måg, Magnus Johannis i Asby. Hos dotterns familj blev det lugnare och hon fick bättre vård. Nog kunde de klämma in en sängplats åt en gammal stel gumma. Hon lärde känna unge Samuel som föddes 1582. Herr Måns i Asby hade det gott ställt. Redan i skattelängden för Sund 1571 syns det att han var rikast av alla ofrälse, han betalade nästan en tredjedel av socknens bidrag till Älvsborgs lösen. Han kunde köpa en stor egen gård. Hans fru behövde inte vara rädd för att bli fattig och hamna i samma situation som Kirsten. Sonen Samuel fick ett gott arv efter sin far, kyrkoherdetjänsten, gården och en hel del pengar.

Så sent som 1921 fotograferades detta hus som uppges ha varit Asby prästgård innan det blev arrendebostad. Detta hus knappast är från 1500-talet men ett bra exempel på de gamla små prästgårdarna. Foto från Östergötlands museum.

Utan en hustru att dela arbetet och vardagen med tornade problemen upp sig för Herr Måns i Västra Ryd, han hade det eländigt och blev allt fattigare. Åren gick och han hade svårt att hitta en lösning. Det blev återigen svåra år i landet med missväxt och hungerkatastrof. Bunden vid sängen kunde Kirsten inte göra annat än att titta på men hon unnade sin man att få det bättre, att få en ny hustru vid sin sida.

Kirstens båda män var barn av helt olika decennier. Var de rädda att säga fel saker, att råka i onåd än hos kungen, än hos biskopen? Vågade de skaffa och förvara känsliga skrifter för att skaffa sig en egen uppfattning. Diskuterade de med henne om sin oro för förändringar? Martinus Gestricius var deras biskop i Linköping under 1570-talet. Han gick emot kungen och Röda boken och hävdade att han inte kunde övertala sina präster att använda den nya liturgin om det inte gjordes förändringar. Många präster var på hans sida. Biskop Martinus blev nesligen avsatt 1580. Inför församlingen i domkyrkan fick han klä av sig sin ornat offentligt så alla skulle se och veta. Han blev förklarad fredlös och fråntogs allt han ägde. Senare fick han en fristad hos hertig Karl. Trots de stora riskerna med att opponera sig dröjde det ända till 1588 innan en del av kyrkoherdarna i Östergötland förklarade sin trohet mot liturgin.

Tronskifte och maktkamp

Johan III dog 1592. Hans äldste son, Sigismund, blev kung men han befann sig i Polen och kom inte till Sverige förrän i slutet av september 1593.

För att förekomma Sigismund och förhindra att katolicismen återinfördes hade hertig Karl redan i mars 1593 kallat till kyrkomöte i Uppsala. Nu var det många som återigen fick vända kappan efter vinden, antingen de gjorde det av djup och innerlig tro eller för att inte råka i onåd.

Johan III:s liturgi förkastades och man beslöt att återgå till 1571 års kyrkoordning. Alla skulle rätta sig efter Guds rena och saliggörande ord, så som det står i de heliga profeternas, evangelisternas och apostlarnas skrifter. Behovet av katekesförhör inskärptes. Kyrkotukten poängterades, de som begick synder och fel skulle bestraffas. Vadstena nunnekloster, diskuterades och två år senare stängdes det definitivt.

Mötet valde ny ärkebiskop. Det blev Abraham Angermannus, han som så ivrigt motarbetat allt katolskt. Eftersom han gått emot kung Johan levde han i landsflykt i Tyskland och var inte närvarande i Uppsala.

Lutherdom skulle hädanefter vara den enda tillåtna läran. För att legitimera beslutet sändes texten ut i landet och undertecknades av över 2 000 präster, adelsmän, borgare och häradsrepresentanter. Kirstens man, Magnus Olai i Västra Ryd, och hennes måg, Magnus Johannis i Asby, var några av undertecknarna. "Nu är Sverige blivet en man och alle have vi en Herre och Gud."

Sigismund hade en mäktig titel: Vi Sigismundus med Guds nåde Sveriges, Götes och Vendes konung, storfurste till Finland, Karelen,
Wåtschipethin och Ingermanland uti Ryssland och över de Ester i Livland hertig, så ock konung till Polen, storfurste till Litauen, Rydzen, Preussen, Masurien, Samogitien, Kiouenn, Wolin och Livland herre.

När fadern dog hade Sigismund redan varit kung av Polen i fem år. Hans mamma Katarina Jagellonica var dotter till kung Sigismund I av Polen och hade gett sin son en katolsk uppfostran.

För att kunna krönas till kung även i Sverige måste Sigismund komma till Stockholm. Polackerna ville ogärna släppa iväg honom men lät honom åka mot löfte att han inte stannade längre än nödvändigt.

Under hemlig protest försäkrade Sigismund att han skulle hålla Uppsala mötes beslut att lutherdom var den enda tillåtna läran. Han kröntes till kung i februari 1594.

För riksdagen, prästerna och egentligen för alla var det en komplicerad situation. Man hade stått på sig i religionsfrågan. Det innebar i praktiken att man gått emot den katolske kungen samtidigt som man svor honom trohet. Skulle det aldrig ta slut, detta att ständigt behöva välja sida.

Själve ärkebiskopen Angermannus balanserade mellan kung och tro. Han pålyste en årlig festdag, en hyllning till kung Sigismund och en ihågkommelse av kungens edliga försäkran. Samtidigt betonade han att alla landets kyrkor skulle hålla undervisning och predikan enligt katekesen och hur viktigt det var att alla kom till kyrkan för att lära sig om saligheten.

Innan det ens hade gått ett år sedan hans hemkomst till Sverige lämnade Sigismund landet. Under hans frånvaro regerades Sverige av hertig Karl och rikets råd.

1595 slöts äntligen fred med Ryssland. Skulle livet bli lättare nu då riket slapp de dyra krigsutgifterna? När sommaren kom blev det en dålig skörd. Året därefter fanns inte mycket att så, vädret fortsatte att vara emot människorna och deras trägna arbete. Det blev missväxt flera år i rad och en enorm svältkatastrof.

Enligt tidens övertygelse var det människornas synd som var orsaken. En gång straffade Gud Adam och Eva när de inte lydde honom. Så fortsatte han att straffa dem som levde ogudaktigt. Det var dags för räfst och rättarting.

Den stora räfsten

Så kom det sig att hertig Karl gav ärkebiskop Angermannus fullmakt att hålla en stor visitering i hela landet. Riktigt vad som skulle hända visste ingen. Det var en unik händelse att ärkebiskopen sattes att bestämma över häradsrätterna. Med hertig Karls godkännande men tvärs emot kung Sigismunds vilja tog han sig rätten att utdöma straff.

För prästerna gällde det att kunna visa att de predikade den rätta läran på ett sådant sätt att det verkligen nådde ut och att församlingen förbättrades i sin tro.

För allmänheten innebar visitationen att de synades i sömmarna. Den som levde i synd angavs av grannar och av sina präster. Först och främst skulle de förmanas, om de inte böjde sig skulle de straffas. Det skulle visa sig att det blev väldigt många straff men också frikännanden och medlingar. Vid den här tiden var alla straff antingen böter eller kroppsstraff. Man var van att se folk slita ris, sitta i kyrkstocken, stå vid skampålen eller avrättas.

I slutet av maj 1596 kom Angermannus till Eksjö tillsammans med Linköpings biskop Petrus Benedicti, häradshövdingen, fogdar och soldater. Kirstens man, hennes måg och alla andra präster var kallade att infinna sig liksom häradsnämnderna från Ydre och angränsande härad. Prästerna hade med sig uppgifter om vilka församlingsbor som levde okristligt i ord och handling.

Trots sin skröplighet var Kirsten närvarande. Vid det här laget var hon så förstörd av reumatism att hon krävde ständig omsorg och knappt kunde gå. Det är svårt att föreställa sig hur hon klarade resan från dotterns hem i Asby genom den kuperade och skogiga bygden. Mesta delen av "vägen" var ridväg. Om det alls gick att köra med vagn var det skumpigt och plågsamt.

Från Asby till Hjälmseryds prästgård i Sund var 5,5 km. I Kirstens gamla hem fick de säkert vila och förfriskningar. Kyrkoherden Joannes Hemmingi skulle också till Eksjö så nu växte gruppen. Kanske fick de redan nu sällskap med dem som kom norr eller öster ifrån, från Torpa, Malexander och Norra Vi.

Nästa etapp gick från Hjälmseryd hem till Rydsnäs där hennes man fanns, men där hon inte längre kunde bo. Det var en dryg mil och mycket oländigt. Eventuellt kunde de ta båtskjuts och en genväg över sjön Östra Lägern, i så fall fick de bära Kirsten ombord. När de klarat de här två etapperna var det hög tid för vila.

Tredje etappen från Västra Ryd till Eksjö var ungefär 2 mil. Nu hade Kirstens man också anslutit till gruppen. Detta var trakter som han kände väl efter mer än 20 år som socknens präst. Antingen fick de gå söderut och runda södra änden av Västra Lägern eller gå rakt västerut och sedan ta båt till sjöns sydända. Ju längre de kom desto fler resande förenade sig med dem. I Eksjö möttes vägar som band ihop viktiga platser som Jönköping, Linköping, Vadstena, Kalmar, Växjö och Halmstad. Från olika håll kom en massa människor och representanter för ett tjugotal socknar.

Det var en plågsam resa för Kirsten. Inte bara hade hon ont överallt, nu fick alla se hur eländigt och fattigt Herr Måns och hans hustru hade det. Hon dög inte, hon kunde inte sköta sin del av äktenskapet, det äktenskap som var grunden för försörjningen och ett gott liv.

Många ärenden fördes fram inför de samlade. Det var hemskt, sorgligt och upprörande. Allt skedde offentligt. Vem du var, hur du hade förbrutit dig eller hur du drabbats blev allas angelägenhet. Det liknade tillvägagångssättet vid vanliga ting men här var fallen så många och straffen skrämmande, samtidigt som förbönerna och omtanken som också förekom var gripande.

Först behandlades Torpa socken sedan framträdde Kirstens måg, Herr Måns från Asby socken. Han hade med sig 6 ärenden.

Sone i Dempakulla hade stora problem i sitt hushåll. Hans hustru hade begått hor med en skräddare. Sone själv hade tagit emot betalning för detta och därför var alla lika skyldiga i saken. De åtskildes men hon fick inte ingå nytt äktenskap.
Sones dotter hade varit otuktig med en dräng som sysslade med tjuveri.
Kirsten i Dempakulla var omtalad för trolldom men det kunde inte bevisas.

Knut i Norby hade begått hor med en annans fästmö. Sedan hade samma flicka legat med Per Svensson. Hennes riktige fästman, Nils Jörensen i Bestorp, hade tagit emot ersättning av de andra två, under sken av att han ville ha henne kvar. Per gav honom 4 skäppor säd och en ko, av Knut tog han 8 lod silver och en tunna råg. Men Nils ångrade sig. Han ville inte längre behålla henne utan valde att lämna ifrån sig allt. Det gick inte tillbaka till Knut och Per utan tillföll domkyrkan. Per Svensson dömdes till böter därför att han gått emot sin far när han valde just denna piga. Den unga kvinnan förskonades eftersom hon haft dessa förbindelser under äktenskapslöfte.

Joen i Braskeboda levde i oenighet med sin granne. Han skulle uteslutas ur församlingen om han inte bättrade sig.

Brita i Tångeby hade legat med drängen Lasse Skräddare. Världslig dom och försoning hade redan skett men det blev ändå böter till domkyrkan.

Från Sund, Kirstens förra hemsocken, kom prästen med ett antal ärenden som rörde personer som Kirsten säkert kände väl. I den här räfsten slapp man inte undan för att man var adlig eller på annat sätt hörde till de välbärgade.

Hovjunkaren och hövitsmannen, ärlige och välborne Måns Olofsson Stiernbielke till Graby, fick stå till svars för att han inte var ordentligt gift med sin hustru. Det skulle bero på att han varit ute i kriget, 25-årskriget mot Ryssland som just tagit slut. De fick tid på sig till Mikaeli i oktober. Han hotades med hela 50 dalers böter.

Änkan Fru Pålethe på den gamla sätesgården Ed hade varit tillsammans med Ulf Persson. Han hade lovat henne äktenskap och om han bara blev skonad till livet tänkte han behålla henne. Fru visar att hon hade högre status. Vanliga gifta kvinnor kallades hustru.

Måns Olofssons dotter Ingeborg och hennes fästman ville bryta sin trolovning. De måste vända sig till rätten i Linköping. Måns Olofsson på Graby gick i god för dem. Trots att han själv var instämd för otukt var hans anseende tydligen inte skadat.

Erik i Fornåsa kvarn vigdes strax vid kvinnan han levde med.

Gertrud i Horsefall hade övergett sin man. Båda hade begått stölder och gått skilda vägar. Fogden lovade att han skulle förlika dem. Om de inte ville det måste de infinna sig i Linköping.

Ragnel i Ramblarp hade haft en utomäktenskaplig förbindelse och hon var också en signerska. Hon dömdes till 20 slag med riset. Signeri kunde vara trolldom men det kunde också vara att använda förbjudna katolska riter. Detta att hon hade ägnat sig åt trolldom var en särskilt försvårande omständighet. Några som dömdes för signeri fick det allra hårdaste straffet, 39 slag med riset och överösning med 9 ämbar vatten. Att människor dömdes för trolldom berodde naturligtvis på att alla trodde på det, inte bara den som anklagades för det. Detta var före den stora häxhysterin men hur allvarligt det var visas av att några dömda fick varningen att om de fortsatte med signeriet väntade elden. Räfsten utdelade dock inga dödsstraff, det gjorde världslig rätt.

Herr Måns i Ryd hade med sig sju ärenden. Ett gällde honom själv och hans hustru Kirsten. Han hade säkert svårt att koncentrera sig på de andra sex.

Erik i Kusarp hade redan svarat inför världslig rätt för hor och mord. Nu fick han ytterligare straff, 39 slag med riset.

Knekten Per Holmeson hade övergivit sin tjuvaktiga hustru. Nu fick han lova att henne tillbaka eller böta 30 daler och mista rygghuden. Herr Måns och länsman skulle se till att de levde kristligt.

En piga hade varit tillsammans med ovanstående Per men nu när han tagit sin hustru tillbaka blev pigan fri från honom.

Lasse i Boda trätte med sina grannar. Han låg till sängs, klagade och var ursinnig. Trots det kunde han äta allt han fick. Prosten skulle ta med sig två präster och några lagmän för att förmana honom att sluta med sin ogudaktighet. Om han inte lydde skulle han föras till sockenkyrkan och mista rygghuden.

En arbetslös dräng ville överge sin trolovade.

Ingevald skräddare trätte med sin hustru.

Så blev det herr Måns´ och Kirstens tur. I protokollet från visitationen står det, med moderniserad text:

Likaså klagade pastorn i Ryd ömkligen och berättade om sin hustrus skröplighet och han fick följande brev:

Abraham Andreae A genom Guds försyn ärkebiskop i Uppsala, Petrus Benedicti Biskop i Linköping, kungör, att den 28 maj år 1596, hölls generalvisitering i Eksjö i Södra Vedbo i Småland. Närvarande var biskopen och ärkebiskopen, kapitlet och alla präster i Norra och Södra Vedbo, samt ärlige, välborne Måns Olufson på Graby, sammaledes välaktade Jöns Booson, häradshövding, Nils Person, Hemming Person, Kunglig Majestäts befallningsmän, och fogdar, samt Joen Amundson, knekthövitsman, och tre nämnder från Norra och Södra Vedbo och Ydre härader. Inför dem alla ställdes den hederliga kvinnan, Herr Måns i Ryds hustru, Kirsten. Klagande berättade hon, med brev och vittnesbörd av många trovärdiga människor, att hon för 14 år sedan drabbats av värk och svår sjukdom. Hon hade blivit så försvagad, förlamad och helt fördärvad, att hon under dessa 14 år alls inte kunnat ge sin man hjälp eller bistånd i hushållet. Ja, hon kunde inte själv röra sig från det ena rummet till det andra utan andra måste leda eller bära henne, så som vi nu kan se. Under denna långa tid hade hon inte kunnat visa sin man någon äktenskaplig skyldighet eftersom hon var som en död och avsomnad lem, fullständigt otjänlig och oduglig. För den skull hade hon för några år sedan, med sin mans goda vilja, flyttat till sin måg, Herr Måns i Asby. Där, hos sin dotter, kunde hon få mer ro och bättre omvårdnad än hemma hos sitt eget oaktsamma tjänstefolk. Nu bad hon på det allra flitigaste med gråtande tårar för sin man, Herr Måns, att han skulle få tillstånd till nytt äktenskap.

Tidigare hade de vänt sig till förre ärkebiskopen, Anders i Uppsala, och biskop Per i Linköping och fått brev från ärkebiskop Anders med hopp om hjälp (eftersom hon nu och för all framtid skulle vara alldeles som död och bortglömd för sin man). De välbördiga och välaktade gode männen samt häradsnämnderna bad också för deras sak eftersom de visste hur eländigt Herr Måns haft det i många år och att han blivit en utfattig man.

Vi har noga och flitigt rannsakat och tänkt igenom denna sak och förstår i sanning att omnämnde Herr Måns hustru är som en död och avdomnat lem, alldeles otjänlig för äktenskaps bruk och hushåll. Han har under dessa fjorton år förhållit sig ärligt och kyskt och haft kristligt medlidande med henne i hopp om bättring. Nu finns alls inget hopp för hennes hälsa. Hon ber så mycket för honom och han är tjänlig till äktenskap och de andra också ber för dem och vill försörja henne under hennes livstid med livets nödtorft, föda och kläder, efter sin yttersta förmåga.

På grund av dessa omtalade orsaker (och efter kyrkans kristliga Consistories exempel och gamla lagar, som grundar sig på de apostoliska orden: om mannen dör, så är kvinnan fri från lagen) har vi i detta fall gett honom tillstånd att ingå nytt äktenskap, när och var det passar honom och Gud ger honom råd.
Till visso under våra sigill. Datum, dag, år och plats som ovan.

Herr Måns ställde sig alltså inför alla högheter och berättade om sitt elände. Till sin hjälp hade han brev och vittnesmål från många trovärdiga människor som stöttade honom.

Kirsten själv fick också ge ord åt det svåra. Hon stöttade sin man men det måste ha kostat på. Gammal och sjuk måste hon visas upp för alla. De fick skilsmässa. Herr Måns fortsatte som kyrkoherde i tjugosex år. Jag hoppas han fick en ny hustru och en familj.

Jag vet inte hur länge Kirsten fick leva. Hon blev i alla fall omhändertagen på det enda sätt som fanns, i familjens vård.

Förhören fortsatte med anklagade från Vi, Malexander, Linderås, Säby, Adelöv, Vireda, Lommaryd, Marbäck, Askeryd, Haurida, Ingatorp, Flisby och Hult socknar samt Eksjö stad.

Eksjöborna och alla de tillresta fick uppleva hur alla straff och påföljder genomfördes strax och på plats. Allt från snabbvigslar av motsträviga par till de stackare som blev slagna och vattenösta tills de var riktigt illa däran. Kanske var Kirstens skilsmässa och Herr Måns' nya liv det bästa som kom ut av hela föreställningen.

Efter rättegången fick Kirsten resa med sin måg hela den förfärliga vägen tillbaka till Asby. Hädanefter skulle hon vara alldeles som död och bortglömd för sin man, det var förutsättningen för att han skulle kunna gifta om sig.

Räfsten avlutades i juni 1596. Resten av sommaren blev bedrövlig. Det ösregnade, marken och det sådda flöt bort. Många började tänka att det var ärkebiskopens fel. Sedan han genomfört alla stränga straff blev det bara värre. Eller var det den nya tron? Lite gamla beprövade katolska seder kunde väl inte skada? Återigen stod människor tvekande om vilken väg som var bäst.

Men inget som gick emot hertig Karls starka, renläriga, lutherska tro fick sägas högt. I stället gick alla till kyrkan. Hertigen hade låtit utlysa nya böndagar och då måste alla vara närvarande. I Asby kyrka stod Kirstens måg i predikstolen, i Västra Ryd och Svinhult bad och predikade hennes exman. Vädret blev bara sämre, svälten väntade.

Räfsten hade kanske varit för hård. Hertig Karl och Angermannus kom på kant med varandra när hertigen insåg hur upprörda människorna var över ärkebiskopens hårda framfart. Hertig Karl kämpade för att få bort allt katolskt. Han ville ha mer makt, han litade inte på att den katolske kungen skulle hålla sig till Uppsala mötes beslut. Ärkebiskopen var en stark och stridbar förkämpe för den lutherska tron men samtidigt kunde han inte gå emot kungen, för honom var Sigismund Kung av Guds nåde. Många slets mellan dessa två: att lyda Gud och att lyda konungen.

1597 blev nöden och svälten ännu värre. De försvagade människorna blev mottagliga för sjukdomar. Husdjuren dog. Tiggarskaror drog genom landet och när det inte fanns något att ge dem stal de för sin överlevnad - tills de hittades döda där de gått och stått.

Kyrkoherden i Asby hade det bättre ställt än många andra präster, ändå satte flera års missväxt sina spår även på hans gård. Jag vet inte om Kirsten överlevde den onda tiden, om hon fick höra att det var krig på gång igen. Hon kan knappast ha levt så länge att hon fick uppleva att hennes barnbarn, Samuel Magni, prästvigdes 1610. 1617 efterträdde han sin far som kyrkoherde i Asby.

Den politiska avslutningen

Kung Sigismund hade inte satt sin fot i Sverige på 4 år. Sommaren 1598 återvände han med en väpnad flotta. Oron och fasan för ett nytt krig spred sig. En del av kungens trupper intog Stockholm medan kungen själv befann sig på Stegeborg, en strategiskt viktig plats vid Söderköping. Kriget var i Östergötland igen.

Om Kirsten fortfarande levde väcktes minnena från Stora nordiska kriget till liv. Men nu var det inbördeskrig. Medborgarna stod inte enade mot en yttre fiende som de gjort 1563. Det var inte självklart vilken sida man skulle välja, hertig Karl eller kung Sigismund. Svenskar stod mot svenskar.

Efter en strid vid Stegeborg begav sig bägge härarna mot Linköping, allt närmare Kirstens familj. Men det blev inget långt krig. Den avgörande striden stod vid Stångebro den 25 september 1598.

Hertig Karl vann. Han krävde att Sigismund skulle fara till Stockholm och regera enligt den ed han avlagt 1594 men Sigismund tänkte annorlunda. Efter ett par veckor lämnade han landet för gott. Han seglade tillbaka till Polen där han kom att regera i hela 45 år.

I juli 1599 hölls riksdag i Stockholm. Sigismund avsattes och hertig Karl blev riksföreståndare. Att han inte blev kung direkt berodde på att Sigismund hade en yngre bror som formellt var näst i tronföljden. Brodern hette Johan och var bara 10 år när det här hände. Fem år senare, 1604, avsade han sig alla anspråk på tronen. I stället blev han hertig Johan över Östergötland, bland annat över Ydre.

I fem år var landet utan kung, ända till 1604. Karl regerade som riksföreståndare. Han gjorde sig av med många av sina motståndare, bland annat vid Kalmar blodbad och Linköpings blodbad.

Abraham Angermannus avsattes. Han hade varit en mycket viktig person och haft en stark position i kampen för den lutherska tron. Under Johan III:s tid levde han i landsflykt i Tyskland med ekonomiskt stöd av hertig Karl. Men han kunde inte vända kappan efter vinden. Kung Sigismund var tillsatt av Gud, alltså var Angermannus skyldig honom sin trohet. För Karl IX var han en förrädare. Han avrättades inte men dog i fångenskap på Gripsholms slott 1608. Nära Gripsholms slott fanns den lilla kyrkan i Kärnbo. Där blev Abraham Angermannus begravd utan pompa och ståt. Kyrkan förföll under 1600-talet och ingen vet längre var hans grav är.

Fem maktfullkomliga Vasa-kungar styrde och ställde under Kirstens tid som prästfru. Nåja, fyra kungar och en riksföreståndare. De kom inte överens sinsemellan. Det den ene trodde på kullkastades av den andre. Kung Gustav hade inte kunnat inte undvika krig, dels för att komma till makten, dels för att mota ryssarna i öst, men han var medveten om hur mycket det kostade och var mycket försiktig. Under sönernas tid vid makten, efter 1560, var det krig under fyrtio av femtio år.

Gustav var landsfaderlig. Han ville reformera landet både ekonomiskt och religiöst. Han gav folket den första bibeln på svenska. Men han var en grym fader som la sig i det mesta och krävde lydnad och sparsamhet. Det var kung Gustavs vilja att Benedictus Jonae, Herr Bengt, skulle bli präst i Sund och predika den nya tron.

Erik förde ett krig som var förödande för allmogen i södra Sverige.

Johan ville återta mycket av det katolska. Han ville ha prakt och skönhet men det var folket som fick betala. Johan tyckte inte om att prästerna blivit för enkla och fattiga. Han stöttade Kirstens man Magnus Olai och befallde att ytterligare mark skulle läggas till den fattiga prästgården i Västra Ryd.

Sigismund var inte närvarande.

Karl var en samhällsbyggare som sin far men en ledare med mycket hårda nypor. Han var strängt lutherskt och gammaltestamentligt religiös och ville ha bort allt katolskt. 1608, under hans regim, fick lagen ett nytt tillägg, Guds lag. Mose lag från Gamla testamentet skulle gälla. Det innebar dödsstraff för bland annat utomäktenskapliga förbindelser. Men då var inte Kirsten med längre. De hårda lagarna skulle istället komma att påverka personerna i mitt nästa kapitel, de som levde på 1600-talet.

Mellanakt ~ namnet som definierar vem du är

Vi behöver ständigt identifiera oss. För att rösta, betala skatt, få sjukpeng, köpa ut medicin på apoteket, för att få flyga, för att få asyl behöver vi ha id-kort, körkort eller pass. Vi ska ha ett namn som alltid stavas likadant, födelsedatum och i Sverige helst ett födelsenummer. Det är exakt, stämmer inte namnet på flygbiljetten med namnet på passet får du inte gå ombord.

Annat var det förr. Vår tidigaste folkbokföring är skattelängder. Marken var det som räknades, det som höll dig vid liv och placerade dig i ditt sociala sammanhang. Du var Måns i Ryd eller Anders på Berget.

Betydelsefulla personer identifierade sig som son eller dotter till någon annan med inflytande. Riddaren, häradshövdingen och riksrådet Johan Kristiernsson hade bland annat sonen Erik. Erik Johansson blev också riddare, häradshövding och riksråd.
Ett av Erik Johanssons barn var Gustav Eriksson.
Gustav Vasa säger vi men i sin samtid var han Gustav Eriksson, Jach Göstaff Erichson i Ribboholm, Gustav I, Kung Gösta.

Lite senare på 1500-talet, i protokollet från ärkebiskop Angemannus´ räfst 1596 används också -son-namn för personer med hög position i samhället, ärlige och välbördige Måns Olufsson på Graby, häradshövding välaktige Jöns Booson. Kvinnor med högre status var fru, vanliga kvinnor var hustru. Vanliga undersåtar identifierades med förnamn och boställe, Erik i Kusarp och Nils dotter Karin i Brostorp.

I Fryksdals härads domböcker, som börjar 1602, står de utsedda nämndemännen till en början bara med namn och plats, Bengt i Spelnäs, Peder i Torsby och så vidare.
Befallningsmannen ärlige och välaktade Carl Swensson får ta mer plats.

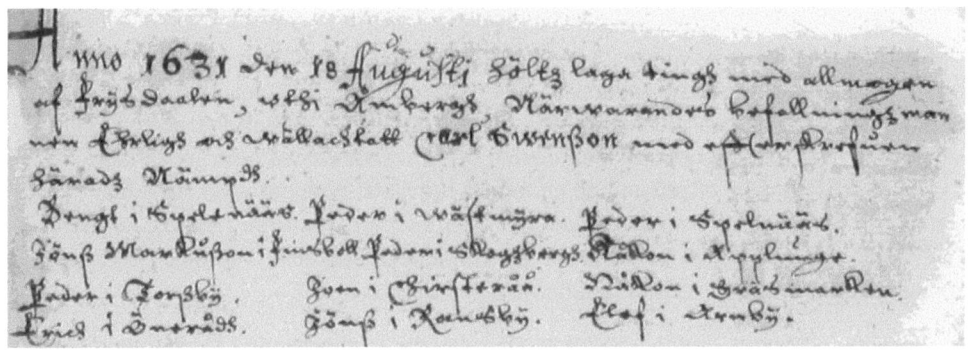

Källa: Arkiv digital, www.arkivdigital.se Fryksdals övre tingslags häradsrätt 1629-1657, sidan 7

Det var bråttom att skriva in de kristnade barnens namn i en dopbok. Men födelseuppgifterna följde till en början inte med till husförhörsböckerna, där skrevs platsen, husbonden med son-namn och hustrun med förnamn. Övriga personer i hushållet, barn, pigor, drängar, svärmor och andra fick bara förnamn. Ingen hade födelseår angivet. För att få reda på det måste vi hitta personen i födelseboken.

Jag som letar efter kvinnors historia har lärt mig acceptera att i de allra äldsta böckerna har kvinnorna ingen egen identitet. De var helt enkelt inte intressanta när syftet var att få in skatt och skriva ut soldater.

Efter hand som kontrollen ökade förde prästen in fler och fler uppgifter och så småningom personliga anteckningar om folks vandel.

Namn kunde stavas väldigt olika, allt efter prästens eller skrivarens kunskaper, smak och fantasi. Det fanns inga stavningsregler och inte kunde prästen ana att vi skulle läsa hans böcker flera hundra år senare. Vi får ha lagom mycket fantasi när vi letar efter Kerstin som blivit Christina eller Stina, Elisabet som blivit Lisken, Johan som blivit Jean eller att pappa Henrik lett till att sonen står som Hindersson. Väldigt vanligt var att Olofsson blev Olsson och Eriksson blev Ersson.
Men fantasin får inte leda till vilda gissningar.

När skogsfinnarna, Valborg och hennes grannar, kom till västra rikshalvan på 1600-talet hade de släktnamn som Liukkoinen, Hämäläinen och Orainen. Det var inte lätt för en som aldrig sett namnen nedskrivna att stava de främmande orden men man försökte. I domböckerna och kyrkböckerna finns många exempel, Hämäläinen blev Hammelan, Liukkoinen blev Luken, Mammoinen blev Mammen, Orainen blev Orran och så vidare. Samtidigt var det viktigt att personerna hamnade rätt i folkbokföringen, prästen skrev alltså vilken man de var son eller dotter till. Valborgs två äldsta söner blev Perssöner, dottern Persdotter och yngste sonen Eriksson.

Jag gillar patronymikon och namntraditioner där kvinnor behåller sitt namn/är sitt namn. Alla var sin fars son eller dotter, alltså Andersson eller Andersdotter, det fanns pluralformer också, Anderssöner och Andersdöttrar. Kvinnor behöll sitt dotternamn hela livet. Patronymikon är inget efternamn i vår mening utan en identifiering och används i stora delar av världen. På Island kan det stå fyra olika efternamn på en familjs brevlåda, pappans efter hans far, mammans efter hennes far, sonens och dotterns efter pappan i familjen. I stora delar av Afrika och Asien används detta eller liknande system, ibland med ett tillägg med betydelsen -son, ibland med faderns och kanske farfaderns namn utan tillägg.

En liten del av befolkningen bodde i städerna. Där blev det vanligare med familjenamn så att en enkel brandvakt, Lisas man, hette Sundin. Man kunde tänka sig att det skulle vara lättare att följa sina förmödrar när de hade familjenamn, men ack nej, det kan krångla till allting. När Lisa Strömberg, efter flera år som änka, födde ett barn fick dottern Lisas avlidne mans efternamn, hon blev Gustava Sundin.

Samma sak hände när änkan Gustava Sundins dotter, Lovisa, fick namn efter moderns make Ernström, som varit död i tre år.

Maria Gustava Sundin skrev förresten sitt namn på flera sätt, i bouppteckningen efter sin man 1834 skriver hon Gustava Sundin och vid moderns död 1839 skriver hon Maria Ernström. Juridiskt dög tydligen båda namnen.

Lovisa Ernström gifte sig med Fredrik Eriksson och fick många barn mellan 1863 och 1882. Både sönerna och döttrarna kallade sig Eriksson som sin far. Eriksson blev ett släktnamn. På landsbygden levde traditionen med dotter-namn kvar till tiden kring sekelskiftet 1900.

Jag har gjort DNA-test och för att få fler träffar rekommenderades jag att föra över resultatet till släktforskningsjätten MyHeritage, MH. Då blev det här med familjenamn ännu mer förvirrande. I svensk genealogi anger vi kvinnors födelsenamn som standard men i amerikansk tradition utgår man från familjenamnet och vips hade deras system döpt om alla mina förmödrar.

Jag vill ha kvinnornas riktiga namn! I Sverige bytte inte kvinnor namn när de gifte sig, inte förrän in emot 1900-talet. MH döper om våra förmödrar därför att de inte förstår vår namntradition. I Sverige fanns ingen Anna Svensson på 1600- och 1700-talen och om man letar efter henne i dödbok eller bouppteckning hittar man ingen.

Man kan gå in i programmets inställningar och göra en ändring. Få gör sig det besväret men det har jag gjort bara för att finna att mina uppgifter ändå förvanskas. De har något de kallar

MyHeritage släktträd
Information om personer i släktträd varierar kraftigt beroende på vad användaren känner till och önskar att dokumentera om sin släkt. (min understrykning) *Vi kan inte garantera riktigheten och fullständigheten av informationen. Du kan kontakta ägaren av trädet för att få mer information om dem och de släktträd de underhåller.*

Jag står angiven som källa men de ändrar det jag önskar dokumentera.

Kirsten har i mitt släktträd inget efternamn eftersom jag inte vet vem som var hennes far. Hos MH har hon likväl fått makens efternamn Jonae och hennes dotter har fått namnet Johannis efter sin man fast hon var Bengtsdotter.

Valborg Mattsdotter Liukkoinen kallas hos MH för Valborg Jönsson Orainen

Brita Olofsdotter kallas Brita Johansson Stålnäbb

Hennes dotter Brita Mårtensdotter blir Brita Strömberg
Lisa Strömberg blir Lisa Sundin

Jag blir vansinnigt irriterad, skriver till MH som inte alls förstår, men inser att jag inte kan få dem att ändra sig. Det är bara att beklaga alla miljontals människor som har förfäder med patronymikon.

Präster och andra lärde män skaffade sig latinska namn under studierna. Bengt Johansson blev *Benedictus Jonae,*
Håkan Torstensson blev *Haquinus Thorstani Rudenius.*
Det var alldeles för krångligt till vardags, då kallades de Herr Bengt och Herr Håkan.

Titlar var viktiga, ofta viktigare än namn. Även i juridiska dokument som bouppteckningar kunde det stå *Soldaten Öhman* fast det kunde ju lika gärna vara både hans företrädare och hans efterträdare.

När Lisa Strömbergs svärmor dog 1800 identifieras hon i bouppteckningen som *förre Rotemästaren Sundins hustru Margr: Chr: Schultz,*
makens hela titel men hennes eget namn förkortat.

Det var inte ovanligt att skriva en lång rad hedersbetygelser följda av ett förkortat, felstavat eller avstavat namn. Olika stavning är inte konstigt, det kan bero dialekter eller bristen på stavningsregler. Att avstava eller förkorta namnen i viktiga dokument skulle idag uppfattas som mycket oartigt men då kunde det till exempel se ut så här:

Högvälborne Herr Baron och General Lieutenanten And. Hindr. Ribinder.

Soldatnamnen hittades på av befälet. Det fanns alldeles för många med samma patronymikon, i den stränga militära ordningen behövde varje man ha ett personligt namn. Lösningen blev fantasifull, man skapade helt nya namn. De var ofta knutna till orten soldaten kom ifrån men kunde också vara helt gripna ur luften, som Nero, Lustig eller Elefant. Namnet gick i arv till näste soldat på samma plats. Det var först när indelningsverket gick mot sitt slut som namnen övergick till att bli familjenamn.

De stiligaste titlarna hade kungarna. Gustav var, som alltid, kortfattad och kärnfull. Efterhand svällde ärebetygelserna till åtskilliga rader för att på 1800-talet förenklas och bli först Sveriges, Norges, Götes och Vendes Konung och sedan det välbekanta Sveriges, Götes och Vendes Konung.

Gustav som riksföreståndare:

Jach Göstaff Erichson i Ribboholm vtuald Höffuidzman offuer Daler, Helsingeland, Gestringeland, Östergötland ok Vpland.

Gustav som kung:

Wij Gustaff medh gudz nådez Swerigis gotis ok wendis etc. konungh.

Kristina:

Wii Christina medh Gudz nåde Sweriges, Göthes ock Wändes drotning, stoorfurstinna till Finland, härtiginna vthi Estland, Carelen, Brehmen, Verden, Stettin, Pommern, Cassuben ock Wänden, furstinna till Rügen, frw öffwer Ingermannelandh ock Wissmar &c

Karl XII:

Den stormäktige ock nådige herren, Karl, medh Gudz Nåde, Sweriges, Göthes ock Vendes Konung, Storfurste till Finland, Hertig uti Skåne, Estland, Livland, Karelen, Bremen, Verden, Stettin, Pommern, Kassuben ock Venden, Furste till Rügen, Herre öffwer Ingermannland ock Wismar, så ock Pfalzgrefve vid Rhen, i Bayern, samt till Jülich, Kleve ock Bergen Hertig. Grefve till Valdens, Spanheim, Mark ock Ravensburg ock Herre till Ravenstein.

Karl XIV Johan:

Vid Guds nåde, Carl Johan, Sveriges, Norriges, Götes och Vendes Konung.

Valborg - Lekvattnet i Värmlands finnskog omkring 1653

Valborg traskade på genom skogen tillsammans med sin familj. Pappa visste precis vart de skulle. De andra var nyfikna och lite oroliga, de minsta kinkade när de förstod att de skulle gå en dag till och dag till.

Valborg var van att vandra men så här långt hade hon aldrig färdats. Sexton mil västerut sa pappa att det var från finngården Drafsen i Nås socken i Dalarna till Lekvattnet i Fryksände socken i Värmland. De skulle bygga sig ett nytt liv i en ny trakt.

Allt de ägde bar de i sina näverkontar eller på hästens rygg. Så mycket som möjligt gick de barfota för att spara på näverskorna. Då och då passerade de någon by eller någon enslig gård men mest var det skog, skog, skog. När pappa Mats sa till familjen att nu, nu närmar vi oss Lekvattnet, steg förväntningarna. På sluttningarna ner mot en långsmal sjö såg de flera uthuggningar i skogen, svedjor och rågåkrar, små stugor som nästan smälte in i naturen, rök som steg här och där. Det var inte så ödsligt som far berättat. Han hade sagt att han var den förste som började bygga vid den där sjön med det lustiga namnet, Lekvattnet. Men det var länge sedan, innan Valborg var född. Nu såg de att de inte skulle bli ensamma. Det kändes tryggt att vara framme. Valborg hade känt sig lite kuslig till mods när de gick genom okända skogar. Det var snårigt och svårgenomträngligt, skrämmande och farligt. Där levde björn och varg, utstötta människor och, kanske värst av allt, sjörå och skogsrå, oknytt, lyktgubbar och andra varelser som det gällde att stå på god fot med.

Källa:
Nordiska
Museet

81

Valborg Mattsdotter Liukkoinen levde hundra år senare än Kirsten. Det går att följa större delen av hennes liv, hon finns i några olika dokument och till slut finns hon i dödboken.

Egentligen är det sällan Valborg själv som finns i de flesta dokumenten, det är oftast männen runt omkring henne. Hon hade en pappa som bröt mark och stod i mantal, som sålde en gård och köpte en annan. Hennes hem fanns på kartan. Hon gifte sig med män som råkade in i förfärliga situationer. Hon hade makar, farbröder, bröder och söner som dök upp i domböckerna både i små tvister och vid svåra brott. Valborg var dotter, hustru och änka. Hon var ingenting utan referensen till en man. Genom männens framgångar, tvister och brott växer bilden fram av kvinnan som stod vid deras sida.

Valborg är inte anonym. Vi vet vad hennes föräldrar hette: Matts Larsson Liukkoinen och Sara Persdotter. Vi vet till och med hennes farföräldrars namn: Lars Liukkoinen och Karin. Vi vet att hennes pappa kom från Bollnäs finnskog innan han bosatte sig i Nås socken i sydvästra Dalarna, i den del som senare skulle bli Säfsnäs socken. Säfsen var ren vildmark innan flera finska familjer slog sig ner där som nybyggare på 1620-talet.

I många hundra år hade det varit livlig trafik mellan västra Finland och den svenska östkusten. Vatten förband, skogar och berg var svårtrafikerade. I de östra delarna av dåvarande Sverige-Finland, i Savolax, bodde människor som hade särskilda kunskaper om att leva i och av skogen. Av många olika anledningar - krig, orostider, brist på odlingsmark, nödår och en önskan om ett bättre liv - lämnade många sina hemtrakter vid den här tiden och tog båt över Östersjön. De som valde att fly från svåra förhållanden kunde nu bli en del av det som kungen och riket behövde, nybyggare och skattebetalare. De bosatte sig i många skogrika områden. Några, ofta andra eller tredje generationen, flyttade ända till rikets västligaste gräns. Där kunde de hjälpa till att försvara landet mot Danmark-Norge, den evige fienden. Långt ute i skogen, långt från maktens centrum, långt från vägar och städer och långt från berättelserna i skolans lärobok bröt finnar mark. De färdades per båt och till fots från rikets östra del till den västra. De kunde förvandla den sura skogsmarken till bördig svedjeodling, de kunde bygga fantastiska hus som höll dem varma under den kallaste vinter.

Valborg hade fem syskon, storebror Mats och småsyskonen Erik, Margareta, Karin och Britta. Flera av dem går det också att följa framåt i tiden, flera av deras ättlingar dyker upp i de återkommande marktvisterna. Britta och Valborg kom så småningom att hamna på motsatta sidor, både på olika sidor av lagen och på olika sidor av gränsen.

Pappa och mamma

Berättelsen får börja med Valborgs pappa. Omkring 1636 började han bygga upp torpet Drafsen i Nås socken i södra Dalarna. Men Mats var inte torpare. Torp kallades vid den här tiden de små gårdar som inte kunde skatta för mer än ¼ hemman. Mats var bonde, nybyggare. Han bröt mark på det sätt som skogsfinnarna var duktiga på, svedjebruk var hans expertområde.

Hemmet var en fönsterlös timmerstuga, säkert inget stort hus, men byggt med den fantastiska rökugnen som höll familjen varm under de långa kalla vintrarna. Hur mycket hann han bygga upp under sina år i Drafsen? Rökstuga, bastu, ria, kokhus, loge, lada, ladugård, härbre, källare? Kanske hade gården en smedja, kanske en kvarn. Det gick bra för Mats i Drafsen. Han röjde, svedjade och odlade. Han fick 120 daler när han sålde torpet.

Finngården Skifsen inte långt från Drafsen.

Det var i Drafsen Valborg började sitt liv, omgiven av släktingar och andra nybyggare. Det var där hon började sitt livslånga lärande om att bygga och bruka en finngård. Det var där hon lärde sig hjälpa mamma, passa småbarn, sköta kor, ta vara på det gården och naturen gav.

Drafsen blev en väl uppbyggd egendom som bar sig bra men det var inte Mats' urspungsplan.

Som ung man hade han gått till Fryksände socken och sett ut en plats på en bergssluttning i en ödslig skog, vid en sjö och en bäck. Han hade känt sig uppmuntrad av myndigheternas löfte att ge alla nybyggare flera års skattefrihet och samma myndigheters önskan att ha trogna svenskar nära norska gränsen. Platsen han hittade hade ännu inget namn men sjön hette Lekvattnet. Den låg bara 8 kilometer från Norge. 1634 fanns inga grannar inom en mils omkrets.

1635 gick han till Stockholm för att få nedsättningssedel för det torp han hade börjat röja. Han kom hem med ett brev från Gabriel Oxenstierna till den alldeles nytillträdde landshövdingen Gustaf Leijonhufwud.

Mats Larsson har kommit hit från Värmland med en ödmjuk bön att få ta upp ett torp i Lekvattnet i Fryksdalen. Torpet lär ligga i en öde skog på allmänningen, en och en halv mil från närmaste huvudgård. Eftersom vi inte vet om hans anfordran är rätt och rimlig sänder vi honom vidare till landshövdingen i förhoppning att saken noggrant undersöks och ordnas så att den blir till nytta för kronan utan att skada huvudgården. Undertecknat Gabriel Oxenstierna Svea Rikes Skattmästare.

Detta var så nära ett kungligt brev som Mats någonsin hade kunnat hoppas på, Gabriel Oxenstierna var riksskattmästare i drottning Kristinas förmyndarregering. Men han hade naturligtvis önskat sig ett klart och tydligt besked. Nu gick ärendet till nästa instans och 1636 gick hans planer i kras. Då bestämde häradstinget i Fryksdalen att man inte kunde tillåta ett torp på den marken. Mats gav upp och gick till Drafsen i sydvästra Dalarna där han hade sina bröder.

Efter mer än 15 år var Mats på nytt på väg till Lekvattnet. Det fanns flera anledningar, sorgliga anledningar, till att han tog med sig sin hustru och sina barn för att göra ett nytt försök.

Mats hade flera bröder. När han återvände till Drafsen 1636 levde ändå tanken på Fryksände och Lekvattnet kvar i familjen. I Fryksdals härad tänkte nämnden om och beslutade att det trots allt kunde få bli ett torp vid Lekvattensjön men nu var det inte Mats som begav sig dit utan hans bror. 1642 skaffade smeden Per Larsson Liukkoinen flyttbevis från prästen, tog med sig familjen och gick till Lekvattnet. Där Mats hade börjat röja fortsatte Per. Men det var otrygga tider. Om och om igen var det krig mellan Sverige och Danmark, och Danmark var också Norge, bara några kilometer bort. Den del av kriget som kallades Hannibalfejden pågick mellan 1643 och 1645 och berörde i hög grad invånarna i Fryksände socken. Svenskar gjorde räder in i Norge och norrmän gjorde räder in i Sverige. 1644 blev Per ihjälslagen av fienden i sitt eget hem.

Pers hustru blev kvar på gården. Hon gifte om sig med Pål Pålsson och barnen Mats, Daniel, Erik och Kajsa Persbarn växte upp. Så småningom vände de sig till sin farbror Mats och bad honom komma och ta hand om gården, köpa den och driva den vidare. Det var inte styvfadern Pål utan barnen, Valborgs kusiner, som hade arvsrätt till torpet. Man kan undra varför ingen av dem ville fortsätta. Kanske ville de ha kontanta pengar och fortsätta livet någon annanstans.

Valborgs mamma, Sara Persdotter, hade råkat i en förnedrande och livsfarlig situation hemma i Nås. 1652 blev hon anmäld för att ha haft ett förhållande med en Hindrik Pålsson. Sedan 1608 hade Sverige en mycket hård lagstiftning om utomäktenskapliga förbindelser. Kark IX hade utökat de tidigare lagarna med den mosaiska lagen. Gamla testamentet blev grunden för hur man skulle se på många brott och det var dödsstraff för äktenskapsbrott. Två kringvandrade jordbruksarbetare, sådana som myndigheterna kallade lösfinnar, hade spritt ut ryktet om Sara och Hindrik. Lyckligtvis hade dessa två vandrat vidare och kom inte till tinget. Nämnden trodde på Sara och Hindrik när de alldeles nekade till saken. Det blev ingen dödsdom för Sara men familjen var omskakad.

Liukkola

Sedan Mats kom till Lekvattnet första gången 1634 hade andra familjer hittat till den västra delen av Fryksände socken. Nu fanns det flera gårdar på några kilometers eller mils avstånd. På Södra Lekvattnet, Bredsjön, Spettungen, Vittjärn, Runnsjön och Ulvsjön bodde grannar att lära känna. Gränstrakterna blev bebyggda. Stigar trampades upp. Söderut, i Gräsmark i Sunne socken, fanns redan många finska familjer och norrut fortsatte finnar att slå sig ner. Det var många att lära känna, många fler än Valborg hade kunnat föreställa sig när hon hört talas om de vida skogarna och de farliga gränstrakterna.

Omkring 1960 var hemmansägaren Bertil Johansson ute och djupplöjde på gamla Liukkolas mark. Bland småsten och jordkokor stack något ut, det var en nederländsk silverdukat, präglad 1619. Var den en del av en nedgrävd förmögenhet eller hade någon fattig stackare tappat den? Mats Larsson hade pengar över sedan han betalt brorsbarnen, det kan ha varit hans peng. Äkta silvermynt var internationellt gångbara, kanske hade myntet först varit lön till en soldat på kontinenten och sedan fortsatt att användas hemma i Sverige. Foto från Lennart Johansson, upphittarens son.

Skogen var förutsättningen för familjernas liv. Från skogen fick man virke och ved, bete och vinterfoder. Det mesta man hade tillverkades av trä och det fanns ett enormt hantverkskunnande. Det var förhållandevis mycket blandskog och en stor artrikedom. Varje trädslag hade sin användning, människorna brukade skogen och satte sin prägel på den. Träd höggs ner eller kapades, gläntor uppstod där djuren betade, sällan fick nya träd växa sig skyhöga som i dagens skog. Det var en välgärning att omvandla skogen till åker.

Norra Lekvattnet på Stensgårds utskog hette torpet i dokumenten. Liukkola, Luken och Luktorp sa man till vardags. Lukbäcken kallades det viktiga vatten som rann nerför berget. Den gav kraft till både kvarn och smedja.

Utsikten var makalös. Bortom sjön låg berg efter berg som skiftade i alla toner av grönt, blått och brunt. Allra vackrast var det på sommaren när molnen gled fram, kastade sina skuggor över bergssidorna och förstärkte färgerna. Här och där på sluttningarna låg andra nybyggen. Det var inte tätt mellan grannarna men det var gott att veta att de fanns.

Mats kom överens med sina brorsbarn om överlåtandet. 40 riksdaler betalade han kontant för torpet. Men han fick vänta till 1660 innan han fick fasta, lagfart, på gården. Under tiden som gått, sedan Mats en gång lämnade torpet knappt påbörjat, hade det kraftigt utökats och förbättrats. Nu var skattefriheten slut och skatten bestämdes till ¼ hemman. Köpet blev lagligt, fast och oåterkalleligt. Mats, hans hustru och hans barn kunde ostört bruka torpet som sin skatteegendom, både hus, jord, åker, äng, skog, mark, fiskevatten, kvarnställe och allt annat i vått och torrt, när och fjärran, det som förr legat där, det som nu ligger där och det som på ett lagligt sätt kan tilläggas.

När Valborg kom bodde det redan mycket folk på Liukkola. En finngård med svedjebruk behövde många starka medarbetare. Den som bodde på gården utan att äga del i marken fick ändå sin del av skörden som de arbetat med. Det kollektiva boendet gillades inte av myndigheterna som ville ha en familjebild som stämde överens med tidens idealfamilj, den som hela samhället vilade på. Det skulle vara husbonde, hustru och barn, eventuellt någon dräng eller piga. En sådan familj ingick i sin tur i den stora familjen Sverige där kungen var allas gode fader.

En av familjerna som bodde tillsammans med Liukkoinen var Orainen. Det var pappa Jöns Jönsson Orainen med sönerna Bertil, Per och Jöns Jönssöner. 1656 blev Jöns d ä ihjälslagen med en yxa. Enligt domboken hette mördaren Pelle Rock. Pelle bodde också på Norra Lekvattnet. Av den skörd han varit med och tagit fram hade han fått en egen del som han hade på en hässja att torka. Jöns´ häst kom åt hässjan och började äta. Det är inte svårt att föreställa sig Pelles panik när hästen förstörde det som skulle bli mat över vintern, kanske den enda tillgång han hade. För att rädda sig undan dödsstraff flydde Pelle till Norge. Jöns' söner stannade kvar på gården.

Pigliv

Runt om i landet steg pigor och hustrur upp klockan fyra för att mjölka, det gjorde Valborg också. Hon var dotter på gården och behövde aldrig bli piga men arbetet var detsamma, ingen satt med armarna i kors. Dagen fylldes av invanda kvinnosysslor och när männen kom in skulle det finnas mat på bordet.

Redan den första sommaren på Liukkola fick Valborg följa med ut på ägorna och lära känna mer av det som var deras att leva av. En tid efter midsommar bröts de vardagliga rutinerna. Då började myrslåttern, först på gårdens mest avlägsna områden, senare på mark nära hemmet. Det var ingen som odlade djurfoder, det fanns ju så mycket att hämta i naturen, till exempel på de vidsträckta myrarna.

Det var en härlig och jobbig tid som bjöd på omväxling för alla utom de få som måste stanna hemma med djuren och de minsta barnen. Fullastade med liar, räfsor, brynen, slipsten, yxor, knivar, fiskedon och mat i näverkärl gjorde sig gårdens folk beredda att vara hemifrån länge. Väl på plats ordnades ett enkelt läger. Alla arbetsföra deltog, stämningen var hög och det fanns säkert tid till skämt och flirt mellan slåtterkarlen med lien och flickan med räfsan. Det var årets ljusaste tid och redan vid tvåtiden på morgonen började arbetet. Lien bet bäst när gräset var fuktigt av dagg. Arbetet var hårt och man blev rejält blöt när man slog och räfsade där vattnet var djupt, på vissa ställen fick man bygga flottar för att få skörden iland.

Till slut hässjades höet på plats och en gärdsgård byggdes som skydd mot betande djur. Förhoppningsvis hade man kunnat bärga riktigt mycket hö, att bära hem det var inte att tänka på. Här i skogsbygden ägde man inga kärror, det fanns inga vägar, och först när marken frusit drogs fodret hem på kälkar.

För att försäkra sig om så mycket vinterfoder som möjligt fortsatte man att bärga allt som bärgas kunde, till exempel löv som skars från träden och torkades.

Drömmar

Valborg acklimatiserade sig. Hon lärde känna omgivningarna och människorna. Hon la barnaåren bakom sig. Vad drömde hon om? Det hände så mycket runt henne. Från olika håll kom nya människor, nya berättelser, nya livsöden. Framåtanda och tragik blandades. Drömde hon om att bli husmor på en lika fin gård som föräldrahemmet? Eller drömde hon rentav om att åka till Amerika? Många av människorna omkring henne pratade om det som de kallade Västindien, ett avlägset och märkvärdigt land, ett land där det fanns nya möjligheter. Statliga värvare hade kommit till trakten och berättat att den som var villig att arbeta kunde få åka till Nya Sverige och bli nybyggare. Myndigheterna skulle meddela när en ny seglats var planerad. Avsikten med resan var att befolka den svenska handelskolonin Nya Sverige i Delaware. Var det därför kusinerna hade sålt Liukkola till pappa Mats?

Ur karta över Skandinavien 1626
Källa: Lantmäteriets historiska kartor

En av grannarna, Daniel Andersson i Södra Lekvattnet, bestämde sig för att ge sig av. Han var gammal och hade problem med att få ekonomin att gå runt. Han lämnade ifrån sig sitt hemman till kronans befallningsman som ersättning för sina skulder. Med sin fru och 5 vänner slog han sig ihop med andra finnar och vandrade till Göteborg. Men Daniel och hustrun ratades vid kajen. Skeppet var överfullt, man valde bara ut dem som var unga och starka. Gamlingarna fick återvända till Lekvattnet men de övriga verkar ha kommit iväg.

Senare kom en man tillbaka med nyheter från Amerika. Han hette Anders och bodde inhyses på gården Spettungen. Det var bara en mil söder om Liukkola och säkert hörde alla i trakten talas om hans äventyr. 1674 beskrivs Anders som en gammal grå man som varit i Västindien som soldat. Han kunde sitta berätta om den långa, farliga resan och alla människor han mött. Kanske hade han hälsningar från andra skogsfinnar. Som för alla andra människor på 1600-talet var framgång i livet inte givet. För en del av dem som reste gick det illa, för andra gick det väldigt bra och de kom att spela roll i uppbyggandet av USA.

De första svenska amerikafararna reste vintern 1637–38 med skeppen Kalmar Nyckel och Fågel Grip mitt under brinnande krig, trettioåriga kriget pågick för fullt. Det fanns ännu inga svenska sjömän som kände till vägen till Amerika. Man tog hjälp av holländare. De reste inte till USA som ännu låg långt fram i tiden. De reste till Delaware men kallade det Västindien. Då, 200 år före den stora emigrationen, måste det ha varit omöjligt att föreställa sig vad de seglade till. Indien var ju känt sedan länge men vad föreställde sig svenskar och finnar när de hörde ordet Västindien?

Skeppet Kalmar Nyckel på en målning av Jacob Hägg 1922

Hösten 1641 gjorde Kalmar Nyckel sin tredje resa. Nu for skeppet iväg med fler kolonister, några av dem var "finns", skogsfinnar. Det är inte säkert att de åkte frivilligt. Personer som saknade stadig hemvist, till exempel så kallade lösfinnar kunde beordras att åka. Vissa brottslingar kunde välja "emigration" i stället för hårda straff i Sverige, någon riktig emigration var det inte, de reste ju till en svensk besittning. Någon var dömd för horsbrott, någon annan för olovligt svedjande. Myndigheterna ville absolut inte skicka iväg mördare eller grova våldsbrottslingar, de kunde skrämma bort andra nybyggare. Under 1640-talet gjordes flera resor men kolonin växte alldeles för sakta. 1648, efter 10 år, fanns knappt 100 män plus kvinnor och barn.

Det var nu amerikafebern bröt ut! 1649 skickade skogsfinnen Mats Eriksson från Värmland en skrivelse till Stockholm. Han och 200 andra finnar ville få drottning Kristinas tillstånd att flytta till Västindien.

Skogsfinnar fortsatte att ge sig iväg mot Amerika. Det var något man pratade mycket om. Kanske åkte kusinerna eller några andra grannar. Vad lockade dem?

De höll som bäst på att etablera sig i Värmland. Vid svensk-norska gränsen ville myndigheterna ha bofasta, trogna undersåtar. 1638, när Nya Sverige etablerades, pågick inflyttningen för fullt. I de tidigare nästan obebodda skogarna bröts mark, rökstugor, badstugor och rior byggdes.

Flydde de? Sverige var i krig, 30-åriga kriget pågick till 1648. Kriget mot Danmark hade krävt farbrodern Per Liukkoinens liv. Det följdes av ett antal nordiska krig. Fred kunde man aldrig räkna med. Gränsborna uppmanades att beväpna sig. Det till synes eviga kriget pågick huvudsakligen på kontinenten men de som bodde vid norska gränsen tvingades genomleva något som inte alla svenskar upplevde: krig på svensk mark, Hannibalfejden 1643 – 1645, Krabbefejden 1657 – 1660 och Gyldenlöwefejden 1675 – 1679.

Ofredsåren var hårda. Människor dödades, gårdar brändes och boskap stals. Man grävde ner värdesaker och skyddade sig så gott man kunde, men livet var inte så tryggt som man drömt om. Kanske tänkte de att resan till Västindien inte kunde vara värre än den havsresa de gjort mellan Finland och Sverige, men en resa till fred och frihet.

Det är svårt att veta exakt vilka de var som for iväg, passagerarlistor saknas till stor del. Från kolonin finns kyrkböcker och handelsanteckningar, så det går att få veta lite om dem som kom fram. Men då hade väldigt många avlidit på vägen.

De som gav sig iväg började med att vandra till Göteborg, men efter 1655 reste de via Oslo och Amsterdam.

Mötet med Göteborg var säkert en imponerande upplevelse. Migranterna var vana att färdas, kanske hade de varit i Stockholm, kanske i Gävle, men någonting som Göteborg hade de aldrig sett. Göteborg var vid den här tiden en alldeles ny stad, anlagd 1621. Allt var storslaget och nytt i detta fönster mot världen.

Detalj ur Göteborg på 1600-talet, Aveelen, Johan van den / Dahlberg, Erik, Suecia antiqua et hodierna

Många hade, liksom Daniel Andersson i Södra Lekvattnet, gjort sig av med allt de ägde. De var många som ville resa, alltför många. 1654 var det meningen att två skepp, Gyllene Haj och Örn, skulle avgå men Gyllene Haj hade blivit svårt skadad under resan från Stockholm. 350 personer klämdes in ombord på Örn men cirka hundra familjer lämnades enligt uppgift kvar på kajen.

Nationalitetstänkandet var annorlunda på 1600-talet. Man tillhörde den kung som man svor trohet. I Delaware kunde holländare bo på svensk mark, svenskar på holländsk. I de stora krigen stred legosoldater av olika nationalitet sida vid sida men kunde byta sida när som helst. Och uppe i Värmland, vid svensk – norska gränsen, gick skogsfinnarna fram och tillbaka över gränsen. Många släkter fanns på båda sidor. Synen på vem man var kunde strax förändras när gränsen passerades. Den som i Sverige var efterlyst för mord kunde snabbt bli en norsk hjälte som slagit ihjäl en fiende.

Hustru

Valborg stannade hemma på gården och gifte sig med grannpojken. Någon gång i slutet på 1650-talet blev det storbröllop på Liukkola och Valborg fick sin Per. Per Jönsson var mellansonen av de tre bröderna Orainen, vilkas far blivit ihjälslagen ett par år tidigare. Paret bodde kvar i Norra Lekvattnet, hos pappa Mats. Den unga hustrun Valborg fick trygghet men också mycket större ansvar. Hon fick ingen egen gård att sköta men en egen familj och egna djur. Hon kände sig säker i sin nya roll och kanske, kanske kunde Per så småningom spara ihop pengar till något eget.

Bröllopet mellan Valborg och Per stärkte sammanhållningen mellan två familjer som redan samarbetade. För Per var det viktigt att bekräfta det band hans döde far haft till Matts Liukkoinen. För Valborgs far var det skönt att en god och pålitlig arbetskraft stannade i familjen.

Under de kommande åren fick Valborg och Per tre barn, Tomas, Brita och Per. Pappa Per ordnade med faddrar och reste med de nyfödda till kyrkan i Fryksände. Det var bråttom, det odöpta barnet var en hedning och utsatt för fara från troll och onda makter. Valborg fick stanna hemma och oroa sig. Kyrkan låg så långt borta, resan kunde ta två-tre dagar så helst skulle en av faddrarna vara en kvinna som kunde amma. Ibland var vädret och vägen så dåligt att dopet helt enkelt fick skjutas på framtiden. När dopsällskapet äntligen återvände hem blev det barnsöl och stor glädje över att barnet kristnats och inte längre var en hedning. 40 dagar senare, eller så snart ett kyrkobesök var möjligt efter den tiden, var det Valborgs fest. Vid kyrktagningen välkomnades hon tillbaka till församlingen och alla gladdes åt att det gått bra för mor och barn.

Vid samma tid hade storebror Mats skaffat sig en hjärtevän, Sara, men de kom inte iväg till kyrkan tillräckligt snabbt. Vid tinget 1658 fick de plikta för att de haft samlag, lönskaläge, 2 gånger utan att vara gifta. Han fick betala 46 mark och hon 26. Man kan undra vem som farit med skvaller. Senare gifte de sig och fick flera barn.

Stackars Bertil Jönsson, Valborgs nyblivne svåger, hamnade nästan samtidigt inför tinget för lönskaläge men slapp lindrigt undan med bara 3 marks böter. Han hade blivit utsatt för elakt spel. Pål Pålsson, han som varit gift med kusinernas mor, hade blivit änkling och ställt till det så att Marit Andersson, som också bodde på Norra Lekvattnet, blivit gravid. När Marit märkte att hon var med barn lockade hon till sig Bertil. Han var kanske ett bättre kap på äktenskapsmarknaden, åtminstone var han mycket yngre. Men rättvisa skipades och det blev Pål som fick betala både höga böter och så kallad barnaföda, säd och smör med mera till modern så att hon mådde bra och orkade amma.

Den lyckliga tiden som nygift och mor till friska barn blandades med oro. Det var krig igen. Krabbefejden, som var en del av de återkommande krigen med Danmark-Norge, pågick mellan 1657 och 1660. Egentligen var det två krig. Först kom nyheten att Sverige besegrat fienden efter bara några månaders strid. Vid freden i Roskilde 1658 fick Sverige Skåne, Blekinge, Halland, Bornholm, Bohuslän och Trondheims län. Nu skulle evig fred råda mellan länderna. Men segerruset och hyllningarna till kung Karl X Gustav avtog snabbt. Kriget blossade upp igen och i början av 1660 kom den förfärliga nyheten att kungen hastigt dött. Hur skulle det nu gå? Kronprinsen var bara 4 år, nu väntade många år utan kung. I Värmland skedde de flesta krigshandlingarna i trakterna runt Eda, vid nuvarande Charlottenberg. Där fanns den viktigaste gränspassagen och dit var det bara fem mil. Krigsskramlet hördes längs hela gränsen. Det fanns ju en militär tanke med att locka hit bosättare och nu rustade befolkningen sig. De grävde ner värdesaker och förberedde sig för det värsta. Alla drog en suck av lättnad när prästen kunde läsa upp beskedet att ny fred stiftats i maj 1660.

En militärkarta från 1656 är förvånansvärt väl uppdaterad. Vi ser hur nära det var till norska gränsen, vi ser de små nyupptagna finngårdarna Norra och Södra Lekvattnet, Vittkärn, Spettungen, Bredsjön och Långtjärn. Gårdarna var viktiga, de var riktmärken i geografin och befolkade med trogna svenska medborgare. Alla vattendrag är utmärkta och ofta överdrivna, den som var obekant med området hade nästan bara dem att orientera sig efter.

Pers far hade aldrig haft någon gård att lämna över till sina söner och Valborg, som hade två bröder och tre systrar, hade bara en liten del av Liukkola att vänta i arv. De bodde hos Valborgs far och det gjorde Pers bröder också. 1674 gjordes en förteckning över vilka som bodde på Norra Lekvattnet. Det var en gift medelålders man som hette Tomas, en annan medelålders gift man som hette Mårten, en ung gift man som hette Olof Eriksson, en ung änkling som hette Karl Månsson, Börit Jonsdotter en ogift kvinna med svenska föräldrar, änkan Karin Mattsdotter och så bröderna Orainen, Per och Valborg, Bertil och hans hustru och Jöns som var ogift. Karin Mattsdotter var gissningsvis Valborgs syster. Utöver Valborg och Per och deras barn var det fyra gifta män plus en änkling och en änka, alltså ytterligare fyra fruar och ett okänt antal barn. Vid den tiden stod Mats Liukkoinen i mantal för gården. Det framgår inte om det är Valborgs pappa eller hennes bror, men det är väl rimligt att anta att det är brodern. I vilket fall som helst så levde bägge Mats där och den yngre Mats' fru och små barn. Det vimlade av folk.

Hur bodde alla dessa? Precis som på gården de haft i Drafsen fanns det ett stort antal hus på Liukkola. Byggnaderna, som låg utspridda på sluttningen ner mot sjön, badande i morgonsolen eller insvepta i vinterns snö. De var placerade en bit ifrån varandra för att skydda vid brand och de låg där naturen erbjöd de bästa möjligheterna att bygga. Alla var byggda av trä, näver och sten och med en del smidesdetaljer.

Bostadshuset var en rökstuga, ett pörte, byggt av liggande timmer. Taket var täckt med näver som hölls på plats med smala störar av gran. Till en början saknade stugan fönster, så småningom kunde man köpa små fönsterglas på någon marknad. Huset var litet och lätt att värma upp. Det enda rummet dominerades av den väldiga, fyrkantiga rökugnen som var murad i ett hörn. Den fungerade som värmemagasin, det räckte att elda i den en gång om dygnet för att hålla värmen även om det var isande vinter utanför. Ugnen hade ingen skorsten, när man eldade la sig röken till en början som ett tjockt, grått moln under taket. Under molnet kunde man röra sig i rummet utan att besväras nämnvärt. Efter ett tag vädrades röken ut genom en lucka, då fanns värmen kvar i den väldiga ugnens stenar och i själva taket som hade ett lager av sand ovanpå innertaket. I ett sådant hus höll man gott och väl plusgrader hela natten. Vid, eller på, rökugnen fick gamla och barn en extra varm sovplats. Inredningen var enkel och funktionell, några bänkar, ett bord och den viktiga vävstolen.

Det var varmt och välkomnande att kliva in över tröskeln.
Valborg, som var uppvuxen i ett sådant hus, tog för givet att hennes barn inte skulle behöva förfrysa sig om natten. Hon visste att det skulle hade blivit is på vattenhinken och farligt kallt om de inte haft sin rökugn.

Nybyggd/renoverad rökugn på Mattila finngård i Östmark och julmarknad i rökstugan på Gräsmarks hembygdsgård.

Uthus på Ritamäki finngård i Lekvattnet.

Rökugnen gav härlig värme och det gick att baka i den men den hade bara en liten öppning, det gick inte att hänga en gryta där. I framkanten på ugnen fanns en bänk med en fördjupning, gruvan. Där kunde man raka ut lite glöd och hålla något varmt. Maten lagades annars i ett enkelt kokhus som låg skilt från huvudbyggnaden.

Bastun användes flitigt. Män och kvinnor badade tillsammans. Den hade en annan sorts ugn, lite mindre än rökstugans, men det var också ett hus som värmdes upp och kunde användas som bostad. Det var vanligt att barn föddes i bastun som var varm och ren och där kvinnorna kunde få vara ifred och hjälpa barnaföderskan.

Rian, där säden torkades, hade också en ugn. Där kunde också några bo. Sommartid sov man på logar och i andra uthus.

Men det räcker ju inte tänker jag. Det finns senare beskrivningar om hur man om vintern samsades väldigt många i en rökstuga. Men inte hur många familjer som helst! I mitt önsketänkande hade Valborg och Per en egen stuga, kanske tillsammans med hans bröder.

Vandrare som kom förbi kunde alltid öppna dörren och kliva in, ingen fick lämnas ute i kylan. Alldeles innanför dörren fanns ett område som markerades av en tvärgående stock i taket, där kunde gästen vänta tills någon av gårdsfolket kunde släppa sina sysslor och hade tid att prata.

Valborg visste av egen erfarenhet, att när hon gav sig iväg till en annan gård för att hämta eller lämna något eller bara för att prata kunde hon komma olämpligt. Kanske var alla ute på olika delar av gården. Men den som gått i ett par timmar ville inte vända om med ogjort ärende.

Per och Valborg var del av finngårdens stora arbetslag. Jorden och djuren skulle skötas, ved och foder skulle samlas in, kläder skulle tillverkas, husen och redskapen underhållas och barnen skulle få en bra uppväxt.

Allteftersom årstiderna skiftade förändrades uppgifterna. Sommarens sol och det idoga arbetet med svedjor, slåtter, sådd och skörd övergick till vinterns snö. Då var bästa tiden för skogsarbete, jakt, transporter och resor. Höstarna och vårarna var besvärliga, ibland kom de för tidigt, ibland för sent, och oftast var de blöta och gjorde det svårt att ta sig fram.

När familjen väl hade etablerat sig på gården, när skörden blev rik, när de hade gott om ved och när vädret inte var emot dem, hade de det riktigt bra men oron för framtiden fanns alltid där, oron för ofred och missväxt. Därför var det viktigt att planera. Det gällde att samla i ladorna och försöka ha ett överskott. Förr eller senare kom de onda åren. Det hände att man grävde ner dyrbara ägodelar i skogen, mer om det senare.

Kvinnorna hade hand om korna och smådjuren. Korna gav en fet och fin mjölk, hela sommaren fick de gå i skogen om dagarna. Där var det gott om bete. När svedjorna gett råg- och rovskörd i några år fick de växa igen och blev rik betesmark innan skogen tog tillbaka marken. Gårdarna kunde hålla många djur. Den stora utmaningen var att hålla dem vid liv över vintern.

Valborg bidrog till gårdens inkomster. Mjölken från hennes kor var en del av vardagsmaten men det mesta fick inte drickas upp, den skulle bli till smör och ost som höll sig till vintern och som kunde säljas och ge pengar. Många finngårdar var kända för sitt goda smör.

Med kunskap och envist arbete kunde man bygga upp ett förråd av råg, rovor, mjölkprodukter, kött och fisk. Vardagsmaten var enahanda, råvarorna var få och skulle räcka länge. Ute i kokhuset hängde en gryta över elden och det var inte lätt att göra menyn omväxlande. Bara ibland fick man njuta av färskt kött eller färsk fisk, det mesta torkades eller saltades. Salt köptes i tunnor och var en av de få produkter som inte framställdes på gården.

Inomhus var det mörkt, stugan hade sotsvart innertak och inga fönster, bara små skjutluckor av trä. Från den väldiga ugnen glimmade elden svagt och den spred nästan inget ljus ut i rummet. I enkla hållare satte man tunna stickor, pärtstickor, som spred ett svagt ljus. Pärtstickorna brann bara en kvart, det gick åt många under en vinter. Vår tids mysiga stearinljus var inte uppfunna, inte heller fotogenlampan eller elektriciteten. Men det var ingen som saknade det de inte ens kunde föreställa sig.

Ett par gånger om året storstädades stugan. Allt löst sot sopades ner från övre delen av taket så att det blev blänkande svart, nedre delen av väggarna skurades och till sist skurades golvet.

Per

Per var arbetsam och ordentlig. Under sin livstid förekom han sparsamt i domböckerna. Efter tragedin när hans far dödades 1656 finns Per bara med i ett enda ärende. 1671 dömdes han och hans bröder att böta 12 mark var för att de huggit fall, fällt träd, på mark som de inte ägde, men det rörde sig om ett missförstånd eller kanske en liten tänjning på tolkningen av lagen. De hade inte bara gått ut i skogen och röjt utan de hade skaffat löfte från jordägaren, ett löfte som inte ansågs giltigt enligt den allt strängare synen på svedjebruk. De hade brutit mot 1664 års skogsordning

Valborg höll sig mest hemma eller i den närmaste trakten. Hon kunde sällan lämna barnen och djuren. Per och de andra männen gav sig ofta iväg hemifrån. De tog hem ved och virke, de arbetade på sina fall, sina hyggen, som ofta låg en bra bit ifrån hemmet.

Per fiskade och jagade, han tog småvilt och fågel. Där svedjorna växte igen kom gräs och sly som lockade till sig betande vilt. Tack vare jakten fick familjen ett viktigt tillskott till matförrådet och skinn som gick att sälja. Älg och rådjur kallades högvilt. De hörde kungen till och fick inte jagas. En av anledningarna till att älgen reserverades för kungamakten var att älgskinn användes till soldaternas uniformer. Av skinnen gjordes kyller, en rock som skyddade mot splitter. Mot slutet av 1600-talet var älgen nästan utrotad. Men det fanns gott om björn, lo och varg. Rovdjuren var inte bara ett hot mot bondens boskap, de var också ett hot mot högviltet så drottning Kristina införde bestämmelser om skottpengar till den som hjälpte till att minska rovdjursstammarna. Ett exempel ur domboken: 1675 ansökte 7 män i Fryksdals över tingslags häradsrätt om skottpengar. De hade skjutit sammanlagt 26 björnar.

Under vintern utnyttjade han det korta dagsljuset för arbete i skogen. Det var dags att frakta hem timmer och ved och höet från myrarna. På kvällarna hade Per redskap att tillverka och reparera.

Av näver gjordes allt från små täta behållare och flaskor, skor och kontar till takbeläggning. Försäljning av taknäver gav en bra inkomst men stora näversjok var skrymmande och det var bara på vintern som de kunde köras på släde till marknaderna och säljas till stadsbornas husbyggen. Skinn kunde också vara ganska skrymmande och saltet som man behövde köpa var tungt så vinterföret var välkommet. Det var en bit att åka, en marknad hölls i Tingvalla vid Karlstad, en i Kristinehamn, en annan i Sulvik vid nuvarande Arvika. Dit var det inte riktigt lika långt, bara 6 mil fågelvägen, och slädvägen över isarna var alltid genare än sommarvägen. För norrmän och svenskar var gränsen inget hinder för att göra affärer och besöka varandras marknader. Gränsfolket hade sina egna vägar och kunde gå över även i ofredstid.

En näverkont blir till

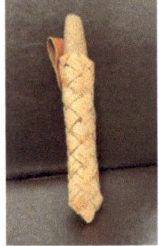  

Hantverk av Olof Henriksson, Torsby, utom nedre högra hörnet som är en gammal förvaringsdosa som finns i rökstugan på Såguddens friluftsmuseum i Arvika.

Nästan allt producerades av sådant som fanns på ägorna eller i närheten. Men Per hade några dyrbarheter av ett helt annat slag. Han hade några kopparsaker, bland annat en brännvinspanna. Nog kunde han vara värd en sup ibland eller få glädja sig över slantarna han kunde få genom att sälja brännvin men det skulle komma en dag när Valborg önskade att han aldrig hade skaffat sig den rikedomen. Både tobaks- och brännvinsbruk kom till Sverige på 1600-talet. Man "söp tobak", använde kritpipor som importerades från Holland eller England och såldes på marknader.

Brännvinspannor var inte var mans egendom, ofta fanns det bara en i varje socken, i prästgården. Om Per rökte vet jag inte men hans svåger, Valborgs bror Mats, försökte sig på att göra affärer med tobak som han köpt i Norge.

 Kläder

När hösten kom vande man sig vid mörkret. Det var tryggt därhemma, alla sysslor satt i ryggmärgen och i händerna. Det är ändå svårt att föreställa sig hur Valborg såg att spinna, väva och sy.

Kläder till hela familjen tillverkades hemma. De material hon hade att arbeta med var ull och lin. Ullen spanns och vävdes eller stampades till vadmal. Linet fanns i olika kvaliteter, det enklaste, blaggarn, användes i vardagsplagg. Inga klädesplagg finns kvar från den här tiden. Allt användes tills det var alldeles utnött och sedan fick resterna bli trasor eller tätning i husen.

I domboken från våren 1672 får vi en ovanlig en glimt av vilka kläder och tyger som fanns. Några finnar hade tagit fast två tjuvar som varit på stöldturné på några gårdar strax söder om Liukkola. I protokollet får vi veta vad som fanns att stjäla och vi får en uppräkning av bland annat klädesplagg: en ny blaggarnsskjorta, en filthatt, en blåmönstertröja, en huggyxa, ett par grå vadmalsstrumpor, två oxlår, smör och salt, linkläder som hängde på gården, 3 blaggarnsskjortor, 3 särkar, 1 förkläde, 3 par ullstrumpor, 3 överdelar, 2 huvor, 1 lakan, en matsäck med en kaka och ett stycke fläsk i (säcken är behållen men maten uppäten), 8 alnar vadmal, 4 alnar blaggarn ur en kista som de slog sönder, 3 stycken särkar, 1 kjortel, en blaggarnsskjorta, en grön kjortel, 12 alnar vadmal, en klädeströja, ett lakan, 3 överdelar. En aln är ungefär 60 cm. Tröja var en kort, tajt jacka.

Tjuvarna dömdes till böter och till att betala de bestulna för det som var borta. Men de utfattiga männen hade inga pengar att betala med. De fick "plikta med kroppen", om det blev spöstraff eller gatlopp framgår inte.

Högtidskläder kunde vara av färgad ull annars var alla kläder naturfärgade liksom alla redskap och alla hus. Förutom naturen var Sveriges landsbygd grå. Det skulle dröja ett par hundra år innan den röda stugan blev vanlig.

Åkern i skogen

Från den första grönskan på de nysådda svedjorna till den rika skörden var väntan lång.

I början på juli år 2 eller 3 var rågen manshög med många strån på varje tuva och många korn på varje ax. Det var härligt att se axen tona över till gult och känna att allt slit verkade ge belöning.

Den hösten kunde man äntligen skörda och torka sin säd. De långa kärvarna bands ihop hårt och hängdes på tork höga hässjor. Om odlingen låg långt från gården måste man vänta på slädföre för att få hem skörden. Då var det en bra idé att bygga en ängslada som skydd mot vilda djur eller dåligt väder.

Sommaren 2022 skördade en av våra grannar tuvan till höger. Försök räkna hur många ax det är och multiplicera med hur många korn du tror dig se i varje ax.

Foton från rågodling på Bergs hemman i Gräsmark.

Uppgifterna på gården var strikt uppdelade men några gånger om året arbetade alla tillsammans. Precis som vid myrslåttern behövdes alla när ett fall svedjades och så småningom skördades. Då packade man matsäck och redskap och var ibland borta i flera dagar. Svedjan, liksom myren, kunde ligga en bra bit ifrån bostaden, det var onödigt att ödsla tid på att gå fram och tillbaka. Att odla svedjeråg gav rika skördar men det var tidskrävande och många människor behövdes i arbetet.

Första året fälldes skogen som helst skulle vara granskog, tallmoar var för magra, sedan fick fallet ligga och torka i ett eller två år.

Andra eller tredje året, vid midsommartid, kom den där högtidliga och spännande dagen när far i huset bestämde att det var dags att bränna fallet. Männen hade gått och tittat på himlen och letat tecken på att vädret var lämpligt. Det fick gärna vara regn i sikte och absolut inte blåsigt. Man tände från ytterkanterna och passade noga med blöta granruskor så att elden bara spred sig inåt. Det var arbetsamt och svettigt men också en mäktig syn med de sotsvarta människorna och eldslågorna som till slut möttes i mitten med ett dån.

När elden slocknat sådde man i askan. Man sådde glest och omsorgsfullt, 3 rågkorn under en näversko räckte. Nästa steg var att stängsla in sådden. Rågen kom snart upp som kraftiga, gröna tuvor men utan ax. Första sommaren blev den ett bra foder till husdjuren.

Man tog en stor risk när man lämnade något så värdefullt långt hemifrån. Det var livsviktigt att skydda skörden. Den var deras investering, deras livsuppehälle och rikedom. Djuren gick och betade i skogen, det var inte djuren man stängslade in utan det odlade. Om någons husdjur kom in i odlingen blev det illa. Då blev det på liv och död. Då kunde det gå så illa som för Valborgs svärfar Jöns Orainen som blev ihjälslagen på grund av att hans häst åt på en grannes råg.

Svedjerågen kunde ge hundrafalt igen men även om det blev hälften var det en väldigt rik skörd. Man kunde lägga undan för framtiden, nästa år kunde bli ett missväxtår

Efter en eller max två rågskördar sådde man rovor på svedjan några år, sedan fick den växa igen. Svedjerovan var dåtidens potatis. Den plattrunda knölen skiftar i violett, grönt och gult, köttet är vitt eller gulbeige och smaken både kryddig och söt. Rovorna vinterförvarades i en stuka och gav variation till den eviga vällingen och gröten.

Kyrkan

Det var långt till kyrkan, två mil fågelvägen. Kyrkbyn Fryksände, Friisende, Frixände, Frykzände heter numera Torsby men församlingen har behållit det gamla fina namnet. De som hade så här lång väg behövde inte komma varje söndag, det gick helt enkelt inte.

Vissa helger var extra viktiga, helger som vi är välbekanta med nu, men det fanns också andra betydelsefulla dagar. Böndagarna, från början 3, senare 4, fredagar om året, meddelades via de så kallade bönedagsplakaten. Prästen var ansvarig för att alla informerades. Dessa dagar måste alla bege sig till kyrkan, ångra och begråta sina synder, lova bot och bättring och be för ett syndfritt liv. Inte bara den personliga välgången var beroende av detta, hela nationens väl och ve vilade på folkets rätta leverne. Att krigslyckan skiftade, att kungen dog och att det blev missväxt hängde ihop med hur syndigt de vanliga människorna levde. Därför utdömdes stränga böter för dem som bröt mot böndagarnas helgd.

Mellan 1648 och 1679, under den tid som Valborg bodde på Liukkola, var Magnus Svenonius Mariæstadius, Herr Magnus, kyrkoherde och prost i Fryksdals pastorat med prästgård i Sunne. Han var en mycket lärd man och under 16 år var han även riksdagsman. Det var under hans tid som de första kyrkorna i Västra Ämtervik och Gräsmark byggdes.

Pastoratet var så stort att han omöjligt kunde klara av det själv. Till sin hjälp hade han en kaplan i de södra delarna och en komminister som tjänstgjorde i Fryksändes och Lysviks socknar. Mellan 1658 och 1697 hette komministern Haquinus Thorstani Rudenius eller Håkan Torstensson och han kallades Herr Håkan. Herr Håkan bodde på Berga gård i Lysvik, nära sin ena kyrka. Det var en och en halv mil mellan hans två kyrkor, oftast kunde han ganska bekvämt åka den sträckan med båt på Fryken. Men norrut från Fryksände kyrka var det över fyra mil till hans mest avlägsna församlingsbor. Finnarna som bodde längst bort i skogen hade långt till kyrkan och Herr Håkan hade lika långt om han behövde besöka dem, till exempel när han fick sockenbud till någon som var svårt sjuk. Hela tiden fick han lära sig nya boställen långt ute i obanade trakter.

I kyrkan meddelades alla sorters nyheter, både de officiella från kronan och de lokala i form av småprat och skvaller. Kyrkogården och kyrkbacken blev rena affärsplatser där man passade på att inkräva skulder eller saluföra eftertraktade varor. I Fryksände blev även gården Prästbol en samlingspunkt för tillresta och särskilt om vintern var det gott att få gå dit och värma sig en stund innan den långa vandringen hem. Prästbol var inte prästgård vid den här tiden. Gustav II Adolf hade skänkt gården till kvartermästare Mårten Höffner som tack för lång och trogen tjänst. Prästen hade sitt hem i Lysvik.

Många av livets fester hade med kyrkan att göra, bröllop, dop, kyrktagning. Det kunde bli ganska livliga tillställningar. Präster runt om i Sverige protesterade och befallde sina församlingsbor att dra ner på det dyra och okristliga firandet.

De nyfödda barnen måste döpas så snart som möjlig. Den som ännu inte var döpt var en hedning och måste på alla sätt skyddas för trolldom och olyckor. Det var ju lätt för dem som bodde på slättlandet eller nära kyrkan att ordna dop inom några dagar, för dem som hade flera mils väg genom väglös skog var det svårare, ibland omöjligt. Fadern och dopvittnena red till kyrkan, eller ända till prästgården, med den lilla nyfödda. Om det var vinter och snö gick färden lättare, då kunde de åka släde. Helst skulle ett av de kvinnliga vittnena vara en mor som kunde amma barnet under den långa resan. Modern väntade därhemma.

Kyrktagning, som också kallades En moders tacksägelse, var kvinnans högtidsdag, hennes återkomst till kyrkogemenskapen. Då firades både hon och barnet med mat och gåvor. Den skedde fyrtio dagar efter förlossningen, när modern hunnit återhämta sig och man vågade tro att både hon och barnet skulle klara sig bra.

Ibland var vädret så dåligt att man helt enkelt inte kunde ta sig till kyrkan. Värst var det när man skulle föra en död familjemedlem till sista vilan. Om det inte var slädföre fick kistan vila på två slanor som spändes efter hästen. Slanorna blev fort slitna och måste bytas efter vägen. Under den resan hann man tänka många tankar om livet och döden och om tidens gång.

Den förste turisten på Finnskogen

Några dagar efter jul 1663 fick man oväntat finbesök på Norra Lekvattnet. Det var prästen Petrus Magni Gyllenius från Karlstad som stannade till och bjöds på mat. Gyllenius hade gjort otaliga resor runt om i Värmland och han var en flitig dagboksskrivare. Den här gången hade han varit i Gräsmark där han invigt kyrkan i Uddheden på juldagen 1663. Nästa mål på hans resa var Fryksände kyrka där han skulle predika på nyårsdagen.

När han ändå var på resa tänkte han se sig om lite på Finnskogen. Längs vägen fick han hjälp med häst och släde men det var lite snö, brant och oländigt. Resan blev strapatsrik och de fick lyfta slädarna över vindfällen och ris. Lyckligtvis var finneslädarna lätta, skriver han.

Han kom alltså söderifrån, först till Södra Lekvattnet, sedan ner på sjön och till Norra Lekvattnet. Där fick han mat, ny häst och en finne som vägvisare till Fryksände. Han gjorde bara ett kort besök, kanske var det inte ens planerat att han skulle stanna till just här. Det fanns inga planer och ingen tid för gudstjänst.

Han blev den förste turisten i Lekvattnet, den förste som kom bara för att se sig om.

Några dagar tidigare hade han besökt finngården Ragvaldstjärn en dryg halvmil väster om kyrkan i Gräsmark. Där hade många finnar samlats och Gyllenius hade hållit gudstjänst från soluppgången till efter middagen. Han hade predikat både på finska och svenska. Det hade varit både nattvardsgång och kyrktagning och mycket uppskattat.

Gyllenius ger oss en levande beskrivning av hur det var att ta sig från Norra Lekvattnet till kyrkan i Fryksände. De började med att köra ner på Lekvattensjön. Sedan körde de österut uppför höga fjäll och backar, över några åsar och myrar tills de kom till Örälven. Den kom de över med stort besvär, älven strömmade och bron var sönder. Sedan kom de till en liten tjärn, över en lång sjö, Grundsjön, och närmade sig berget Storskallen som de fick runda. Först for de åt sydost, sedan åt nordost och sist åt öster. Efter Storskallen bar det brant utför tills de kom ner på sjön Velen och kunde köra på sjön till Smedserud. Där stannade de till, fick mat och vilade lite. På natten var det månljust och de körde vidare till Rådom. Då hade de färdats i 2 ½ mil.

Det var fortfarande en dryg halvmil kvar till kyrkan. Han beskriver inte den sista biten av vägen men när man kommit så här långt var man nere i en trakt där resande sammanstrålade från olika platser, som Östmark och Röjdåfors, naturen var flackare och det var lättare att färdas.

Den gamla kyrkan finns inte kvar men den låg i närheten av den nuvarande vid Frykens nordspets. Den intilliggande gården, nr 6 på kartan, hette Prästbol men ägdes av kvartermästare Mårten Höffner.

Källa: Lantmäteriets historiska kartor

Lagen och tinget

Vid den här tiden, då Liukkola byggdes upp, genomfördes en rad samhällsförändringar. Nyligen hade de svenska länen bildats och landshövdingar tillsatts. Den förste landshövdingen över Närke-Värmlands län hette Gustav Leijonhufvud, det var till honom Mats Larsson Liukkoinens nedsättningsbrev var riktat 1635.

En första postordning organiserades och ett system av skjutsstationer byggdes upp för att underlätta för resande men post och gästgivargårdar märkte man inte av långt ut i skogen.

I stiftsstäderna startades gymnasier för att få fler utbildade som kunde arbeta i statens växande administration. En glimt av skolvärlden fick folket på Liukkola när de besöktes av läraren och prästen Gyllenius från skolan i Karlstad. Skolans lärare och elever försörjdes genom ett system som kallades sockengång. De tilldelades en socken som skulle förse dem med förnödenheter till livets uppehälle och sedan fick eleven eller läraren själv åka runt och samla in sina saker. Gyllenius hade fått Fryksände socken så folket där var med om att försörja honom. Någon skola eller utbildning fanns inte på skogen.

Lantmäteriet började kartlägga gårdar och göra geometriska avmätningar för att få bättre kontroll över landet och skatten. Men det skulle dröja nästan hundra år innan lantmätaren kom för att mäta upp gränstorpen på Finnskogen och kontrollera att de var rätt skattlagda.

Den samhällsinstitution som var viktigast för folk i allmänhet var tinget, det var deras fönster mot världen och deras kontakt med lagen och samhället. Där möttes hög och låg. Då och då hände det att kvinnor hade ärenden vid tinget men för det mesta var det männen som reste dit och representerade familjen. Ting hölls i allmänhet två gånger om året, oftast i närheten av Sunne. Dit var det fem – sex mil. Från Liukkola tog man vägen rakt söderut över Gräsmark eller började med att ta sig till Fryksände och sedan söderut på Fryken. Vid tinget tog man upp allvarliga brott som till exempel mordet på Pers pappa, markärenden, sedlighetsbrott och anklagelser om stöld och trolldom. Valborg, eller männen runt henne, kom över tid att dyka upp i flera tunga och tragiska sammanhang.

Familjen och grannarna talade finska sinsemellan men ganska många klarade sig bra på svenska, de gjorde många affärer och kunde tala för sin sak. Skogsfinnarna hade stort förtroende för rättsväsendet och vände sig ofta till tinget för att få sina rättigheter och för att lösa problem. Så oroligt och spännande det var när tingsfararna återvände hem. Hur hade det gått i de egna ärendena? Vilka skandaler och hemskheter kunde de berätta om?

Finnskogen var nybyggarland, det blir tydligt när man läser de många tvister om gränsdragning som kom upp vid tinget. Det var så mycket som fortfarande var oklart. Samma år som Per och hans bröder fick böta för ett fall de huggit på fel ställe, 1671, fick Valborgs bröder, Mats och Erik, en rågskörd beslagtagen. Myndigheterna i Norge och Sverige var inte säkra på i vilket av länderna rågfallet låg! Trots att synesmän från bägge länderna var ute och mätte kom de inte till någon lösning utan rågen fick stanna *i laga arrest* i Norge tills vidare.

Det allra mesta på tinget handlade om mark och om sedlighetsbrott. Lönskaläge var umgänge mellan två ogifta, det var illa nog. Hor, när en eller bägge av de syndande var gift, var mycket allvarligare, för det brottet gällde dödsstraff. Det var en sådan anklagelse som hade drabbat Valborgs mamma när hon slapp undan med nöd och näppe eftersom angivarna rymt fältet och inte verkade trovärdiga.

Lagarna var hårda men människorna var ju bara människor, då som nu. Ungdomar träffades, barn föddes utom äktenskapet. Det vanliga straffet för lönskaläge var 20 marks böter för henne, han fick böta 40 mark och betala så kallad barnaföda. I den här delen av landet var det 1 ko, 1 tunna råg och 1 pund smör. Det var alltså mat som modern skulle ha för att må bra och kunna ta hand om sitt barn. Valborgs bror Mats, hennes svågrar Bertil och Jöns fick alla stå till svars för sådana föräktenskapliga äventyr. Jöns, som aldrig gifte sig, dömdes 1672 för att ha fått barn med en kvinna som hette Karin Persdotter. Karin hade gett sig iväg till Älvdalen men dömdes i sin frånvaro till 20 mark böter. Jöns fick böta 40 mark.

Det som fördes fram på tinget var offentligt, alla skulle veta att lag och ordning upprätthölls. Ibland var det bara så oändligt sorgligt att höra, som dödsdomen över soldathustrun Ingrid Botulfsdotter. Ingen ville hamna i hennes situation. Hennes man hade varit borta i kriget i fem år utan att höras av. Livet blev svårt, det gick inte att klara sig ensam, utanför tvåsamheten. I fält dog de svenska soldaterna som flugor. Kanske en av sex kom tillbaka hem, svårt märkta av sina upplevelser. Hustrun kunde inte hysa stort hopp om att få återse sin man. Hon befann sig i en hopplös situation och var i stort behov av hjälp från sin omgivning. Den hjälpen fick hon från drängen Per Olofsson i grannbyn. Åren gick, de ville gärna gifta sig. Men hur skulle det gå till, hon var ju redan gift. Så en vinterdag damp det ner ett brev från maken. Då var det för sent, Ingrid var gravid. Per tog till det vanliga sättet att slippa straff, han rymde till Norge. Mitt i sommaren födde hon sitt barn. På hösttinget blev hon dömd till döden. Rätten "kan intet befria henne" står det och jag tänker att denna dom ville ingen fälla. Men nämndemännen var tvungna att följa lagen bokstavligt. Även om det handlade om människor man stod nära, även om det fanns förmildrande omständigheter som att en make varit borta i kriget, även om så kallad blodskam var ett förhållande mellan släktingar som bara var ingifta, gällde samma hårda lag. Tack och lov utfördes bestraffningen inte direkt. Alla dödsdomar gick vidare till hovrätten som hade möjlighet att sänka straffet. Det är inte omöjligt att Ingrid fick leva och försöka lappa ihop förhållandet till sin man.

Satan och häxorna

Gudstro och folktro gick hand i hand. Den onde var lika närvarande som Gud. De som hade gjort något hemskt, något som ledde till dödsstraff, hamnade i helvetet, de kunde inte bli begravda på kyrkogården och inte komma till Guds rike. Det fanns så mycket som var svårt att förstå. Kanske berodde det onda och svåra verkligen på människornas synd, som kyrkan sa. Eller var det så att man kunde påverka sin lycka och framgång med besvärjelser och trolldom? Det var ingenting man var obekant med. Det var ingenting man valde så som vi nu anser oss välja vilken religion vi vill tillhöra. Det var helt enkelt så det var.

Så här stod det, i lite förkortad version, i Kunglig Majestäts stadga år 1665.
När någon brukar trolldom eller har förbindelse med Satan, då är det är en förfärlig synd och förbrytelse, och bör straffas hårt enligt rådande lag. På samma sätt är all vidskepelse med besvärjelser, spådom, planetläsande eller andra onda och olämpliga konster för att göra sig motståndskraftig, skaffa sig lycka med jakt, fiske, föra sin talan under rättegång, släcka eldsvåda med mera, liksom att förrätta offer vid träd, sjöar, källor, samt att missbruka Guds heliga namn, allvarligen och stängt förbjudet. Den som gör sådant ska straffas som för besvärjelser när det gäller mindre brott och som för trolldom när det gäller större brott.

Att alla, inklusive kungen, prästerna och de juridiskt kunniga, trodde på trolldom var grunden till att alldeles vanliga kvinnor anklagades för häxeri och samröre med djävulen. Det ansågs inte alls omöjligt att man var utsatt för trolldom när kon inte mjölkade eller fisket gick dåligt. Hemliga ritualer användes för att skydda boskap och skörd. Vissa personer hade sådana kunskaper att de kunde skicka död och olycka på sina medmänniskor. Andra hade förmågan att stilla blod och hela. Magiska ting kunde ha kraft att hela, kyrkogårdsjord botade ett skadat finger, rödfärg från kyrkan botade rödsot. Stulna hårstrån från en person kunde flytta sjukdom till hårets ägare och hans kor och på det viset rädda den egna boskapen.

Trolldom togs på största allvar vid tinget. Att skada någon person eller hans boskap var en vanlig anklagelse som kunde ge höga böter. Men målen utreddes mycket noga, kom man fram till att beskyllningen var falsk var det i stället den som anklagande som fick samma höga böter.

På 1670-talet började ny sorts rykten och skvaller ta fart. De som kom hem från hösttinget 1673 hade märkliga saker att berätta. En hel rad höga män hade varit på plats för att rannsaka några kvinnor som hade farit till Blåkulla. Där var två lärda män ifrån skolan Karlstad, Johannes Iser och Jacobi Lang, kyrkoherden Herr Magnus i Sunne, hans kaplan Herr Magnus och deras egen präst Herr Håkan.

Marit Persdotter i Västra Berga hade farit till Blåkulla och bolat med Den onde. Sten i Väsby hade en piga som hade sett henne där. Hon hette också Marit men ingen kände henne så väl, hon kom från Dalarna och var bara 13 år. Hon hade blivit förd till Blåkulla många gånger. Först tog hustru Marit grannens ko och red iväg med pigan och många små barn från granngårdarna. Hon hade ett helt kar fullt med smör som hon kastade i munnen på Satan. Han var bunden med tjocka kedjor men kunde ändå bedriva otukt med Marit Persdotter. Sen tog han en orm som han kokte och gjorde en smörja av. Den smörjan fick Marit i ett horn.

Andra gången tog hon Lars i Bjälveruds ko. Den här gången gav Satan Marit Persdotter två tänder som hon skulle gnaga kyrkklockor med. Alla barnen och dalaflickan fick mat men när hon tappade lite av maten på golvet såg hon att det bara var ormar. Tredje gången hade Marit Persdotter tagit med sig det hon gnagt av från kyrkklockorna. Hon kastade det i ett hål i golvet och sa att det aldrig kommer till klockan mer och att hennes själ aldrig kommer till Gud. Trollkärringarna dansade på huvudet och baklänges till en olåt som kom ifrån hålet. Innan de lämnade Blåkulla sa Satan åt dalaflickan att hon inte fick berätta om Marit utan skulle ljuga på Sara och Kerstin i Råby och Ingrid i Gullesby i stället.

Marit Persdotter bara grät och bad Gud om hjälp. Hon bekände ingenting hur mycket prästerskapet än förmanade henne. De sade att om hon bekände och ångrade sig skulle hon slippa helvetet, bli begravd på kyrkogården och få komma till Gud rike, men hon fortsatte att neka.

Sen kom Lars Persson i Åsteby fram och berättade att hans egen lilla dotter pratade om att hon hade varit på Blåkulla med gamla Ingäl Håkansdotter i Persby. Den lilla var bara fem år så nu fick dalaflickan komma fram igen. Hade hon sett Ingäl Håkansson eller någon annan från bygden när hon var i Blåkulla? Det kunde hon inte svara på, det var så många där, hon kände inte igen alla.

Trots förhör och uppmaningar kunde prästerskapet inte få kvinnorna att bekänna. I väntan på att Gud skulle döma eller ge något tecken ställdes de på fri fot, men dalaflickan måste ha fått allt detta från Satan och hon fick en allvarsam varning och uppmaning att hålla sig borta från Den onde.

I Stockholm fanns en trolldomskommission som skulle bedöma de olika fallen. 1676 började några av medlemmarna tvivla på barnens anklagelser. De märkte att berättelserna inte hängde ihop och flera vittnen avslöjades med lögn. 1677 övergick kommissionen till att arbeta mot häxprocesser.

Målning i Gräsmarks kyrka.

Rädslan och övertron satt djupt. 1682 blev det en ny rättegång i Fryksdalen. Den här gången var själve Herr Håkan, prästen, inblandad. Vid det laget hade Valborgs liv tagit en helt ny vändning. Hon var omgift och hennes nye man hade en benägenhet att hamna inför tinget för diverse saker som förstörde familjens ekonomi. Han var säkert glad att komma hem med en berättelse som var så uppseendeväckande att den tog udden av hans egna bravader. Det var många som hade fått höra om häxorna, snart skulle alla prata om det.

Fjortonåriga Ingeborg Jonsdotter i Sörmark, bekände att hon hade varit i Blåkulla flera gånger. Det var Marit i Sörmark som förde henne dit. Marit tog grannens stut och smorde den med något ur ett svart horn, sedan flög de. Marit höll i svansen för stuten flög med rumpan först. Över en brinnande sjö hällde Marit ut något ur en påse och bad att hennes själ inte

113

måtte komma närmare Guds rike än innehållet i påsen skulle komma till kyrkklockan. På Blåkulla frågade Marit: ser du var vår gud sitter? Sen satte hon sig till bords men Ingeborg kunde inte röra fötterna utan blev stående innanför dörren. Det kom många andra, mest kvinnfolk, de tände ljus och dansade och hoppade. Ingeborg kände igen Marit i Västra Berga och gamla Marit i Ransby, den senare stod på huvudet med en ljusstake i rumpan. När de kom hem fick Marit henne att lova att inte tala om detta.

Senare kom Ingeborg i tjänst hos prästen, Herr Håkan. En vinternatt kom Marit i Västra Berga och Marit i Ransby och hämtade henne. De hade med sig två barn från Ransby, Olofs lilla Margareta, 4 år, och Elofs lille Jöns, 3 år. Marit i Västra Berga smorde Herr Håkans ko, Gullstjärna, sen satte hon sig bakpå och höll i rumpan och de for iväg. Vid svavelsjön hällde kvinnorna ut något och läste samma ramsa som Marit i Sörmark gjort. Ingeborg kom hem och lade sig i ottan.

Samma år, på våren, kom de tillbaka. Den här gången tog de också med sig Herr Håkans dotter Annika som var alldeles naken. Den lilla sov och märkte inte att de smorde henne med något. Ingeborg ville väcka Annika men då fick hon ett slag över munnen och fick inte följa med. Hon gick och la sig. Nästa dag var lilla Annika illa sjuk och spottade blod i tre dagar.

Efter pingst kom de åter och Ingeborg följde godvilligt med i bara särken.   Den här gången tog de kon Blomgåsen från föraren Olof som bodde intill. De hade samma barn med sig, smorde kon som förr och for över svavelsjön som förr. I Blåkulla fick hon se husbonden sitta bunden med en järnkedja, i fula kläder och med ormar till hår och skägg. Alla gav honom smör och han skrev i en svart bok med klorna på sina händer. När Ingeborg ville äta såg hon bara ormar och kopparormar. Hon fördes hem på samma sätt som de andra gångerna.

När de två kvinnorna kom tillbaka nästa gång tyckte Ingeborg att det gick för fort. Hon skrek: Kors i Guds namn. Då trillade hon av norr om Herr Håkans lada och stötte knät så illa att hon inte kunde stå på två dagar.

Efter det hade hon inte blivit bortförd mer, men en kväll såg hon Marit i Västra Berga och Marit i Ransby tjuvmjölka Herr Håkans kor. Om du pratar om det här ska vi slå ihjäl dig, sa de. Dagen därpå hittade drängen Per mjölkstävorna nere på ängen. Nästa gång hon såg dem i fähuset gick Ingeborg in och berättade för sin matmor. Dagen efter fann de åter stävorna nere på ängen.

Alla tre Marit nekade. De kunde med förtröstan och fritt sinne och glatt hjärta lägga handen på bibeln och förbanna Satan.

Så blev det Herr Håkans tur. Han sa att Ingeborg berättat för barnflickan i huset om tre änglar. Då förhörde han henne och hon berättade att de kom till fähusdörren, sjöng en psalm och klappade på dörren. Hon släppte in dem men bäst de talades vid sa de: Vi måste iväg, här kommer strax en karl. När de var borta kom Herr Håkans son springande efter en tupp. De tre kom ofta till henne och de hade bjudit henne hem till sig på bröllop. Den äldsta hade gett henne en ring av guldtråd som hon burit insydd i fodret. Om hon använde ringen så som änglarna lärt henne kom de till henne. En dag när hon gick vall med prästens kor hade hon skurit loss ringen och kastat bort den. Sedan kom änglarna aldrig mer. Prästen kunde bekräfta att dottern Annika blivit sjuk och spottat blod men sade att bara Gud vet varför. Han kände också till den ena stölden av mjölkkärlen men den andra gången visste han inget om.

Sedan vittnade Elof och Olof i Ransby. De hade inte märkt någon skada på sina barn men kon, Blomgåsen, hade sinat.

Hur mycket rätten än förmanade och förhörde de beskyllda kvinnfolken fick de inte fram någon bekännelse. Ingeborg höll fast vid vad hon sagt men hon var ju bara 14 år, en omogen flicka. Därför kunde häradsnämnden varken fria eller fälla i detta mörka ärende utan hänvisade till senare ting då kanske Gud uppenbarade fler och bättre skäl.

Hur skulle det gå? Till nästa ting var alla kallade igen och de tre kvinnorna nekade fortfarande. Marit i Ransby hade med sig vittnesmål från kaplanen i Dalby att hon var ärlig och levde kristligt. Sven i Sörmark sade att han aldrig skulle ha behållit sin hustru hos sig om han vetat något sådant om henne. Alla de som Marit i Sörmark tidigare arbetat hos vittnade att de aldrig märkt sådant leverne hos henne. Halstens hustru som hade arbetat med henne i två år var alldeles säker på hennes oskuld. De var starka och pålitliga vittnen. Men Ingeborg stod fast vid vad hon berättat.

Detta mål var särskilt svårt eftersom det var ett högmålsbrott, ett brott som kunde bestraffas med döden. Efter moget betänkande kom häradsnämnden fram till att de tre kvinnorna inte kunde fällas eftersom

1. det inte fanns andra skäl än flickan Ingeborgs bekännelse,
2. ingen bör fällas på en mans bekännelse, helst i så svåra mål,
3. Ingeborg var omogen, särskilt när detta skedde,
4. de beskyllda har inte tidigare gjort sig kända för något ont, utan snarare fått lovord av sina kända och grannar,
5. oläsligt, del av sidan fattas,
6. de beskyllda nekar och bedyrar att de inte är brottsliga.
Därför erkänner nämnden dem fria och oskyldiga till Ingeborgs beskyllningar.

Men eftersom Ingeborg förorsakat dem stor skada i deras liv, ära och anseende blir hon skyldig att böta till 40 mark för var och en av de tre. Men då hon ännu är omogen och inte heller har någon egendom att betala med, beslutar nämnden att hon bör få kroppsligt straff och slita ris. Dessutom undergå kyrkoplikt för att hon under en tid haft umgänge och sammankomst med Satan och de tre jungfrurna och kunnat kalla dem till sig med ringen hon fått och burit på sin kropp. I allas åsyn skulle hon sitta på pliktpallen i kyrkan och bekänna sina synder. Dock skall allt detta underställas Kungl. Hovrätten. Det kan nog hända att kyrkan i Lysvik var extra välbesökt den söndagen när Ingeborg visades upp.

Häxerianklagelserna avtog, dödsstraffet för hor upphävdes så småningom och häradsrätten fortsatte att syssla med sina huvudfrågor, våld, mark och otukt.

Ändå levde berättelserna kvar, liksom rädslan för Den Onde.

1770 anlitades kyrkokonstnären Erik Jonæus för att måla interiören i Gräsmarks kyrka. Det välvda taket ser ut att öppna sig mot himlen. Allt är ljuvligt, ljust och vackert utom helveteshörnet uppe på läktaren.

1874 bestämdes att kyrkan skulle målas vit invändigt, allt utom det mörka, onda hörnet som man inte vågade röra utan gömde bakom ett skynke. Så var det i femtio år innan målningarna återställdes.

Takmålning i
Gräsmarks kyrka,
under en period
övermålad men
sedan renoverad.

En bit av den
farliga målningen
som gömdes under
ett skynke.

117

Att färdas

En härlig sommardag var det lika vackert då som nu att vandra fram på stigarna i skogen, kanske på väg i ett brådskande och viktigt ärende, kanske för att besöka en vän, kanske för att gå i kyrkan och få träffa många människor. Bitvis gick det att rida. På våren och hösten var det inte lika trevligt, det var lerigt, halt och besvärligt. Det var på vintern det gick lättast att färdas och att frakta saker.

Vintern var en härlig tid för umgänge. Att färdas på snön var oändligt mycket lättare än att ta sig fram på knöliga stigar. På Liukkola hade man inga kärror. Det fanns inga vägar att köra med häst och vagn. Så var det i och för sig i större delen av Sverige men ju mer kuperat det var desto mer fick man lita till andra färdmedel. Mest gick man. Tills det blev vinter. Då kom slädar och skidor fram, då åkte man på fest och bröllop. Tiden kring jul var som upplagd för giftermål, man hade förberett mycket mat och dryck, släktingar och andra gäster hade inte så mycket att göra hemma på gårdarna och det gick lättare att resa.

När det var slädföre passade det också bra att åka på marknad och köpa det där som man inte kunde tillverka själv. Salt behövdes i stora mängder för att konservera kött och fisk. Då behövde man ha med sig något att sälja som skinn, smör och näver. Grannarna slog sig ihop inför resan, tillsammans var det lättare att skydda sina värdesaker. Det var stor risk att bli bestulen. Oftast var det männen som åkte, kvinnorna stannade hemma hos barn och djur.

I dokument och samtida berättelser blir det tydligt hur man letade sig fram efter vattendragen och hur stor nytta man hade av att kunna åka båt eller släde på sjöarna. Resenärerna tjänade mycket tid om de slapp ta sig fram genom tät och bergig terräng. Vattnet förenade, till exempel låg Ämterviks socken på båda sidor om Fryken innan den delades och blev Västra och Östra Ämtervik. När isen lagt sig gick det extra snabbt att ta sig fram.

I mina ögon verkar det ändå rent dumdristigt när de med slädar och allt riskerade livet på isar som just frusit eller som höll på att smälta på våren. Ofta gick både människor och hästar igenom och de fick fortsätta färden med genomblöta kläder och blytung last.

Den tyske köpmannen Samuel Kiechel reste runt i Sverige 1586. I sin dagbok skriver han: på vägen över ett dike brast isen, och de båda hästarna föll ned till buken i vattnet tillsammans med släden; den av oss, som satt på släden blev, jämte alla våra saker, mycket våt. Vi hade mycket att göra innan vi fick hästarna, våra saker och släden ur vattnet.

På väg från Strängnäs till Stockholm for Kiechel och hans sällskap inte mer än en halv mil på land, resten av resan gick över Mälaren. På några ställen gick isvatten in i släden och hans häst trampade ner sig i en sjö så att de tvingades vända.

Värmland, med sina många långa sjöar, lämpade sig väl för sjöfärder. På Fryken, Rottnen, Värmeln, Glafsfjorden och andra vatten kunde man resa flera mil.

Prästen Gyllenius, som var så resvan, råkade ut för många tillbud i Fryksdalen. På väg norrut mot Gräsmark kom han och hans sällskap till Getkärn vid Rottnen. Där tog de först båt men efter en bit mötte de isen som just lagt sig. Då gick de på isen.

En annan gång kom han till Rottnens sydända. Därifrån körde han med häst norrut på sjön och det var så mycket sörja och vatten att släden gick ner i vattnet och det var med stor livsfara han tog sig till Västerrottna, inte ens halvvägs uppför sjön.

Vid månadsskiftet mars – april 1665 var han på väg söderut på Fryken och hann inte långt förrän hästen for genom isen. Folk fick komma från land och hjälpa honom att dra upp den och då var den stackars hästen helt slut. Han fick leja en ny häst och tog sig till slut till Lysvik.

Trots det skriver han om sin fortsatta resa: från kyrkan gick vi över isen, som var mycket elak.

Gyldenlöwefejden

Per och Valborg fick tjugo år tillsammans. Under de första åren av deras äktenskap var det krig mellan Sverige och Danmark-Norge. Det kriget tog slut 1660. Tiden gick. Tomas, Britta och Per växte till sig. Familjen hade ingen egen mark men de var inte direkt fattiga, de hörde till, de var del av en storfamilj.

Valborgs syster Britta gifte sig med Erik Sigfridsson Hämäläinen och flyttade till gården Vittjärn. Den ligger en dryg halvmil nordväst om Liukkola, det var bara att följa älven Rottnan så hittade man lätt.

De andra syskonen verkar ha stannat på eller i närheten av föräldrahemmet, skattehemmanet som fadern efter många turer fått papper på, det som han, hans hustru och hans barn skulle obestritt äga och nyttja.

1675 kom ofreden tillbaka. Gyldenlöwefejden kallas den del av det till synes eviga kriget mellan Sverige och Danmark som då utspelade sig vid svensk-norska gränsen.

1678 gjorde nämnden och allmogen på tinget en sammanfattning av det som hänt i Fryksdals härad. Hemmanen Källingerud, Vittjärn, Gransjön, Vasserud, Östmark, Millmark och Norra Lekvattnet (Liukkola) i Fryksände socken, Gräsmarken i Sunne socken och Hedengårdstorp i Ämterviks socken blev under 1676 och 1677 illa spolierade och skövlade. I Rådom, Västanvik och Runnsjön hade man förlorat åtta hästar och en ko till fienden. I Långenäs i norra delen av Sunne socken hade fienden tagit tre hästar. Nämnden betygade att invånarna i Fryksände socken och bönderna i Gräsmark ensamma fått hålla vakt mot norska gränsen utan att få hjälp från Sunne, Ämtervik eller Lysvik.

Hur mycket förlorade man på Liukkola? Blev husen brända? Förlorade de sin skörd? Blev de av med sina djur? Det finns inga uppgifter om det, bara att hemmanet blev illa spolierat och skövlat. Per hade i god tid grävt ner sina kopparsaker i skogen.

Julaftonstragedin 1676

På julafton 1676 samlades en massa människor hemma hos Valborgs bror Mats för att dricka. Där var de tre bröderna Per, Jöns och Bertil Orainen, Erik Sigfridsson Hämäläinen från Vittjärn, Eriks far Sigfrid Josefsson Hämäläinen, Samuel Mårtensson och Hans Fransson i Norra Lekvattnet. Erik Sigfridsson var gift med Valborgs och Mats´ syster Britta.

De borde egentligen vara på väg till kyrkan. Tidigt, tidigt nästa morgon började julottan. Lite rusiga och pratiga skulle de ha funnits på plats om det varit en vanlig jul. Men det var det inte.

De hade tagit sig lov att stanna hemma. Det var krig. Gårdarna kunde inte lämnas oskyddade, det kunde alla förstå. Kanske hade de satt sig tillsammans för att göra upp planer på grund av kriget.

Mats på Liukkola hade tydligen fått erbjuda sin syster Britta och hennes familj tak över huvudet. På hösttinget i oktober samma år hade nämnden vittnat om att folket på Vittjärn råkat riktigt illa ut. De hade blivit så utplundrade av fienden att de inte hade det ringaste kvar. Valborgs syster hade förlorat sitt hem.

Vid samma ting hade två av Sigfrid Josefsson Hämäläinens söner, Brittas svågrar Johan och Nils, anklagats för spioneri för Norges räkning. Myndigheterna hade inte fått tag på Nils men Johan fick stå till svars. Han nekade och påstod att det var tvärtom, de hade varit Norge för att skaffa kunskaper åt Sverige. Då tog man fram ett vittne som sade sig ha sett Johan och Nils tala i fyra timmar med en norsk fänrik, detta skulle ha hänt i påskas. Flera vittnen skaffades fram. De hade hört att Johan och Nils berättade hemligheter för fänriken. Andra finnar vid gränsen klagade på att Vittjärnspojkarna lämnat uppgifter till Norge. Johan skyllde ifrån sig på Nils och ett syskonbarn. Vittnesmålen pekade ändå åt att Johan skulle ha gjort myteri och varit i maskopi med rikets fiender. Saken hänsköts till Hovrätten. Johan fängslades och fördes till Karlstad.

Var det sant att bröderna Sigfridsson Hämäläinen hade gått fiendens ärenden? I så fall blev de grymt och cyniskt lönade för sitt spioneri när deras hem på Vittjärn blev totalförstört.

Männen som samlats hemma hos Mats Liukkoinen hade sannerligen mer akuta saker än kyrkobesök att diskutera. Kanske stod de på olika sidor i Norgefrågan. De blev rejält druckna. Sinnet rann på Erik Sigfridsson. Det slutade med att han slog ihjäl både Valborgs man Per och hennes svåger Jöns.

Erik Sigfridsson flydde till Norge, hans hustru Britta och barnen följde efter. De återfinns i en norsk folkräkning, Finnemantalet, 1686. Om honom står det att han rymt från Sverige uti krigstid efter att han slagit ihjäl två svenska fiender.

I stället för julfirande blev det sorg och likvaka, ovänskap och misstänksamhet. Valborg var knappt 40 år gammal, barnen var halvvuxna, tillräckligt stora för att förstå. Vem orkade hjälpa henne?

Svågern Bertil fick ordna så att hans båda bröder fördes till begravning i Fryksände. Förhoppningsvis var det slädföre så att denna dubbelt jobbiga färd blev hanterbar. Gravöl blev ibland stora glada fyllefester. Den här gången var det mer fyllt av ilska och rädsla för fler hemskheter i krigets skugga.

Vid nästa ting, våren 1677, kom morden upp. Vi får veta att mördaren flytt till Norge. Ryktet sa att de döda hade många olika skador, skador som förorsakats av bösspipa, yxa och kniv. Så många vapen kunde väl inte en man ha hanterat? Den ende överlevande brodern, Bertil Jönsson Orainen, anklagade värden Mats Mattsson Liukkoinen och Sigfrid Josefsson Hämäläinen för att ha deltagit i dådet. Samuel Mårtensson och Hans Fransson kallades som vittnen. De var, liksom alla de andra männen, inne i stugan när dråpen skedde men såg ingen annan än Erik Sigfridsson hantera och slå offren. Mats Mattsson och Sigfrid Josefsson frikändes till dess Gud Allsmäktig på något sätt framdeles skulle någon annan uppenbarelse giva.

Valborgs stora förlust

Valborg förlorade sin man i ett fyllebråk som hade sina rötter i djupa motsättningar mellan familjemedlemmar och grannar. Vad skulle hon nu ta sig till? Hennes syster var gift med mördaren. Hennes bror var misstänkt. Hennes svåger anklagade hennes bror. Hennes far levde ännu men han var gammal. Släkten splittrades, storfamiljen på Liukkola var inte längre en enhet.

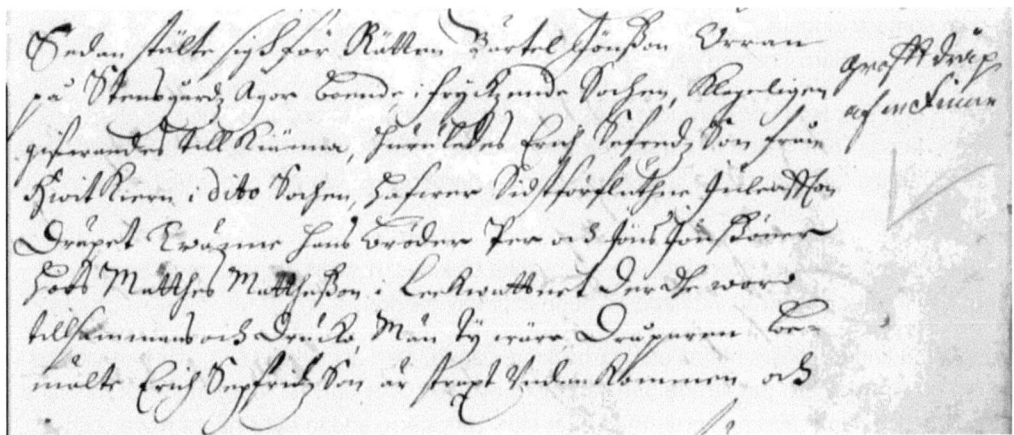

Källa: Arkiv Digital, www.arkivdigital.se
Fryksdals övre tingslags häradsrätt AIa:4 (1676-1682) Bild 22 / sid 19

I domboken   kan vi läsa:

Grovt dråp af en finne
Sedan ställte sigh för Rätten Bärtel Jönsson Orran på Stensgårds Ägor boende i Frychsende Sochen, klageligen gifwandes tillkänna, huruledes Erich Sefredsson från Hwitkiern i dito Sochen hafwer sidstförfluthne Juleafton dräpet Twänne hans bröder Per och Jöns Jönssöner hoos Matthes Matthesson i Leekwattnet der dhe woro tillsammans och drucko, Män tyvärr Dråparen bemälte Erich Sefridsson är straxt Undankommen och förrymdh till Noriet.

Valborg gifter om sig

Valborg lämnade Liukkola och när det hade gått ett år gifte hon om sig.

Ett år, eller i alla fall nio månader, måste gå innan en änka kunde gifta om sig så att de tvar alldeles säkert att hon inte var gravid med sin förre man.

Hon tog sina barn med sig och flyttade till grannsocknen. Där hade hon hittat Erik Josefsson, en man som var ungefär tio år yngre än hon själv. Erik bodde hemma hos sina föräldrar på finngården Långtjärn i norra Gräsmark.

Valborgs och Erik behövde varandra. De gjorde ett eget val. Valborg behövde trygghet, Erik behövde pengar och hjälp i hemmet. När hon gift sig med Per hade det varit ett sätt att knyta ihop två familjer, att göra dem starkare genom samarbete. Nu var det något Valborg var tvungen att göra för att överleva.

Om Valborg någon gång återvände för att besöka Liukkola är svårt att veta men hennes söner gav inte upp den rätt de hade till hennes del av gården.

Än en gång kan Gyllenius hjälpa oss att beskriva vägen. Den där julen 1663, när han ville se sig om på Finnskogen, passerade han Långtjärn och sov över där. På morgonen fick han låna häst. Han och hans sällskap körde först över sjön Långtjärn, sedan över några myrar och mossar till gården Bredsjön. Där fick han ny häst och fortsatte mot Lekvattnet på en outsägligt ond väg över höjder och hyggen. Vid en höjd bar det utför i ett par kilometer och var på sina ställen mycket brant. Det var den besvärligaste biten av resan, sedan kom de ner på den långa Lekvattensjön och kunde köra på isen. Han beräknade att det var en mil men det var lite längre ända upp till Liukkola vid norra änden av sjön.

Att flytta mellan socknarna Fryksände och Gräsmark var ingen stor sak. Det var väldigt täta kontakter mellan alla som bodde här utefter norska gränsen. De flesta hon träffade nu kände hon säkert till sedan tidigare.

Altarskåp som stått i Gräsmarks kyrka
Källa: Statens historiska museum, Stockholm (inv.nr. 5921)

En skillnad som fick stor betydelse var att Valborg kom att höra till en annan församling, till Sunne. Till huvudkyrkan var det lång väg, fyra mil, men Gräsmarksborna hade fått tillstånd att ha ett eget kapell.

Finnar i skogen och svenskarna runt sjöarna hade hjälpts åt att skaffa fram virke och byggt sin lilla kyrka tillsammans så att den stod färdig 1663.

Det var en enkel träbyggnad men därinne fanns en fantastisk gåva, ett gammalt altarskåp som någon fört med sig hela vägen från Finland.

Kapellet låg i Uddheden vid sjön Rottnens norra ände och dit var det "bara" två mil. Där hölls gudstjänst var femte söndag och där begravdes de döda.

Erik

Erik var full av drömmar och framtidsplaner. Han var son till Josef Eriksson som gift sig med änkan Sofia Persdotter på Långtjärn. När Valborg lärde känna Erik levde ännu svärfadern Josef men han gick bort ganska snart och Erik tog på sig att ta hand om mamma, det vill säga han skaffade sig en hustru som kunde göra det. För skötseln skulle Erik få mammans andel i torpet. Erik behövde Valborg. Hon kunde arbeta, hon kom från en bra familj och hon hade en arvedel att vänta, liten men dock. Valborg behövde Erik. Hon hade inte haft någonstans att ta vägen men nu kunde hon tillsammans med Erik drömma om en bit egen mark, ett eget hem.

Erik var i trettioårsåldern när de gifte sig. Fem år tidigare hade han fått barn med Elisabeth Johansdotter i Bredsjön. Då dömdes han att böta 40 mark och betala barnaföda. Som brukligt var i den här trakten skulle han ge modern 1 ko, 1 tunna råg och 1 pund smör. Han skulle låta döpa barnet och hjälpa Elisabeth till kyrkan.

Det skulle med tiden bli alltmer tydligt att Erik var en man som drog på sig utgifter men hade svårt att få inkomster.

1679 fick Valborg och Erik en son. Han döptes till Josef efter farfar. Det blev inga fler barn. Det finns ingen exakt uppgift om när Valborg var född, ca 1640 står det någonstans. Förmodligen var hon född lite tidigare. När Josef föddes var hon runt fyrtio år gammal. Vardagslivet rullade på. Generationerna levde tillsammans. Erik stod i mantal för gården och det kändes tryggt.

Valborgs nye man figurerade flitigt i domböckerna. 1672 var han och hans bror Henrik några av dem som blev bestulna på kläder och de nämns i det där protokollet som gett oss en glimt av dåtidens kläder. På Långtjärn blev de av med linkläder som hängde på gården, 3 blågarnsskjortor, 3 särkar, 1 förkläde, 3 par ullstrumpor, 3 överdelar, 2 huvor, 1 lakan. Men det var sällan Erik var brottsoffer. Det var vanligare att han var anklagad eller att han tvistade om arv och mark.

Erik engagerade sig starkt för sina styvbarns rättigheter. 1678 såg han till att de skulle få del av det lösa arv som fanns efter deras ogifte farbror Jöns, han som blev mördad tillsamman med deras pappa Per.

Böndagarna var särskilt pålysta, viktiga dagar då alla måste gå till kyrkan, ångra sina synder och be om bättring. Om man absolut inte kunde ta sig till kyrkan var det husfaderns plikt att samla hushållet till bön. Ändå valde Erik 1678 att gå till Norge, mitt i kriget och på mellanböndagen, för att hämta två hästar. Han fick böta 4 daler silvermynt för sitt tilltag men ärendet slutade inte där. Fyra år senare, 1682, erkände Erik att han fortfarande var skyldig Per Amundsen i Norge tio daler för en häst han skaffat från honom för några år sedan.

Under de närmaste åren fick Erik några mindre böter men det rörde sig inte om särskilt grova brott. Han hade till exempel inte kunnat betala sina skatter och utlagor i tid. Det var han inte ensam om. Dåliga år, åren då missväxten slog till, var det många som inte fick det att gå ihop.

I mitten på 1680-talet dog Eriks mamma. Det visade sig att Erik inte alls hade mycket att ärva i hemmanet. Hans halvsyskon i moderns första äktenskap var huvudarvingar och skulle ha 2/3 efter fadern plus sina delar i arvet efter modern. Erik fick bara sin del av det modern ärvt efter sin förste man. Helst ville halvsyskonen ha bort honom från gården helt och hållet. Det blev en utdragen arvstvist, Erik klängde sig fast vid varje halmstrå och gjorde allt för att hålla huvudet över vattenytan. Han drog hemifrån till allt från tinget till hemliga vandringar över gränsen.

Valborg, som varit van att ha väldigt mycket folk omkring sig, blev mer och mer isolerad. Fattigdom och missväxt gjorde att hon fick använda all sin kunskap om barkbröd och annan nödmat för att få mat på bordet åt sig och sina barn. Hon var fast i ett äktenskap mellan två desperata människor som förlorat sina familjers stöd och stod utanför den livsviktiga gemenskapen.

1687 dog Valborgs pappa. Samtidigt som Erik kämpade för sin plats på Långtjärn började han bevaka styvbarnens rättigheter i Norra Lekvattnet. 1687 står det i tingsprotokollet att Valborgs bror, Mats Mattsson, får bruka hela hemmanet men bara till dess Erik Josefsson styvbarn blir äldre, då ska man ta ny ställning. 1689 får Mats Mattsson en tillsägelse från fjärdingsman: han ska bruka skogen måttligt så att hans syskonbarn inte ska lida skada när de får tillträda hemmanet. Till att börja med var Valborg glad att Erik stöttade hennes barn. Som make skulle han föra hennes talan. Det kändes tryggt och ansvarsfullt.

1685 hade Erik blivit påkommen med att ha en älghud. Den blev beslagtagen och fördes till förvar i Karlstad. Först sade han att han hade köpt den av en Lars Persson i Öjaren. 2 år senare påstod han på tinget att han köpt den i Norge av Johan i Smedjetorpet men han hade inga vittnen. Han uppmanades att komma med bevis vid nästa ting men det dröjde ända till vårtinget 1690 innan han kunde visa upp en attest och frias från den allvarliga anklagelsen.

Älgar hade alltmer sällsynta, till exempel såg Carl von Linné på 1700-talet aldrig en vild älg, trots sina många resor. I Fryksdals härad ställdes ingen inför rätta för tjuvjakt på älg efter 1705, den var i det närmaste utrotad. Erik hade säkert planerat att göra affär med skinnet, sälja det med vinst.

Gränsbefolkningen gjorde många affärer med varandra, på vägar som bara de kände till. Eriks problem var att han blev påkommen – gång på gång.

På våren 1690 fick han böta 4 riksdaler för att han fört stångjärn över gränsen till Norge. På hemvägen hade han med sig en tunna av det livsviktiga saltet men det slapp han plikta för – *emedan han därmed ingen tullplats gått förbi*.

Vid samma ting, i februari 1690, anklagade Erik en annan finne, Sigfrid Sigfridsson i Norra Lekvattnet, för att ha stulit och sålt kopparsaker som Per och Jöns Orainen hade gömt i skogen under kriget. Sigfrid erkände att han hittat värdesakerna för sex år sedan och i hemlighet sålt dem i Norge. Det var en brännvinspanna och två stora kittlar som Sigfrid hittat under en sten. Tillsammans var de värda hela 8 mark och 8 öre. Erik hävdade att kittlarna varit ännu större. Brännvinspannan hade kunnat återköpas från Norge men kittlarna var och förblev borta. Sigfrid dömdes att böta 24 mark och 24 öre, tre gånger kopparns värde. Han skulle också skaffa tillbaks sakerna till målsägaren.

Det fanns inte så mycket att hämta hos Sigfrid, han hade inga pengar så han straffades med gatlopp. Det var ett grymt straff. Den dömde fick springa mellan två rader av män som slog honom med käppar och spön. Alla överlevde inte men det gjorde Sigfrid. Han tog sitt straff och saken borde ha varit utagerad.

Men Erik hade svårt att släppa tanken.

Varför var det Erik som ideligen talade för Valborgs barn? Hade Valborg verkligen bett honom om det? Sönerna var mellan tjugo och trettio år gamla, varför talade de inte själva för sin sak?

Brännvin och tobak

Att man tillverkade och drack brännvin på Finnskogen och i Valborgs familj kan vi läsa oss till, bland annat genom historien om Valborgs män och brännvinspannan. Bruket spred sig över landet under 1600-talet sedan man lärt sig att bränna av råg. Hembränning var det ju, men inte som vi menar numera, liksom allt annat tillverkades det hemma, husbehovsbränning.

Hur var det med andra njutningsmedel? Kaffe fanns ännu inte i Sverige, inte mer än som en exotisk produkt på vissa apotek i städerna, men man hade börjat handla med tobak. Åtminstone gjorde Valborgs bror Mats det. Han hade kommit över ett och ett halvt kilo tobak. Det tog han med sig när han gick till kyrkan i Fryksände en decemberdag. Efter gudstjänsten gick han till gården Prästbol alldeles intill kyrkan. Hit kom Mats, "som brukligt", det var tydligen en träffpunkt av helt annat slag än när det varit prästgård en gång i tiden. Mats, som hade tre mils vandring framför sig, tänkte äta sin matsäck och gärna göra lite affärer. Han träffade Bengt Eriksson och Jon Olofsson som gärna ville handla av honom. De hade just börjat väga upp tobaken när soldaten Krister Eriksson kom inspringande och helt sonika tog tobaken från dem, bar iväg med den och delade den med korpralen Olof Olofsson. Flera personer bad förgäves att Mats skulle få tillbaka sin tobak. Förmodligen var det inte helt lagligt att sälja tobak på det här viset och soldaterna var kända för att bråka och slåss så Mats gav upp och började bege sig hemåt.

På stigen blev han upphunnen av en annan soldat, Knut Torgelsson, som var sur och kände sig förbigången. Han ville också köpa tobak och när det inte fanns något att köpa gav han Mats en örfil så att han ramlade. För örfilens skull och för att Knut ofredat honom på väg från kyrkan anklagade Mats honom vid tinget och Knut blev bötfälld. Men tobaken var borta, liksom förtjänsten Mats hade hoppats på.

Mats och alla andra vanliga människor kämpade för varenda inkomst de kunde få. Den jord de hade betydde allt för överlevnad och försörjning men möjligheten till små extrainkomster lockade, även om de var på gränsen till det tillåtna.

Den livsviktiga marken

De allra flesta svenska invånarna hade bara en bit mark, som de ägde eller arrenderade, för att hålla sig och sin familj vid liv. Något annat skyddsnät än familjen fanns inte.

Valborgs och Mats´ familj hade splittrats. De höll inte längre ihop och Mats gjorde allt för att bevisa för tinget att det var han, inte Valborg och hennes söner, som skulle få bruka hela Norra Lekvattnet. Hemmanet ansågs inte kunna försörja två brukare. Saken var uppe vid tinget flera gånger, man skulle göra nya mätningar och återkomma.

Valborg behövde trygga sina barns framtid. Om det alls skulle bli något av Erik Josefssons ägande i Långtjärn så hade hennes tre äldsta barn ändå ingen arvsrätt där. På något sätt lyckades hon få ihop pengar för att köpa sina systrars arvedelar i Norra Lekvattnet men det hjälpte inte. Söner ärvde dubbelt så mycket som döttrar. Valborg hade tre systrar och två bröder. De fyra systrarna hade tillsammans ärvt halva hemmanet. De två bröderna hade ärvt den andra hälften.

Mats å sin sida hade köpt brodern Eriks del och ägde först hälften av gården men hade sedan laglig rätt att lösa 2/3 av systrarna Margaretas, Karins och Brittas delar. Hur Valborg än ansträngde sig verkade hon inte få rätt till mer än högst ¼ av fjärdedelshemmanet.

Så småningom, 1695, stod ändå äldste sonen, Tomas Persson Orainen, i mantal för sin bit i Norra Lekvattnet. Det hade inte varit självklart att han ska få bruka en så liten enhet. Rätten ville inte godkänna för små jordbruk, det skulle gå att försörja sig. Mats fortsatte sina försöka att bli av med Tomas och erbjöd sig att köpa marken av honom för 80 riksdaler men Tomas bet sig kvar och senare ville lillebror Per också vara med och dela på kakan. Valborg kunde aldrig sluta oroa sig för sönernas framtid.

Problemen hopar sig

Erik Josefsson fortsatte att dyka upp inför tinget i olika sammanhang. Våren 1691 skulle man undersöka om han har varit inne på andras skog och gjort åverkan.

Värre, mycket värre, blev det när han anklagades för olaga älgjakt. Det skulle ha hänt för några år sedan. Vittnen hade sett att en älg blivit slagen lite ovanför Gransjön, söder om Långtjärn. Inälvorna hade lämnats kvar på platsen men spåren visade att köttet dragits på ruskor till Långtjärn, till en bod norr om gården. Skogvaktaren ställde Erik till svars men han nekade och sa att han var helt oskyldig. På hösttinget 1691 nekade Erik fortfarande men då kröp det fram att han erbjudit Håkan Halvardsson i Rögden ett får för att han skulle tiga. Erik fick en chans att fria sig genom tolvmannaed. Det innebar att han måste hitta tolv pålitliga män som kunde svära på hans ärlighet och oskuld. Till nästa ting hade han en lista på tolv män – men ingen av dem dök upp. Erik hade gjort sig känd som opålitlig. Han dömdes för högdjurs fällande till böter på svindlande 50 daler silvermynt. Det var väldigt mycket pengar, särskilt för Erik.

Svårigheterna hopade sig för paret. Erik ägde 3/30 av hemmanet. Det värderades till 80 riksdaler totalt, hans andel var värd 8 riksdaler. Även om han skulle gå med på att sälja till sina halvsyskon räckte det inte på långa vägar att betala hans böter. Valborg riskerade att bli hemlös. Men Erik fortsatte att vara stursk. Han ansåg att det var halvsyskonen som skulle bort. Vid det här laget visste alla grannar vad Erik höll på med. Delvis var de själva vana att tänja på gränserna som med saltet och hästarna. Den som höll på med sånt behövde vara klurig och framgångsrik men Erik hade åkt fast, han hade gjort bort sig totalt och tappat kontrollen.

Långt senare, 1723, gjorde nämnden en syn vid Långtjärn. Då kallade man in en gammal man, den 90-årige Mats Persson, som i sin ungdom arbetat i trakten. Efter hans och andras vittnesmål antecknades i tingsprotokollet att sedan Eriks mor blivit änka tog ingen vara på Långtjärns skogsägor utan de kunde med lätthet användas av obehöriga som saknade rättighet. Det står också att när Erik Josefsson bodde på Långtjärn brydde han sig inte om att underhålla ägorna eftersom han var så osäker på att få behålla hemmanet.

Åren 1695–1697 drabbade en enorm missväxt hela Skandinavien och länderna öster om Östersjön. 1695 kom att kallas det stora svartåret, 1696 fortsatte eländet och 1697 blev det stora hungeråret.

I flera år hade det varit dåliga skördar men nu blev det katastrof. Man hade ätit barkbröd och andra nödlösningar länge. Om man tidigare haft något i sina förråd så var det uppätet nu. Boskapen svalt också, det fanns ingenting att äta. Människor lämnade sina hem. De drog ut på vägarna och flydde till städerna men det var lika illa överallt. Folk hittades döda vid vägkanterna. Ingenstans fanns hjälp att få.

Även om Erik haft pengar hade det inte funnits något att köpa.

I Gräsmark dog under åren 1688 – 1695 mellan 11 och 20 personer per år, utom 1692 då någon barnsjukdom tog 18 barns liv. 1696 dog 71 människor.

Valborg och Erik hade inga pengar, nästan ingen mark. De hade inte kunnat betala tiondet till kyrkan. Erik hade böter att betala och dömdes dessutom att utbetala arv till sina halvsyskon. Sönerna Tomas och Per hade fortfarande svårt att komma in på Norra Lekvattnet där Mats Mattsson envist kämpade emot. Dottern Britta var ännu inte gift, om hon inte hade pigtjänst någonstans var hon ytterligare en mun att mätta. Sonen Josef verkade inte ha någon chans till arv på Långtjärn. Hur skulle de försörja sig?

Erik handlade i panik. I november 1695 gav han sig på Sigfrid Sigfridsson igen, han ville ha ut mer av affären med brännvinspannan och de dyrbara kopparsakerna. Sigfrids hustru Lisbet Pålsdotter kom 1696 till vårtinget i Gunnarsby, utanför Sunne, och anklagade Erik Josefsson och hans styvson Per Persson för att ha misshandlat Sigfrid så illa att det ännu var stor fara för hans liv. De hade också stulit boskap från Sigfrid. Länsman och fjärdingsmännen fick i uppdrag att fängsla dessa två före nästa ting.

Ville Valborg att Erik skulle ta tag i det här för hennes och hennes barns räkning? Det var ju egentligen inte hans sak. En dag, eller rättare sagt en natt, blev Valborg bryskt väckt och fick hjälplös se på hur långt hennes man kunde gå.

Vid hösttinget 1696 rullades hela saken upp. En lördag i november 1695 hade Erik och Per hade fått höra att Sigfrid var på besök i Lars Jönssons torp på Bredsjöskogen, strax norr om Långtjärn. Där var ingen annan hemma än en gammal, nästan blind kvinna och några barn. Det passade Erik och Per bra.
Natten till söndag begav de sig dit för att tala allvar med Sigfrid. Sigfrid hade gått och lagt sig när han väcktes av att det bankade i väggarna, någon skrek skälm och tjuv och hotade att slå ihjäl honom. Erik och Per hade kommit i vredesmod, hanterat honom illa, slagit honom och bundit honom. Ord stod mot ord om hur bråket började. Erik sa att han bara kommit för att prata, men när han bad att få ljus tänt hade Sigfrid huggit honom med kniv. Han ropade på Per för att få hjälp men då blev de båda illa huggna. Efter en stunds skrik och tumult hade Erik och Per fått övertaget. De tog ett rep de hittat i huset, bakband Sigfrid, slog honom och drog honom i håret. I mörkret ledde de honom mellan sig, hela vägen hem till Långtjärn. På vägen slängde de ner honom på en rishög och hotade att hugga huvudet av honom. De fick in honom i stugan på Långtjärn. Väl hemma la sig Erik och Per att sova. För att Sigfrid inte skulle kunna rymma lät de honom sitta bakbunden hela natten och nästa dag.

Eriks och Valborgs son Josef var 16–17 år när det här hände. Han blev också indragen i händelserna. På måndag morgon blev han skickad till Erik Johansson på Gräsmarksskogen för att be honom medla. Det tog några timmar innan de kom tillbaka. Då fann de Sigfrid sittande bakbunden och så illa hanterad att han inte orkade tala. Viskande bad han att Erik Johansson skulle förlika dem.

Överenskommelsen blev att Sigfrid genast skulle ge Erik en ko och en unghäst, tillsammans värda 5 riksdaler. Senare skulle han ge Erik ytterligare 5 riksdaler. Därefter skulle de vara kvitt. Josef och Erik Johansson gick också och hämtade kon och hästen.

Vid tingsförhandlingen sa Sigfrid att han hade gått med på förlikningen bara för att slippa levande undan. Han hade inte fått något att äta sedan lördagen och såg döden framför sig.

Erik Josefsson och Per skyllde på att Sigfrid hade startat slagsmålet och hävdade att Sigfrid godvilligt gått med på förlikningen.

Nämnden gjorde en noggrann värdering av allt som framkommit.
1. Erik och Per visste att Sigfrid lagligen sonat sitt brott och var alltså ute för att hämnas.
2. De gjorde det här på en söndagsnatt, genom att överfalla Sigfrid hade de brutit mot lagens säkerhet och hemfrid.
3. Sigfrid hade ärr i huvudet efter Eriks och Pers misshandel.
4. Erik Johansson hade vittnat under ed att Sigfrid varit jämmerliga slagen och pinad samt bakbunden.
5. Erik och Per hade erkänt att de bundit Sigfrid.
6. Erik och Per hade inte kunnat visa upp tecken på att de blivit skadade av Sigfrid.
Nämnden fällde Erik och Per och dömde dem till fullt saköre, böter, och till att återge Sigfrid de boskapsdjur han blivit fråntagen. Domen underställdes i underdånighet hovrättens bedömning. Per och Erik fördes till Karlstads fängelse. På vägen dit lyckades Per rymma.

Hösttinget, där Erik och Per rannsakades och dömdes, ägde rum i Gunnarsby, utanför Sunne, den 5 - 9 oktober 1696. I Långtjärn var Valborg och Josef ensamma och övergivna. De hade det mycket fattigt. Hade de någon alls som hjälpte dem nu när Erik dragit skam över familjen och gjort sig till ovän med de flesta?

Till Gräsmarks kyrka kom prästen bara ungefär var femte helg. Därför var det långt mellan begravningarna trots att det var så många som gick bort det här året. 1696 års sista begravning ägde rum den 18 november. Då levde ännu Valborg. Nästa begravning var den 3 januari 1697. Då begrovs hustru Valborg vid Långtjärn. Prästen var väldigt kortfattad när han förde in namnen på de döda, han skrev varken dödsdag eller dödsorsak.

Anno 1697. ÿ 3 Januarÿ begraf:

1. Annika Joh Dotter från D. grästorp
2. Jstra Walborg wid Långtiärn.

Källa: Gräsmarks födelse- och dödbok 1688 – 1722
via Arkiv Digital, www.arkivdigital.se

Efter Valborgs död

Valborg slapp uppleva hur det gick sedan. 1698 noterades att även Erik var förrymd. 1702 hade fjärdingsmännen på landshövdingens order undersökt Eriks och Pers tillgångar. Erik hade bara lös egendom värd 10 daler, varav 1/3 var Josefs arv efter Valborg. Per, som uppgavs vara ogift dräng på Norra Lekvattnet, hade lösöre för 7 daler och fast egendom för 12 daler. Deras "oförmögenhet" gjorde att de inte hade någon möjlighet att betala sina böter. Straffet omvandlades till gatlopp, 5 gatlopp vardera. Blev man dömd till gatlopp så kunde man aldrig vara säker på att man kom ifrån det med livet i behåll. 50 män ställde upp sig i två rader och sedan fick de dömda springa mellan raderna medan männen slog dem med käppar och spön. Det var både kroppslig plåga och yttersta förnedring.

Erik blev mer och mer desperat. Han hade skulder, han trängde sig flera gånger in på mark han fråndömts, han bötfälldes för otillåtna fallhyggen. 1713 blev han misstänkt för dråp efter ett slagsmål. Hans motståndare dog efter 8 dagar men det ansågs inte vara Eriks skuld. 1723 var han gammal, han närmade sig sjuttiofem. Tre år tidigare hade han "köpt" en bössa av Per Jonsson i Treskog. Nu kunde Per inte vänta på pengarna längre. Erik infann sig inte på tinget men dömdes att äntligen betala sin skuld. Dessutom skulle han betala drygt 2 daler silvermynt för tingets och häradets kostnader. Det blev liksom alltid ränta på ränta på Eriks förehavanden.

I decennier fortsatte tvisterna om mark. Så småningom stod båda Valborgs äldsta söner i mantal på Norra Lekvattnet, men de fortsatte att tvista om vem som hade rätt till vad.

Tomas Persson Orainen gifte sig två gånger. Första hustrun hette Karin Andersdotter Moilainen, den andra Gertrud Michelsdotter Kähkoinen. Valborg hann få höra att han bildat familj och stod i mantal 1695, men frågan är om han någonsin kunde ge henne någon hjälp.

Per Persson Orainen, som orsakat sin mor så mycket vånda, gifte sig så småningom med Elisabeth Eriksdotter och en bit in på 1700-talet står även han i mantal på Norra Lekvattnet. Dottern Britta gifte sig med Nils Nilsson Hämäläinen. De hade ingen egen hemvist utan fick rätt att röja sig en liten åker hos hennes bröder.

Josef försökte länge få en bit av Långtjärn men gav upp och flyttade till Bogen i grannsocknen Gunnarskog.

Norra och Södra Lekvattnet var två hemman i den vidsträckta Fryksände socken. Så småningom gav de namn åt en egen socken som bildades 1850. När jag talar om Lekvattnet på Valborgs tid menar jag bara dessa två hemman. Vittjärn, Bredsjön och Spettungen var andra hemman som senare skulle få adress Lekvattnet.

Fryksände var huvudorten i socknen. Numera heter den Torsby. Ända till 1850 var det kyrkplats för lekvattningarna. Östmark, en dryg mil nordost om Norra Lekvattnet fick kyrka 1765. Då hände det att man vände sig dit.

Valborg levde under tre kungar: Kristina, Karl X Gustav och Karl XI. Hon levde långt från maktens centrum men hennes liv påverkades av nya lagar och förordningar och av de återkommande krigen.

Historiskt sett och i nedärvda berättelser var det två tidigare kungar, Gustav I och Karl IX, som betytt allra mest för att Valborg kom att bo just på Finnskogen.

Kung Gustav sa att "sådana ägor som obyggda ligga, hörer Gud, oss och Sveriges krona till och ingen annan". Han uppmanade befolkningen att: "beflita sig om den onyttiga skogens undanröjande genom bruk av svedjor, med vilka följde mycket gott!"

Hertig Karl, senare Karl IX, uppmuntrade människor att bosätta sig i hans hertigdöme, Värmland samt delar av Södermanland, Närke, Västmanland och Västergötland. Både i bergslagen och vid gränsen ville han ha fler nybyggare och fler skattebetalare.

Jag har följt många släkttrådar på Finnskogen. Mina förfäder dyker ofta upp i tingsprotokollen, mest handlar det om i marktvister. Någon gång är det en örfil, någon gång de vanliga osedlighetsbrotten. Grova brott är ganska sällsynta. Ingen annan har berörts av så många våldshandlingar som Valborg. Det är bara tack vare alla dessa brott som jag kan följa hennes liv. Hon är inte typisk. Den typiska kvinnan syns inte.

Mellanakt - Brott, straff och rättigheter

Ibland säger vi att det var bättre förr i tiden, ibland förfasar vi oss över hur mycket man slogs och ställde till det men vi får nog ta oss en funderare på vad vi menar med förr i tiden. Förr i tiden var en väldigt lång period, under flera hundra år förekom det naturligtvis många brott och brott av många slag. Synen på vad som är brottsligt förändrades under alla dessa hundratals år liksom synen på hur brottslingar bäst skulle bestraffas.

Det var viktigt att lagen tillämpades, domböckerna visar att man gjorde omfattande utredningar innan domar fälldes. Om man kunde bevisa att någon utsatts för falska anklagelser friades han och den anklagande fälldes i stället. Men synen på vilka som var de värsta brotten och hur de skulle bestraffas skiljer sig mycket från hur det är i vår tid.

På 1600-talet var det många brott som straffades med döden, hor och dubbelt hor, incest/blodskam, tidelag, häxeri och trolldom, barnamord, tredje resan stöld, kyrkostöld, landsförräderi och brott mot kungamakten. Det var också då som de tidigare ganska vanliga anklagelserna för trolldom växte ut till häxförföljelser och under några decennier avrättades flera hundra kvinnor.

En person, Erik på Långtjärn eller Erik Josefsson, kan alldeles på egen hand ge oss en bild av hur rättsväsendet såg ut.

Mark och arv

Markärenden var de vanligaste ärendena vid tinget och handlade sällan om brott utan om köp, försäljning, arv och gränsdragning. Alla överlåtelser registrerades, vem som sålde och vem som köpte. Arvsreglerna bevakades så att alla fick det som de hade rätt till. Gränser mellan ägorna markerades med rösen och liknande. När det blev oklarheter drog nämndemän och berörda markägare ut i skogen för att i verkligheten stega upp och markera.

Erik föddes omkring 1649 på gården Långtjärn i nuvarande Gräsmark. Hela livet var han inblandad och drivande i ett antal marktvister. 1647 hade hans mamma Sofia blivit änka med tre söner och en dotter. I sitt andra äktenskap fick hon Erik och två barn till, en son och en dotter. Eriks fyra halvsyskon var arvingar till nästan hela gården, Sofia ägde bara 1/10 och Eriks pappa hade ingen ägorätt alls.

När Sofia dött 1685 hävdade Erik att hon lovat honom del i gården mot att han skött henne på gamla dar. Halvsyskonen å sin sida ville ha bort/köpa ut Erik och hävdade att han bara kunde ärva sin del av modern Sofias tiondedel. Det verkar som att Eriks helbror dött tidigt, de var alltså fyra söner och två döttrar och eftersom söner ärvde dubbelt mot döttrar måste vi räkna om arvet till tiondedelar. Erik får två tiondedelar och köper sin helsysters lott. Därmed ägde han 3/10 av en 1/10 och det var sannerligen inte mycket att leva av.

På något sätt bet sig Erik kvar på sin lilla teg. Halvbröderna Per, Henrik och Mats Mattssöner gav inte upp sin jord men flyttade och köpte sig egna gårdar i närheten. Båda systrarna gifte sig och flyttade.

Myndigheterna hade uppmuntrat nybyggare över hela landet. Det gick ofta bra för den som tog upp marken men sedan skulle stora barnkullar dela på arvet och då blev enheterna för små att livnära sig på. Erik var inte ensam om det problemet och han var inte ensam om att sakna kapital. Men han misskötte det lilla han hade och långt senare, 1723, levde minnet kvar av en eländig tid.

Nämnden hade kallat in en äldre man för att vittna om var Långtjärns gränser gick. Han hette Mats Persson och var nästan 90 år gammal. Mats hade arbetat med skogsarbete i området 50 år tidigare och kände till gränserna mellan gårdarna, det var han tvungen att göra för han fick absolut inte hugga på fel ägor. Nu berättade han att Erik inte hade tagit vara på skogen och jorden som tillhörde Långtjärn utan andra hade tog för sig vad de behövde. Och Erik blev allt fattigare.

Eriks styvsöner, Tomas och Per Persöner, hade lika dåligt utgångsläge som Erik. Deras far hade inte ägt någon mark och deras mor Valborg hade bara arvsrätt till 1/8 av sitt barndomshem. Även om Valborg haft pengar att köpa ut sina syskon hade hon knappast kunnat göra det, bröderna hade förköpsrätt före systrarna.

Det förekom att kvinnor talade vid tinget, till exempel om de var änkor, men det vanligaste var att männen förde sin hustrus talan och Erik ställde gärna upp för Valborgs barn. Även detta blev en långvarig tvist men till slut kunde både Tomas och Per bosätta sig på var sin lilla del av sitt arv.

Sexualbrott

Det finns exempel på våldtäktsanklagelser, sådant som man tidigt kallade mökränkning, men det absolut vanligaste brottet var att ha en utomäktenskaplig sexuell förbindelse. Under 1600-taletskärptes straffen för dessa brott.

1672 dömdes Erik för lönskaläge, sex mellan ogifta, med pigan Elisabet Johansdotter på en granngård. Han fick böta 40 mark och hon 20. Efter landsändans sedvana skulle han ge henne så kallad barnaföda, en ko, en tunna säd och ett skålpund smör så att hon hade det bra och kunde amma sitt barn. Någon särskild barnmat fanns inte. Erik fick också ett mindre vanligt tillägg till domen, han skulle låta döpa barnet och hjälpa Elisabet till kyrkan.

Om de inte hade kunnat betala hade de fått böterna omvandlade till kroppsstraff.

Om de varit gifta på olika håll och begått äktenskapsbrott, hor eller dubbelt hor, hade de dömts till döden vid häradstinget men alla dödsstraff gick vidare till hovrätten och kunde lindras.

Två sexualbrott kunde inte benådas.

Blodskam eller incest hade en vidare betydelse än nu, det innefattade även ingifta släktingar. Till exempel kunde en ung änka inte gifta sig med sin jämngamle styvson och en man kunde inte gifta om sig med sin hustrus syster.

Tidelag är att ha sex med djur, om någon blev dömd för det avrättades både den dömda personen och djuret. Anklagelser om tidelag blev också lite männens motsvarighet till häxanklagelserna mot kvinnor. Det var djur inblandade, det var kusligt och det var svårt att bevisa.

Detalj ur målning av den italienske 1400-talskonstnären Pisanello
Källa: Wikimedia commons

Stöld

Vid samma ting där Erik dömdes för lönskaläge fick han också träda fram som brottsoffer och kräva sin rätt. Kringvandrande tjuvar hade stulit kläder hos honom och flera grannar. Tillsammans lyckades man fånga in två män som dömdes att böta och ersätta målsägandena för det som var borta. Men tjuvarna var utfattiga och kunde inte betala, de fick plikta med kroppen. Det verkar var första gången de här tjuvarna åkte fast, i fortsättningen fick de passa sig noga, tredje resan stöld innebar hängning.

1690 anklagade Erik en man för stöld. Mannen som stulit hette Sigfrid Sigfridsson och bodde i Norra Lekvattnet, där Valborg tidigare bott med sin förste man, Per. Innan Per dog 1676 hade han grävt ner en värdefull brännvinspanna och andra kopparsaker i skogen för att rädda dem undan fienden. Sigfrid erkände att han hade hittat sakerna under en sten för 6 år sedan. I hemlighet hade han tagit dem till Norge och sålt dem där.

Brännvinspannan kunde Sigfrid skaffa tillbaka och återlämna, resten skulle han ersätta. Dessutom blev han skyldig att betala böter, 3 gånger kopparns värde, 24 mark och 24 öre silvermynt. Sigfrid hade inga pengar, han straffades med gatlopp.

Blev man dömd till gatlopp så kunde man aldrig vara säker på att man kom ifrån det med livet i behåll. Det finns exempel på där personer har avlidit av sina skador. Det gick till så att omkring 50 man ställde upp sig i två rader och sedan fick den dömde springa mellan raderna medan männen slog honom med käppar och spön. Sigfrid överlevde.

Edsöresbrott

Ed + söre som betyder svära. Kungen förpliktigade sig genom ed att skydda undersåtarnas personliga säkerhet.

Brott som bröt mot konungens fridslagar, kyrkofrid, hemfrid, kvinnofrid och tingsfrid, straffades extra hårt.
Dit räknades också att angripa någon för obefogad misstanke om stöld, att slå, binda och pina honom.

I 1734 års lag står: Hvar som edsöre bryter, man eller kvinna, i staden eller å landet, böte hundrade daler och miste äran. Sker dråp deri eller rån, miste högra hand och lif sitt. Bryter någon edsöre annan gång, böte tu hundrade daler.

1695 var Erik i stort behov av pengar. Han tog med sig styvsonenen Per, gav sig på Sigfrid Sigfridsson, mannen som tidigare straffats för att ha stulit kopparsaker. Tidigt en söndagsmorgon gick de till huset där Sigfrid låg och sov. Först misshandlade de honom svårt och hotade honom till livet, sedan band de honom och knuffade honom mellan sig hela vägen hem till sitt eget hus. Där band de honom vid en stol och gick och lade sig.

Nästa morgon skickade de efter en man, Erik Johansson, som skulle medla mellan dem och få Sigfrid att ge dem en ko, en häst och 5 riksdaler. Sigfrid var så svag och uttorkad att han bara kunde viska. Eftersom han trodde att han skulle dö gick han med på kraven.

Nämnden gick igenom händelseförloppet mycket noga och kom fram till att:
1. Erik och Per hade varit ute för att hämnas, de visste mycket väl att Sigfrid redan hade blivit dömd och sonat sitt brott.
2. De hade brutit mot helgfriden och hemfriden.
3. Sigfrid hade ärr i huvudet efter misshandeln.
4. Medlaren Erik Johansson vittnade under ed att Sigfrid varit illa slagen och bakbunden.
5. Erik och Per erkände att bundit Sigfrid.
6. Varken Erik eller Per kunde uppvisa några skador

Brottet betecknades om ett edsöresbrott, de hade förbrutit sig mot fridslagarna som skyddade den allmänna och personliga säkerheten.

Erik hade satt det lilla han ägde på spel, domen blev fullt edsöre. I väntan på hovrättens utslag fördes Erik och Per till Karlstad. På vägen till Karlstad lyckades Per rymma och senare rapporterades att Erik också var förrymd. Eftersom de var förrymda drog saken ut på tiden, flera år. Men till slut kom rättvisan ifatt dem.

Hösten 1702 inventerades deras tillgångar, de skulle äntligen betala sina böter. Erik ägde 7 daler i lös egendom, Per ungefär detsamma. Det räckte inte, straffet omvandlades till 5 gånger gatlopp vardera.

Den stackars vakten som låtit Per rymma ställdes också inför tinget och dömdes att böta 40 mark silvermynt.

Tjuvjakt

Att skjuta eller fånga högvilt, älg, hjort och rådjur var enligt lagen förbjudet, det fick bara kungen och adeln göra. Älgskinn var högvaluta, det användes till soldatuniformer eftersom det gav visst skydd mot splitter. De många krigen och de många soldaterna som behövde utrustas gjorde att älgen blev mer och mer sällsynt. Ändå var det frestande att få så mycket mat och ett skinn som gick att omsätta i pengar.

1685 hade Erik en älghud som han inte kunde bevisa att han kommit över på ärligt sätt, den togs i beslag och förvarades i Karlstad. Först sa han att köpt den av en norrman, sedan sa han att han köpt den av en annan norrman. Rätten hade ett märkvärdigt tålamod med honom, inte förrän 1690 lyckades han skaffa fram papper på affären och friades

Våren 1691 anklagades Erik för olaga älgjakt. Några män hade sett en slaktplats i skogen och följt blodspåren till Långtjärn. Erik nekade. På hösttinget framträdde ett nytt vittne som sa att

Erik lovat honom ett får om han höll tyst. Erik nekade fortfarande och nämnden gav honom möjlighet att fria sig med tolvmannaed. Det innebar att han skulle skaffa fram 12 män med gott anseende i samhället, 12 män som kunde gå ed på att han var oskyldig. Han fick tid på sig till nästa ting.

Våren 1692 dömdes Erik till böter, 50 daler silvermynt. Ingen hade ställt upp för att svära honom fri.
Erik hade inte så mycket pengar, hans mark blev beslagtagen och lades ur till försäljning.

Mord och dråp

1713 anklagades Erik för dråp efter ett bråk. Hans motståndare hade fallit mot en bänk och slagit sig illa. Men han dog inte förrän 8 dagar senare och efter flera förhör bedömde man att han dött av sjukdom.

I äldre tider fanns en möjlighet att köpa sig fri. Något sådant brott var inte Per inblandad i men det var hans svärfar Mats Larsson. Mats hade 4 bröder, en av dem blev ihjälslagen i ett fyllebråk. Mördaren höll sig först undan i flera år men till slut skrev Mats och de övriga bröderna under ett försoningsbrev, mördaren fick nåd och kunde återvända till sin familj.

Brott mot bönedagsplakatet

Varje år utlystes ett antal särskilda bönedagar då alla måste gå till kyrkan. 1678 struntade Erik i kyrkobesöket, i stället gick han till Norge och skaffade sig 2 hästar. För detta fick han böta 4 daler silvermynt.

Smuggling

1690 smugglade Erik in stångjärn till Norge, för det fick han böta hela värdet av järnet.

På tillbakavägen förde han med sig en tunna salt men frikändes eftersom han inte gått förbi någon tullplats. Det är en lustig formulering, tyvärr står det inte mer än så i domboken.

Skulder

Erik samlade på sig skulder, både till myndigheterna och till privatpersoner. De som krävde honom på pengar gick till tinget för att få sina pengar

1682 erkände han att han var skyldig en man i Norge 10 daler för en häst som han hämtat för flera år sedan.

1691 måste han betala rådman Carlberg det han var skyldig för ½ tunna salt.

1694 hade han inte betalt sitt kyrkotiende och fick 3 mark i böter.

1723 krävdes Erik på betalning för en bössa han "köpt" för 3 år sedan. Han infann sig inte vid tinget och fick böta 2 daler silvermynt.

Att sitta i stocken till allmänt bespottande var inte trevligt. Det här är ett arrangerat foto från England: In the stocks again.
Källa: Wikimedia commons

STRAFF

Straffen hade flera olika syften.

Den enskildes brott och synd ansågs påverka hela landets välgång, därför var det viktigt att alla levde efter lagen.

Den som drabbats av brott, till exempel stöld eller mordbrand skulle ersättas.

Straffen skulle avskräcka andra från att begå brott.

Staten skulle få in pengar.

Böter kallades sakören och var det vanligaste straffet. Böter gav en inkomst, om man i stället hade hållit fängelser hade det blivit en kostnad.

Efter häradsrättens dom i målet om misshandeln av Sigfrid skulle Erik och Per föras till Karlstads fängelse. Det var inte ett fängelse i modern mening utan en inlåsning för kortare tid. Fängelsestraff blev vanliga först på 1800-talet och det var då de stora centralfängelserna byggdes.

Den som saknade pengar fick kroppsstraff och straffen var offentliga.

Dödsstraffen var särskilt spektakulära, den döde kunde hänga kvar i galgen eller styckas och sättas upp på ett hjul, så kallad stegling. Kvinnor hängdes inte, det vanliga var att de halshöggs och brändes.

Prästen Gyllenius beskriver i sin dagbok hur en avrättning gick till. Den 31 juli 1664 kom han till Östra Ämterviks kyrka för att hålla gudstjänst. Till kyrkan fördes två syskon som bedrivit blodskam. Eftersom de skulle brännas nästa dag höll han förbön för dem. Fångarnas föräldrar, syskon och släkt var närvarande liksom mycket folk från andra socknar. Då var i kyrkan ett sådant gråtande att det inte kan beskrivas. Tidigt nästa morgon reste Gyllenius till Staviksön i Fryken där fångarna skulle få sitt straff. Det är en hög och bergig ön men på en udde är det slät sand. Där byggdes ett bål och dit kom prästerna med fångarna. Där var mycket folk från alla socknar, en del kom långväga ifrån. Det var lugnt och klart väder. Men så snart fångarna halshuggits och bålet satts i brand började det blåsa. Sakligt berättar han att han tog båt därifrån och att det blåste hårt.

Förvisning

Det låter som ett lindrigt straff i jämförelse med de hemska offentliga straffen men var ett mycket hårt straff. Om du var känd som lite bråkig och obekväm i din hemby så hörde du i alla fall dit, det var din enda trygghet. Den som uppförde sig så illa att han eller hon blev förvisad hamnade i ingenmansland, utanför allting. För att få resa eller flytta inom landet behövdes ett pass, ett flyttbetyg. Den som kom vandrande till en ny plats utan betyg blev inte bara misstänkt och ovälkommen utan förvisades vidare. Socknarna hade helt enkelt inte råd att ta hand om okända fattiga.

Skamstraff

Att visas upp offentligt i olika förnedrande former skulle varna andra och få den dömde att ångra sig för att bli tagen tillbaka i gemenskapen, både i kyrkan och i samhället.

Kyrkoplikt var inte plikten att gå till kyrkan utan att plikta, sona, sin synd genom att tvingas stå på en särskild pall under gudstjänsten.

Skampåle eller skamstock var anordningar där den dömde kedjades eller låstes fast för att visas upp.

Nästa sida: "Hwem är det wäl, som känsla hyser, för Gud, för Kung, för Fosterland? Och ej wid åsyn af den ryser, som lagt uppå sin Konung hand." står det under bilden av Jacob Johan Anckarström. För mordet på Gustav III dömdes han till spöslitning, skamstraff, halshuggning ch stegling.

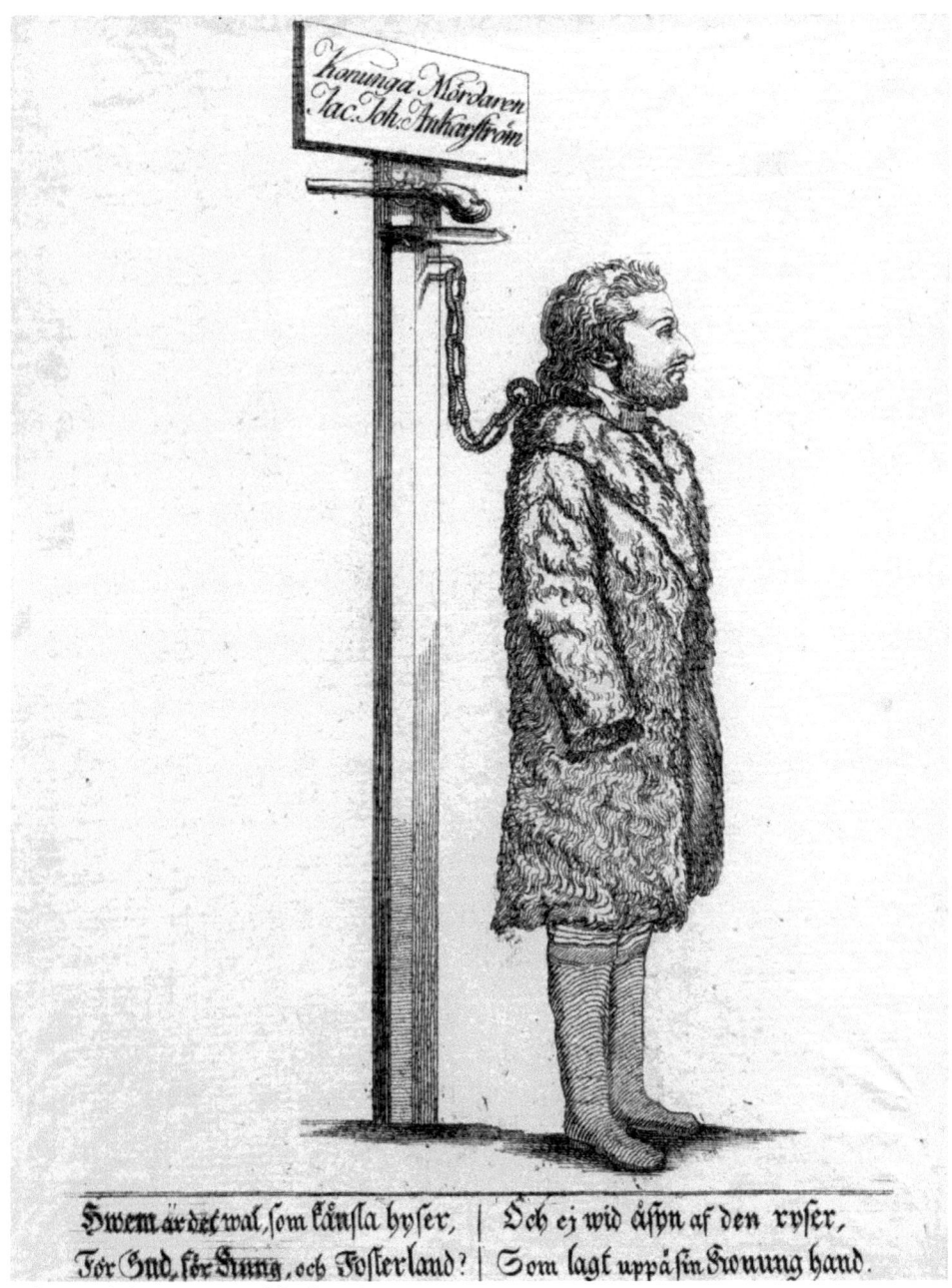

Konunga Mördaren
Jac: Joh: Ankarström

Hwem är det wal, som känsla hyser, | Och ej wid åsyn af den ryser,
För Gud, för Kung, och Fosterland? | Som lagt uppå sin Konung hand.

Källa: Nordiska museet, public domain

Brita - Västmanlands län på 1700-talet

Brita Olofsdotter var piga i Buckarby i Nora socken i Uppland. Åren rann undan för henne. Hon hann fylla både 30 och 35. Det var inte lätt att hitta en man att gifta sig med. Det var kvinnoöverskott och den som inte hade gård eller pengar med sig in i giftet hamnade sist i kön. Brita var inte ensam om att få vänta med giftermål till långt upp i trettioårsåldern.

Kanske hade hon en bra husbonde, kanske hade hon mycket släkt omkring sig, säkert var det fest ibland. Men mest var det arbetsamt och fattigt – först i över 20 år som ungmö, sedan i mer än 45 år som änka.

Under Britas livstid blev svenskarna alltmer bokförda, kyrkböckerna blev mer utförliga och pålitliga, prästerna skickade in uppgifter till Tabellverket, uppgifter som vi kan läsa digitalt idag. En vanlig piga eller änka blev ändå inte mer än en pinne i statistiken. Hon föddes, gifte sig förhoppningsvis, fick barn, dog.

Stora delar av Britas liv är svårfångat. Hennes liv börjar i den allra äldsta kyrkboken i socknen, ministerialboken 1679 – 1725. Här finns döpta, vigda och begravda. Husförhörsböcker för Nora socken finns inte förrän 1738 när Brita var 44 år. Var bodde hon innan hon gifte sig? Hos vem tjänade hon piga?

Det där med Nora ställde till det för mig. Det är inte staden Nora utan socknen Nora i Uppland. På Britas tid hörde den till Västmanlands län, nu räknas den till Uppsala län. Centralorten, där Nora kyrka ligger, heter numera Tärnsjö.

Dotter

Skärtorsdagen den 5 april 1694 var det dags för Brita Larsdotter i torpet Torbacka att föda. Några grannkvinnor hade kommit för att hjälpa henne. Snart kunde de gå ut och berätta för pappa Olof Månsson och storasyskonen Anna, Kerstin och Måns att det blev en liten flicka.

Fyra dagar senare var det Annandag Påsk. Pappa hade samlat dopvittnena Anders i Östra Lakbäck, Jöns i Västra Lakbäck, Karin i Skärsjö och Karin i Östra Lakbäck och tillsammans tog med den lilla flickan till Nora kyrka där hon döptes till Brita.

Torbacka ligger i norra delen av Nora socken, ungefär en mil norr om kyrkan. Där hade familjen gott om grannar. Stigar ledde hit och dit. I Kerstinbo, Mälby och Sälja fanns flera gårdar. Söderut låg Skärsjö och ännu fler gårdar. Det var åt det hållet man gick när man skulle till kyrkan. Landsvägen från Gävle till Sala gick förbi Kerstinbo, Torbacka och Skärsjö. Det var inte dumt att få sällskap på vägen för det var en bra bit att vandra.

När Brita var fem-sex år flyttade familjen till Millansbo, längre västerut, närmare Dalälven. Där bodde de mer ensligt men ganska nära en annan vältrafikerad led. Den gamla kyrkstigen gick genom de västra delarna av socknen. Det var en mil att gå genom knagglig och stenig skog, förbi gårdar och fäbodar med ängar och hagar. Sista biten var besvärlig, den gick över den breda och svårframkomliga Nordmyran. Där försökte man hålla en spång i stånd, det var ett evigtsarbete när området översvämmandes om och om igen. Mossar och bergknallar fanns det överallt och den väldiga Dalälven påverkade hela området när den steg eller sjönk.

Familjens hem var ett torp med lite mark. Pappa Olof var skinnare. Han var inte bonde, han ägde inte någon mark. Han var yrkesman men som alla andra behövde han en bit jord att odla, en ko så att barnen fick mjölk och en häst så att han kunde frakta det han producerade. Det lilla de odlade räckte inte till att skaffa sig ett stort förråd men det var ett komplement.

Det var svåra år i slutet på 1600-talet. Missväxten som blev slutet för Valborg Mattsdotter i förra kapitlet drabbade hela landet. Som mycket liten flicka fick Brita lära sig att vara glad för varje matbit. 1697 dog etthundranio personer i Nora socken, vanliga år låg dödssiffran runt tjugofem. 1698 dog också väldigt många. Försvagade av svälten blev människorna mottagliga för alla sorters sjukdomar och infektioner. Britas storasyster Kerstin var 9 år gammal. I maj 1698, innan man kunde hoppas på en ny skörd, orkade hennes kropp inte längre.

Brita fick tre småsyskon. Lars, som föddes nödåret 1697, överlevde. Sekelskiftesbarnet Jonas, som kom just 1700, klarade sig också. I juni 1703 föddes Karin.

När kriget kom

På söndagarna var kyrkan den stora träffpunkten. Då blev det mycket prat och många nyheter. När Brita var 6 år surrade de vuxnas samtal om något som hon inte riktigt förstod, men det lät spännande. Kriget och kungen talade de om, den unge tappre kungen som skulle försvara landet mot danskarna och ryssarna. De äldre vädrade sin oro men de unga männen spetsade öronen. Nu behövde Sverige soldater. Småpojkarna sprang omkring och lekte krig. Visst var de alla väldigt modiga. Men det där var visst ingenting för flickor.

Våren år 1700 samlades soldaterna och började marschera. Sverige hade en stark krigsorganisation. I varje vrå av landet fanns soldater och soldattorp. Bara i Nora socken fanns 18 knektar och 4 ryttare. Den unge kungen Karl XII hade ärvt ett krigsmaskineri som hans pappa Karl XI hade planerat under flera decennier. Alla vägar, alla samlingsplatser, alla befäl, alla soldater, alla hästar och all utrustning var noggrant förberedda. När ordern kom var det bara att följa planen och ge sig iväg.

De som kom norrifrån vandrade på landsvägen förbi Kerstinbo och Skärsjö. Längs de smala vägarna tågade de i oändliga rader söderut. De var så stiliga i sina blå-gula uniformer. Fler och fler anslöt. Deras kvinnor följde med en bit på vägen som kantades av stolta, entusiastiska eller oroliga lokalbor. När hela Västmanlands regemente samlats gick marschen vidare mot Skåne. Kvinnorna vände hemåt. Nu väntade dem ett tufft arbete. Att sköta ens det minsta lilla jordbruk på egen hand var nästan omöjligt. Rotebönderna var skyldiga att låna ut häst och arbetskraft när det behövdes, men i allt det vardagliga skulle soldathustrun nu göra två personers arbete på torpet.

Britas pappa blev kvar hemma. Hon hade turen att få behålla båda sina föräldrar under barndomen. Pappa Olof fick extra mycket att göra. De tiotusentals soldaterna behövde utrustning och många hantverkare blev sysselsatta i rikets tjänst. Soldaterna hade knäbyxor och skyddsjackor av skinn, så skinnare, eller garvare som vi säger nu, var efterfrågade.

Det blev midsommar och slåtter 1700 innan det kom nyheter om soldaterna. Men vilka nyheter! Karl XII tog sig snabbt över Öresund och besegrade danskarna. Gud var på Sveriges sida. Att även Ryssland hotade och hade gått över gränsen till svenska Ingermanland var oroande, men kungen var segerviss och redan innan året var slut kom nya fantastiska underrättelser. I rykande snö hade kungen, armén och Gud besegrat den stora ryska hären vid en plats som hette Narva. Noras soldater hade varit med och segrat! Kyrkklockorna ringde till tacksägelsegudstjänst.

Nog märkte Brita ändå att de vuxna blev allt mer bekymrade. De talade om höga skatter och dyra soldatutskrivningar. Det blev allt viktigare att registrera och övervaka alla medborgare, särskilt alla män. Det var de som kunde bli soldater, det var de som betalade skatt. Det behövdes mer av bådadera. Trots att kungen var så framgångsrik och de svenska soldaterna var de bästa i strid så dog mängder av soldater av sjukdomar, köld och infekterade skador.

Tiden gick. Armén var nere i Europa och marscherade omkring. De soldater som dog behövde ersättas. De nyantagna sändes ner till kontinenten. Men hemtrakterna kunde inte lämnas oförsvarade. Därför kom order om att upprätta så kallade tremänningsregementen. Tre rotar skulle gå samman och skaffa ytterligare en soldat, en som fick löfte om att inte behöva lämna landet. Rotebönderna klagade och sa att de inte kunde skicka iväg fler unga män. De som fanns behövdes i jordbruket.

1702 fyllde Britas storasyster Anna 15 år och tog pigtjänst. Pigorna blev eftertraktade när drängarna blev färre och färre.

1704 blev en regnig och bedrövlig sommar. När man tog in det som fanns att skörda växte oron om en vinter med svält, svaghet och sjukdomar. Britas lillasyster Karin, den lilla som Brita passat så mycket, dog den hösten. Till vintern fanns inte mycket att köpa, inte ens för dem som till äventyrs hade pengar. Jo, en sak kunde de köpa, jord från dem som tvingades gå ifrån sina gårdar.

Kvinnorna fick mer och mer att göra. De fick ta över männens arbetsuppgifter. Skördearbete och skatteinbetalningar, reparationer och underhåll måste skötas. Skjutsplikten, att ordna häst och vagn och kusk för resande, var egentligen ett fantastiskt uppbyggt system. Men någon skulle göra det. Nu fick flickor motvilligt ta över den betungande skjutsplikten. Det sågs inte med blida ögon. Inte var det lämpligt och passande att flickorna gav sig iväg med främmande män och sedan återvände alldeles ensamma genom skogen. Ännu var Brita för liten för sådana arbetsuppgifter men tidigt fick hon lära sig att arbeta där hemma. Vatten och ved skulle hämtas, kon skulle mjölkas, kläder skulle sys eller lagas och lillebror Jonas passas.

I slutet av 1705 kom äntligen en riktigt god nyhet. Sverige hade slutit fred med Polen. Julen blev en jubelhögtid. Det var roligt att göra alla förberedelser och duka upp till fest. Det nya året skulle nog ge fred med alla fiender, det som alla krigströtta hoppades på.

För att det skulle bli allmän och varaktig fred måste alla bättra sig. Gud var på Sveriges och kungens sida men på grund av människornas synder straffade han svenskarna med den ena olyckan efter den andra. Människorna måste sluta att förtörna Gud. Det visste alla, de hade hört det förr, i flera generationer. För säkerhets skull kom en skrivelse från kungen som var i sitt högkvarter någonstans nere i Europa. Han meddelade att böndagar under 1706 skulle hållas 13 april, 8 juni, 6 juli och 3 augusti. Nu poängterade kungen att alla måste gå till kyrkan och be, göra bot, ångra sig, förbättra sig. Det var en förutsättning för att plågorna skulle ta slut och freden skulle bli möjlig. Håll dig till fädernas enkla dräkt, lev enkelt och sparsamt och håll dig borta från prål och överdåd, fick Brita höra. En enda människas synd drar straff över hela landet. Det var tungt för en tolvåring. Det var lättare att lyssna till de vackra bönerna om Guds beskydd.

Hjälpte bönerna? I slutet av 1706 slöts visst åter fred med Polen, Gud hade stått på vår sida. Det lät lite förvirrande med ännu en fred. Den här gången hade freden slutits på en plats som hette Altranstädt, det var sannerligen inte lätt att föreställa sig var alla dessa främmande platser låg, Sachsen, Polen, Warszawa, Fraustadt och Altranstädt. När prästen läste upp det i kyrkan var det väl ändå sant. Kungen hyllades och 1707 började med jubel och nya förhoppningar. Någon visste berätta att Västmanlands regemente och bygdens söner bidragit till segern.

Det var högtidligt och det var hoppfullt. Med Guds hjälp hade fienderna förminskats och freden nalkades. Fast till sommaren blev skörden klen och nya order krävde fler soldater. Alla regementen skulle bli fulltaliga. Storebror Måns fyllde 15 år och började arbeta som dräng. Unga starka män var efterfrågade av bönderna och ännu var han för ung för att bli soldat.

Lof- och Tacksägelse Skrift
över
Den genom GUDS nåd och bistånd
lyckeligen erhållne
FREDEN
Som uti huvudkvarteret Altranstädt i Sachsen
den 14 september år 1706 är sluten och underskriven
efter
Hans Kungl. Maj:t Nådige Befallning
Uppläsen i alla Församlingar över dess kungarike och
där under liggande Länder och Herrskaper
den 26 april år 1707
Och emedan Hans Kungl. Maj:t uti detta viktiga verk såväl som uti dess övriga
företagande ljuvligen har rönt GUDS mäktiga hjälp och försyn har Hans Kungl. Maj:t
funnit sig åligga så mycket mer att hembära Hans Gudomliga godhet därför en innerlig
Tacksägelse.
Beskydda din värdiga Kristenhet och dyrköpta Församling
och håll din Gudomliga vård över högstbemälte Hans Kungl. Maj:t, vår allranådigaste
Konung
låt honom O GUD allt framgent få glädja sig av din makt och hjälp!

1708 fick hela folket veta vilka storslagna planer kungen hade. Han skulle erövra Moskva och slå tsar Peter en gång för alla. Våren var oroande kall och följdes av en regnig sommar. Redan i september kom det snö och kyla. Alla visste att det skulle bli en svältvinter. Hur hade soldaterna det där borta i Ryssland? Var det lika illa? Hemma i Nora hade alla fullt upp med att klara sig. De visste inte att den hemska kylan slagit till mot hela Europa men de kunde nog ana att soldaterna kämpade en hård kamp.

Vintern blev skoningslös. Brita bodde kvar hemma i Millanbo. Även om familjens lilla torp låg långt ute på landsbygden gick landsvägen från Gävle genom trakten. Uthungrade tiggare dök upp överallt. De fick egentligen inte lämna sina hemsocknar men kanske, kanske gick det att hitta något ätbart, i närmaste stad eller ända borta i Stockholm. Människor dog på vägar och gator.

Likväl skulle skatterna betalas och nya soldater skaffas, det var kungens senaste order. Under en lång period, hela vintern, kom inga brev eller skrivelser från armén. Var var den? Hur mådde soldaterna? Levde kungen?

I slutet av mars dundrade våren in med värme och störtregn. Överallt flöt det vatten. Många gårdar i socknen låg alldeles vid Dalälven och översvämmades svårt. Broar rasade, vägar och stigar blev till lervälling. Vädret var uruselt överallt denna vårvinter. De som försökte bege sig någonstans fick ta sig fram genom vattensjuka områden, över vatten där isen varken bar eller brast. Det var den sämsta tiden att resa.

Trots svårigheterna lyckades en kurir från kungen äntligen ta sig igenom fiendeland och hem till Stockholm. Han hade med sig brev, både privata och officiella, och nu fick man veta hur det stod till. Armén var inte kvar i Ryssland. Svenskarna hade fått se himlen färgas röd av brinnande gårdar och byar när ryssarna brände sitt eget land. De insåg att det skulle bli omöjligt att överleva genom att försörja sig, ta från bönderna, på den ödelagda ryska landsbygden. Kyla och matbrist tvingade kungen att avbryta marschen mot Moskva och vända söderut. Där hade armén tillbringat vintern i Ukraina. Det var inte många som visste var det låg men av breven framgick att det hade varit kallt och svårt. Tusentals soldater hade dött och ännu fler hade förfrusit sig och blivit tvungna att amputera armar eller ben. Soldaterna som skrev hem tänkte i första hand på sina egna fruar, sina barn och sina föräldrar men de riktade sig också till hela hembygden och berättade vad de visste om andra soldater från socknen.

Runt om i landet fick familjer veta att mamma blivit änka och barnen faderlösa. I förlängningen blev de också hemlösa för nu fick de inte bo kvar på torpet, det skulle bli bostad åt nästa soldatfamilj. Det övergripande beskedet från kungen var ändå att armén inte var krossad. Den stod stark och hans fasta hand skulle leda den.

Sedan upphörde kontakten igen. Alla väntade otåligt på nyheter. Månaderna gick och man fick mer att bekymra sig för. Pesten hade spritt sig på andra sidan Östersjön. Ett sätt att hålla den dödliga sjukdomen på avstånd var att införa sträng karantän. Alla fartyg från andra länder måste ligga 40 dagar ute till havs innan besättningen fick gå iland och lasten tömmas. Förhoppningen var att det skulle räcka, oroligt och skrämmande var det ändå. Under 1600-talet hade pesten härjat i omgångar, den spreds i arméerna under de stora krigen och de gamla kunde berätta om ett utbrott i Sverige för femtio år sedan. Gud hotade med ännu ett straff.

Ängen är åkerns moder.
Utan vinterfoder dör djuren.
Utan gödsel från djuren växer inte säden.

Piga

Våren 1709 fyllde Brita 15 år. Kristid var ett normaltillstånd för henne och hennes jämnåriga. Krig, matbrist och fattigdom hade det varit så länge de kunde minnas, men också stolthet och jubel och en stark tro på Gud och Kungen och Sverige. Nu var det dags att ta klivet ut i vuxenvärlden.

Att bli piga var första steget. Det fanns gott om arbetstillfällen, kvinnorna behövdes i de unga männens frånvaro. Efter förra årets missväxt var den här sommaren extra viktig. Förråden var tomma och alla måste dra sitt strå till stacken för att få en god skörd. De arbetade som bäst med den intensiva höskörden när rykten började cirkulera.

Det hade varit ett stort slag mellan svenska och ryska armén. Naturligtvis hade Sverige segrat och tsaren var död. Eller var det kung Karl som var död? Hade Sverige förlorat? Under juli och augusti visste man inte vad man skulle tro. Inte förrän den sista augusti fick rådet i Stockholm uppgifter som de kunde lita på, uppgifter som spreds till alla oroliga runt om i landet. Den 28 juni 1709 hade det varit ett stort slag vid Poltava. Hela svenska armén var borta. De som inte hade dött i slaget var tillfångatagna och förda till Ryssland. De enda som klarat sig undan var kungen och hans närmaste män. De hade flytt söderut, till en plats som hette Bender, var nu det kunde vara. För att lugna undersåtarna, som sörjde och var förtvivlade, ansträngde sid myndigheterna att ge en positiv bild. Det var inte skamligt att förlora när fienderna var så otroligt många. Det viktigaste var att kungen hade klarat sig. Nu är han på väg och kommer nog snart hem, skrev de.

För gudstjänster i fält, för att ge nattvarden till döende soldater och ingjuta förströstan hos de sårade hade Västmanlands regemente en uppsättning nattvardskärl i silver, en gåva från Karl XI. I kaoset efter nederlaget vid Poltava tog regementspastorn Nothman hand om de starkt symboliska kärlen. Han valde ut ett träd som riktmärke och grävde ner dem där. Efter tretton års fångenskap i Kostroma i Ryssland gjorde han inte sällskap med de överlevande som vandrade mot Finland och Sverige. Han gick över 100 mil söderut till Poltava, hittade platsen, grävde upp regementets skatt, vandrade hem via Finland och återbördade den till regementet. Källa: Kringla

1709 måste alla ta ett riktigt krafttag. Tiotusentals soldater saknades. Vilka var döda? Vilka var krigsfångar? Vilka skulle komma hem igen så fort kriget var slut?

Alla regementen måste rustas på nytt, en helt ny armé måste byggas upp. Alla rotebönder i alla socknar måste utse nya soldater, annars hade alla insatser, alla offer, ha varit förgäves. Generalmönsterrullan 1710 för Salbergs kompani, Västmanlands regemente, visar att Nora sockan hade lyckats fylla alla vakanserna. En av de nyrekryterade var Måns Olofsson, Britas storebror. Han blev soldaten Måns Hök för Åby rote. Kanske kunde han inte neka när de valde ut honom, men lika gärna kan han själv ha valt att anmäla sig. Det fanns inte många val för en ung man utan jord att ärva.

Om tiden medgav kom soldaterna till en sista gudstjänst innan de gav sig iväg. Tillsammans bad man till Gud allsmäktig, för konungen och fosterlandet. Det var en skiftande samling män i åldrar från 18 till 34 år som nu blivit knektarna Hållfast, Brun, Hög, Hök, Ståle, Holm, Lake, Lekatt, Stålnäbb, Bagge, Falk, Norling, Gädda, Rut, Uf och Sörbom. Måns Hök var yngst. Några av de andra karlarna kände Brita också sedan tidigare men nu var de så förändrade. Raka i ryggen, med allvar i blicken skulle de säkert bli ett betydelsefullt tillskott till armén.

Samtidigt började Brita förstå vidden av deras uppdrag, riskerna och utmaningarna. Hon hade innerligt hoppats att det skulle bli fred innan det var hennes bröders tur att skrivas in i generalmönsterrullorna.

Soldaterna behövdes genast. Mitt i vintern fick socknens söner bege sig ner till södra Sverige. Danmark hade gått till anfall i Skåne och tagit sig ända upp mot Blekingegränsen. Den här gången var det inte lika storslaget att se dem marschera iväg till uppsamlingsplatsen. De var dåligt utrustade och inte alls tränade. Utskrivningen av nya mannar hade gått rekordsnabbt, det tog längre tid att förse dem kläder, tält och annan utrustning, allt hade ju försvunnit vid Poltava. Utan tält skulle de meniga soldaterna få sova under bar himmel. Det var skrämmande och hotfullt att fienden fanns inne i landet.

De unga männen fick snabbt visa vad de gick för. I slaget vid Helsingborg den 28 februari var Västmanlands regemente med och drev bort danskarna. Det var en otrolig framgång. Danskarna var inte beredda på att Sverige skulle kunna återhämta sig så snabbt efter Poltava.

Måns Hök var med vid slaget. Han överlevde men låg en tid sjuk i lägret. Under sin sjukdom blev han bestulen på sina byxor, sin skjorta och sina skor, hans usla utrustning blev ännu sämre.

Måns kamrater Johan Brun i Siggberg, Erik Bagge i Baggebo, Erik Falk i Bro, Olof Uf i Buckarby och Joen Falk i Östanås dog i sviterna efter slaget eller av de dåliga förhållandena.

Lars Hög som hade varit förlagd i Riga förkom under hemresan. Budet om deras död kom snabbt till Nora i form av krav på nya soldater. Socken måste ersätta dem och lyckades få fram sex nya som anlände till regementet i oktober 1710.

Rotebönderna, som av tradition hade varit undantagna från krigstjänst, började oroa sig för egen del. Men om de klagade och hävdade att de inte kunde få fram fler män, blev de hotade med att själva bli uttagna. Det var ytterst viktigt att alla gav sitt bidrag, även om det innebar personliga uppoffringar. Det förstod alla.

∞ ∞ ∞ ∞ ∞ ∞ ∞

Lite siffror på eländet

Låt oss för en stund se bort från all smärta, sorg och oro som vållades och titta på siffror. Hur mycket var till exempel 55 000 soldater i förhållande till den totala befolkningen? Hur mycket var 18 knektar och 4 ryttare i förhållande till antalet invånare i Nora socken? Vad betydde de återkommande utskrivningarna i de 18 rotarna för kvinnornas liv och möjligheter?

Befolkningen i Sverige och Finland var knappt 2 miljoner. Om vi tar bort kvinnorna, alla under 18 år, alla bönder som måste försörja landet, alla gamla och alla som på något sätt var sjuka eller svaga så återstår drängarna och en del andra män i sin krafts dagar. Det märktes i samhället när så många män drog iväg. Det märktes ännu mer när de dog och det kom order om att de måste ersättas. Ungefär 200 000 soldater dog under ett par decennier. Mitt under kriget krävde dessutom pesten 100 000 människoliv.

I Nora socken fanns år 1700 cirka 650 mantalsskrivna, skattskyldiga, invånare, ungefär 285 män och 365 kvinnor. Dessutom fanns ungefär lika många mantalsfria personer. Att gång på gång skaffa fram nya soldater lyckades för det mesta. Under de många krigsåren växte ju nya pojkar upp. Ibland tog man in män från andra socknar och en del av de nyrekryterade var egentligen alldeles för gamla, några var över 50 år.

År 1700 hade armén 76 000 man. En stor del av dem var värvade eller tillhörde de olika provinserna och fanns på platser som Pommern, Bremen-Verden, Riga, Dorpat och Narva. 55 000 var inhemska indelta soldater, båtmän och ryttare från Sverige och Finland.

I fredstid var soldaterna en del av jordbrukssamhället och byn. De hade sina torp med en egen odling och arbetade hos bönderna i sin rote. I krigstid försvann den arbetskraften och rotebönderna fick i stället ansvar för att hjälpa soldathustrun med torpets skötsel.

När soldaten dog eller blev krigsfånge måste han ersättas. Det skedde löpande men åtminstone två gånger, efter Poltava 1709 och efter Tönningen 1713, måste hela armén eller en stor del av den sättas upp igen. Det var en väldig apparat att snabbt skaffa tiotusentals soldater och utrustning. Inför det sista fälttåget 1718 skedde också en stor utskrivning för att få alla regementen fulltaliga.

Kvinnoöverskottet var stort redan 1700. Bland de unga i Nora fanns det 200 pigor och döttrar respektive 125 drängar och söner.
1720 fanns det 166 pigor och döttrar, men bara 50 drängar och söner.
1732 var gapet fortfarande stort. Då fanns det 174 pigor och döttrar, en av dem var Brita Olofsdotter. Antalet ogifta unga män hade börjat öka, nu var de 84.

Inte bara kriget utan också missväxt och sjukdomar gjorde att Noras mantalsskrivna befolkning minskade under Britas barndom och tidiga vuxenliv. 1696 registrerades 737 skattebetalare, 1720 var de bara 512.

När de döda, fångna och förkomna soldaterna ersattes med nyrekryterade fick socknarna ett nytt stort problem. De nya soldaternas familjer flyttade in på torpen, de gamla fick flytta ut. Vad skulle man göra med alla soldatänkor och deras barn? På alla sätt försökte samhället undvika att behöva ta hand om fattiga, så kallat försvarslösa. Målet var att alla mellan 15 och 62 skulle arbeta och försörja sig, ha laga försvar. Att vara hustru var att arbeta, att vara änka utan fast bostad var att ligga samhället till last. Allra värst blev situationen för de kvinnor vars män var borta i en till synes evig fångenskap eller ovisshet. De kunde inte gifta om sig, i det normala systemet fanns ingen plats för dem.

∞ ∞ ∞ ∞ ∞ ∞ ∞

Brita var inget barn längre. Hon konfirmerades av kyrkoherde Olof Noræus. Nu fick hon rätt, och skyldighet, att gå till nattvarden och i bänklängden fick hon egen plats uppe på läktaren bland de andra ungdomarna eller längst ner till vänster i kyrkan, bland de andra kvinnorna.

Noræus var präst i Nora i över tjugo år. Han var frispråkig och beskrivs som arglistig och illfundig. Det var säkrast att lära sig bibelstyckena, katekesen och läsningen så noga som möjligt.

Karl XII:s Bibel hade kommit ut 1703. Det var inte många som hade råd och möjlighet att skaffa en egen bibel. Om man hade några böcker över huvud taget var det vanligen en psalmbok och katekesen som var läroboken i kristen tro och lärobok i läsning.

Kyrkan och föräldrarna hade gemensamt ansvar för att lära barnen läsa. De lärde sig den sirliga, vackra frakturstilen. Den ser svårläst ut för oss men hade man en gång lärt den gick det fint.

Svårare var det att lära sig skriva. Det fanns så få tillfällen att öva, det fanns så sällan anledning att skriva. Att läsa andras handstil kunde vara så svårt att man fick gå till prästen för att få hjälp.

Alla vuxna förhördes på katekesen, Brita började vara med på de årliga husförhören och prästen förde in i kyrkboken om hon var där. En del präster betygsatte församlingsbornas olika kunskaper. Det hade varit spännande att se hur väl hon kunde läsa men tyvärr har prästen bara satt kryss för närvaro. I generalmönsterrullorna står det om hennes bröder att de kunde läsa.

Noras strama gamla stenkyrka med sitt branta spåntak var omgiven av en rejäl stenmur med tak av spån. Ingången till kyrkogården låg i norr och var en överbyggd grind, en portal. Kyrkogården var en äng där man kunde få se husdjur gå och beta. Utanför muren stod klockstapeln av trä. Med sin smäckra, korsprydda spira var den högre än kyrkan. Norr om kyrkan låg den lilla, låga prästgården och klockargården med sina uthusbyggnader och odlingar. Fattigstuga, sockenstuga, komministerbostad och ett torp som hette Klensbo byggdes efter hand i närheten. Det var lantligt och idylliskt. Närmaste gård, Holvastby, låg nästan en kilometer bort. Där bodde länsman.

När kyrkan byggdes, flera hundra år tidigare, var fönsterglas både dyrt och svåråtkomligt. Fönstren byggdes små men förstorades efterhand. Det var magiskt att komma in i den dunkla kyrkan som var upplyst med vaxljus på altaret och i de stora ljuskronorna. Väggarna var fulla av målningar och i det fladdrande skenet såg det ut som om de rörde sig. Musiken spelades på en mycket liten orgel, ett så kallat positiv. Det var nog inte så bra ljud i den men 1707 blev det andra toner. Då fick kyrkan en lite större orgel.

Nora kyrka 1754, teckning av Grau. Kulturmiljöbild från Riksantikvarieämbetet

Pesten hotar

Efter Poltava blev rikets ekonomi allt sämre. Det krävdes obegripligt stora summor för att sätta upp och försörja en hel armé.

Under krigstågen skaffade härarna mat genom att härja och ta vad man behövde i främmande land. Den nyrekryterade hären var till en början förlagd i Sverige i väntan på nya order. Soldaterna var hungriga, de blev bråkiga och beredda att stjäla för att slippa hunger. Hungern gjorde dem mottagliga för sjukdomar. Det blev en stor börda för befolkningen att ordna mat och husrum.

Ny utrustning måste också skaffas. Hur skulle man hinna tillverka vapen, kläder, skor och tält? Hur skulle man få tag på nya hästar och vagnar? Hur skulle man betala alla dem som arbetade med få ihop ny utrustning?

Som om de inte hade nog med bekymmer ökade skräcken för pesten. På sommaren 1710 tog den fart i Stockholm. I september fick Brita och hennes grannar höra att kungligheterna och hela hovet var på väg till Sala, bara drygt 3 mil från Nora. Den lilla staden blev Sveriges huvudstad under hela vintern. Visst hade det varit spännande att få se högheterna men de hade inte kommit för att ta emot folk eller visa upp sig. De hölls i sträng karantän. Änkedrottning Hedvig Eleonora, prinsessan Ulrika Eleonora och den unge hertigen Karl Fredrik skyddades av 100 livgardister. De var viktiga personer. Hertig Karl Fredrik var son till Karl XII:s syster Hedvig Sofia och Ulrika Eleonora var syster till kungen. Om något hände kungen var de näst i tronföljden. Rykten om kungens död kom då och då, han hade varit skadad flera gånger. När han flydde till Bender var han skadad i foten och alla visste hur snart en mindre skada kunde infekteras och leda till döden.

Vanligt folk förbjöds att lämna Stockholm där antalet döda steg för varje dag. Det var väl känt att sjukdomen spreds med resande och att karantän var ett effektivt sätt att få bukt med den. Ändå kom en höstdag en åkare från Stockholm med smittan. Prästen har skrivit en särskild post i Nora sockens dödbok: På myndigheternas befallning begravdes de pestdöda på en särskild och avlägsen plats. Gud vare lov kunde antalet pestoffer begränsas, endast fem sockenbor dog. Nora kom lindrigt undan. I Stockholm dog över 20 000 människor och på många orter dog över 50 % av invånarna.

Pengabrist och fattigdom

De fattiga blev allt mer synliga i bygden. I mantalslängden för Nora 1711 uppgavs 18 personer eller hushåll vara fattiga, utfattiga eller tiggare. Bland dem var 7 kvinnor som hamnat i en ohållbar situation. De var alla gifta med soldater som hamnat i fångenskap i Ryssland efter slaget vid Poltava.

Johan Falk är fången i Ryssland, hustrun utfattig

Per Hök är fången i Ryssland, hustrun utfattig

Per Skytt är fången i Ryssland, hustrun går och tigger

Jonas Lake är fången i Ryssland, hustrun tigger

Jöns Falk är fången i Ryssland, hustrun utfattig

Jon Norling är fången i Ryssland, hustrun utfattig

Olof Bagge är fången i Ryssland, hustrun utfattig

Det var tufft att bli änka men ännu tuffare att vara utan sin man men ändå inte vara änka. Tvåsamhet och en bit mark var förutsättningarna för att klara sig. När nya soldater rekryterades till hela regementet fick de tidigare soldaternas hustrur lämna soldattorpen, de blev hemlösa och utan försörjning. De kunde inte gifta om sig och de kunde inte återgå till att vara pigor. I mantalslängderna står bara vuxna personer och därför har vi ingen aning om hur många barn som hamnade i fattigdom tillsammans med sina mödrar.

En viss förståelse fanns bland de styrande. En ny lag stiftades. Kvinnor vars män inte var döda, bara borta i krig eller fångenskap, slapp straff för det allvarliga brottet hor som var otukt mellan gifta personer. De dömdes i stället som ogifta till böter för lönskaläge. Den som redan var utfattig kunde inte betala något över huvud taget, deras straff omvandlades till kroppsstraff, de fick slita ris och stå där med den offentliga skammen.

Den bästa lösningen för att klara uppehället var att gifta sig så snart som möjligt. Säkert försökte de som blivit soldatänkor att göra så men det var inte lätt att hitta en man. Det var inte lätt för unga flickor heller.

Brita hade hunnit bli 17 år, storasyster Anna var 24. De fick arbeta hårt med både pig- och dränguppgifter. Slåtter och skörd måste klaras av. Det var inte läge att satsa på ett eget hem.

Men kanske skulle kriget snart ta slut, kanske skulle allt snart bli som förr, så som de hört berättas. I Stockholm sa de ju att kungen var på väg hem. Han skulle rädda dem.

Pengar fattades hela tiden. Det behövdes så mycket, alla måste bidra. Den vanliga skatten och de många extraskatterna räckte inte på långa vägar.

Som piga betalade Brita mantalspeng, eller rättare sagt hennes husbonde betalade och kunde sedan dra av beloppet på hennes lilla lön. Pigor tjänade och skattade hälften av vad drängar gjorde.

Mantalspenning betaldes av arbetsföra vuxna mellan 15 och 62 år gamla men det fanns en hel del som inte behövde betala. Präster och militärer var undantagna men det gällde bara männen, inte deras familjer. Adeln och deras tjänstefolk var skattebefriade. De riktigt fattiga och sjuka slapp också.

En helt ny typ av skatt togs ut 1713. Det var en förmögenhetsskatt som inte hade någonting att göra med hur mycket mark man ägde och brukade. Allt löst, alltså alla pengar och saker man ägde, skulle uppges på ett offentligt möte. Grannar förväntades kontrollera varandra så att ingen kunde gömma undan något. 2 % av sakernas värde skulle betalas i skatt. Det blev den första självdeklarationen. Skatten gällde alla, även dem som annars var undantagna. Den gällde adeln, den gällde det enklaste tjänstefolk och alla däremellan.

Ägde Brita något? Hon hade inget bohag, hennes far levde fortfarande så hon hade inget arvegods. Hon hade sin linnesärk, en yllekjol, en blus av linne, en mönstrad överdel, ett förkläde, skor och yllestrumpor. Det är inte säkert att hon hade något ombyte. Som ytterplagg hade hon en jacka som kallades tröja, en hätta på huvudet och kanske en sjal över axlarna. I en kista hade hon några få personliga saker, kanske ett enkelt smycke, en kam eller en söndagssjal. För henne och alla andra fattiga beräknades ett skattebelopp som blev lågt men tvingande. Två gånger till fick hon betala denna skatt, 1715 och 1716.

Kriget bara fortsätter

Britas bror, Måns Olofsson Hök, skeppades över till kontinenten tillsammans med hela det nyuppsatta Västmanlands regemente. Uppdraget var att försvara Stralsund tillsammans med 12 500 soldater från flera olika regementen. I slutet av 1712 deltog de i slaget vid Gadebusch. Sverige segrade men det hann aldrig bli någon firande. Framgången var kortvarig och bara några månader senare var de svenska trupperna instängda i den befästa staden Tönningen som ligger strax söder om dansk-tyska gränsen. Fienderna belägrade staden. Svenskarna saknade både mat och vatten och levde under förfärliga förhållanden. I den instängda miljön fick pesten fäste och flera tusen dog. I maj tvingades de till kapitulation och 10 000 svenska soldater, däribland Västmanlands regemente, blev krigsfångar i Danmark.

Redan i samband med Gadebusch omkom Anders Hållfast, Nils Hög och Erik Stålnäbb. Under de vidriga förhållandena i Tönningen, före kapitulationen, dog Anders Lake, Måns Lekatt, Johan Norling och Britas bror, Måns Hök. Två soldater, Anders Falk och Per Sörbom, lyckades tydligen undkomma både strider och fångenskap för de fanns kvar i regementet 1714. Dessutom lyckades Henrik Ståle ta sig hem från Wismar. Alla rotar måste nu åter rekryteras utom dessa tre.

Hustru Brita Larsdotter i Millanbo försvann ur mantalslängden 1713. Brita förlorade sin mamma. Det finns ingen anteckning om vad hon dog av, hon bara slutar att räknas upp. Lillebror Lars hade hunnit bli 16 år och tagit drängtjänst. Pappa och trettonåringen Jonas blev ensamma i stugan i Millanbo. Brita flyttade hem till dem för att sköta hushållet. Vad fick de för nyheter från armén? Hur länge dröjde det innan de fick veta att Måns gått bort, att han dött sotdöden i lägret den 13 april? Kanske fick de inte veta förrän långt efter kapitulationen i maj, när man kunde räkna ihop vilka som dött och vilka som blivit fångar. Kanske fick de veta när det kom order om att skaffa en ny soldat till Åby rote.

1714 gick in och kungen hade fortfarande inte kommit hem. Ryssarna tog sig längre och längre in i Finland tills de till slut drivit ut den svenska armén. Det började gå rykten om ryska skepp i svenska skärgården men sedan ryssarna tagit Åland stannade de upp. 10 000-tals finska internflyktingar kom över havet till den svenska östkusten, Åland blev helt övergivet. Med mun till mun-metoden spreds flyktingarnas berättelser. Gårdar hade förstörts så att familjerna fått fly ut i skogen. Maten räckte inte till både befolkningen och de ryska soldaterna och deras hästar. Tusentals människor hade tvångsförflyttats till Ryssland som slavarbetare. Det var skrämmande nyheter. En flyktingkommission tillsattes redan 1712, de försökte fördela flyktingarna över landet. Majoriteten bodde ändå i Stockholm där den paradoxala situationen uppstått att det fanns lediga hus och bostäder efter pesten. Det fanns inte mycket pengar att hjälpa dem med. Kollekt upptogs i kyrkorna, det räckte inte långt men arbetskraft behövdes och då kunde man erbjudas mat och husrum. I Nora kyrka stod kyrkoherde Noræus i predikstolen. Han läste upp de officiella meddelanden som prisade de modiga svenskarna som stridit så tappert för sin Gud, sin konung och sitt fädernesland. Gud var alltid med Sverige men nu skickade han nya prövningar. För att stoppa den grymme, hedniske tsaren måste alla göra bättring.

Brita och pappa fortsatte att hushålla tillsammans även nästa år. I september 1715 blev Jonas 15 år, den hösten kunde han ta drängtjänst. Det vardagliga arbetet pågick i någorlunda normala banor. Det var tidiga morgnar och långa arbetsdagar men om bara vädret var på deras sida kändes det skönt att arbeta för sitt uppehälle och se fram emot en dräglig vinter.

Till slut kom han, kungen. Han hade inte varit i Sverige sedan oktober 1700. En kall och blåsig decembermorgon 1715 steg han iland i närheten av Trelleborg. Annandag jul hölls tacksägelsegudstjänster runt om i landet.

Vi tackar den grundgode Guden som så nådeligen har hört de trogna och innerliga bönerna från Hans Församling så att Hans Kungl. Maj:t ledsagats tillbaka till sina länder. Det vi ödmjukt bett om har vi nu fått av Guds godhet. Lovat vare Herrens Namn som icke försmår de eländigas bön då de ur djupen till honom ropa och sina hjärtan för honom utgjuta. Lovat vare Herrens Namn som sin Smorde hjälper och ger honom icke till rov i sina fienders händer. O allramildaste Gud och barmhärtige fader, vi träder än vidare inför Dig med våra böner för vår högtälsklige Konung. Välsigna hans rådslag och företagande till din ära och hela Rikets glädje och fromma. Ge frid inom dess Lands Gränser och lycka i dess Palats. O Gud vi lova dig.

Karl XII satte upp sitt högkvarter i Lund. Målet blev nu att försvara sig mot Danmark-Norge. Helst genom att gå till attack. Ett första försök gjordes tidigt på våren 1716. Planerna på ett snabbt och överraskande anfall över Öresund gick i stöpet när vädret slog om och isen gick upp. I stället gick marschen mot Norge.

164

Soldaterna från Nora var med när Karl XII tog sig fram till Kristiania (Oslo) för att inta Akershus fästning. Försöket misslyckades men blev till en nyttig läxa. Norge är inget bördigt land där härar kan försörja sig genom att ta vad de behöver, det är bergigt och invånarna är skickliga på att försvara sin hembygd. Ett nytt anfall måste planeras mycket noga. Först och främst behövdes nya soldater.

Knappt hade familjen fått veta att Måns var död förrän Lars Olofsson också blev soldat, han blev Lars Lake för rote nr 50. Han var en av de yngsta i Salbergs Kompani, i mönsterrullan står att han var 18 år men då skarvade de lite för han var bara 17.

I generalmönsterrullan 1714 finns kopia på en skrivelse från överste Melker Falkenberg där han förtvivlat berättar hur illa det står till med Västmanlands regemente. Om man rätt lyckas fylla alla vakanser med nya soldater så saknar de nästan all utrustning. Han är så drastisk att han skriver att soldaterna går nakna. I bästa fall har de tunna, slitna släpkläder i grå vadmal, sådana som rotarna gett soldaterna för att ha hemma på torpet. Soldaterna kan inte förrätta Kungl. Majt:s tjänst om de inte blir klädda, skriver han och rekvirerar kappor, rockar, byxor, handskar, strumpor, skjortor, halsdukar, skor och annan utrustning för alla sina mannar, 1200 ex av varje sort.

Det är osäkert hur mycket utrustning de fick under följande år för 1718 saknades både material och färdiga kläder. Landshövdingarna fick order att köpa upp så mycket man kunde av fårskinnspälsar, ullvantar och ullstrumpor men vid avmarschen väntade man fortfarande på leveranserna. Västmanlands regemente var bland de sämst utrustade.

Lars Lake var 20 år när han gifte sig med pigan Brita Davidsdotter i Sälja den 28 april 1717. De var inte ensamma om att hålla krigsbröllop. Den våren och försommaren gifte sig Erik Rut med Margareta Månsdotter i Skärsjö, Anders Norling med Karin Jonsdotter i Kerstinbo, Olof Stålnäbb med Karin Jansdotter i Buckarby, Per Falk med Kerstin Larsdotter i Skärsjö, Henrik Ståle med Lisbeta Persdotter i Stalbo och Claes Falk med Karin Persdotter i Stalbo. Det var både praktfullt och sorgligt, de uppklädda brudarna med krona tillsammans med de slitna soldaterna.

Britas pappa försvann ur skattelängden efter 1716. Var tog han vägen? Han blev inte vanlig soldat för någon av rotarna i Nora. Kanske fick han något annat uppdrag för armén. Han kan ha blivit en av de hantverkare som togs till soldater. Han kan ha kallats iväg för att tillverka ny utrustning, garvare och andra hantverkare behövdes. Eller också var han en av dem som fick ställa upp och köra transporter till Norge.

Planeringen för det nya anfallet var noggrannare och mer omfattande än någon gång förut. Som vanligt rekryterades nya soldater men den här gången involverades hela folket. Alla måste bidra. Enligt Hans Kungliga Majestäts nådigaste förordning den 31 januari 1717 skulle nya grupper av män rekryteras bland dem som tidigare varit undantagna. Klockare, organister, borgare, hantverkare, gårds- och arbetsdrängar hos adelsmän eller andra ståndspersoner, överloppsmanskap, dagverkstorpare, dikare, tröskemän, fiskare, arbets- och hantverkskarlar på slott och kungsgårdar, gästgivardrängar, backstugusittare och allt löst folk skulle antecknas och bland dem uttogs ett antal soldater. I ärlighetens namn ska tilläggas att när rotarna skickade alltför unga män eller alltför skröpliga gubbar blev dessa kasserade vid mönstringen.

Vid rekryteringen till Bergsregementet 1717 listas alla grupper som nu ska bli soldater.
Källa: Arkiv Digital, www.arkivdigital.se

Den stora rustningen kostade pengar som inte fanns. Lösningen blev att prägla mynttecken, nödmynt. De gamla mynten hade ett verkligt värde, en äkta daler silvermynt hade sitt pålitliga silvervärde. Mynttecknen var bara metallbitar med ett symboliskt värde. De innehöll inget silver, hade nästan inget metallvärde alls, men gällde för 1 daler silvermynt. Man kan säga att befolkningen lånade ut sina pengar. Staten fick in silver och lovade att nödmynten senare skulle inlösas till sitt nominella värde.

Alla kunde nu få betalt för de varor de levererade och de tjänster de gjorde riket. Myntt ecknen skulle också användas människor emellan, men de var inte populära, man litade inte på dem. Den som ville betala med mynttecken kunde bli avvisad. Säljaren sa att han inte hade något att sälja, han gömde sina varor tills han fick betalt i silver.

Lärdomen från anfallet på Norge 1716 var att det inte gick att ta för sig av mat i det bergiga landet. Man måste ha mat, dryck och foder med sig, så mycket att 40 000 man kunde klara sig i flera månader. Det behövs enorma mängder och allt måste samlas in under sommaren 1718. Helst skulle alla skatter betalas in i form av spannmål och för att spara på säden fick inget brännvin brännas utom det som gick till hären. Handelsmännen i hamnstäderna fick beställningar på 10 000, 30 000, 50 000 tunnor säd och mer.

Bröd, mjöl, ärtor, salt eller torkad mat som fisk och fläsk höll sig länge. Av den maten blev soldaterna törstiga och drack litervis med öl. För att kunna ta hand om alla förnödenheter behövdes magasin, kvarnar, bakugnar och bryggerier.

Boskap köptes in för att föras till gränsen så snart de behövdes. De behövde foder. Ännu mer foder behövdes till hästarna, både för att de skulle vara i fin form vid anfallet och för att de skulle få vad de behövde inne i Norge.

Bönderna protesterade, deras tid och resurser räckte inte till både jordbruksarbete och tvångstransporter. De måste köra tvärs över landet med sina egna hästar som också behövde foder, fick de inte det vände bönderna helt sonika tillbaks hem och lämnade sin last efter vägen. Det blev trafikstockning, vägarna var inte lämpade för mer än enstaka vagnar. I ett försök att undvika kaos infördes högertrafik.

Norge skulle anfallas från två håll så förråden byggdes upp dels i trakterna runt Strömstad och dels vid gränsen i höjd med Trondheim och Östersund.

I början av sommaren hade man drömt om en god skörd men det blev ett evinnerligt regnande och missväxt, Västmanland drabbades hårt. Befolkningen åt nödbröd och led av missväxtens följder men runt om i landet bakades likväl en speciell sorts skorpor åt armén, succariebröd, som skulle hålla sig hur länge som helst. De innehöll bara osiktat rågmjöl, vatten och surdeg. Sedan degen jäst i 16 timmar formades ett bröd som gräddades i låg värme i flera timmar. Sedan väntade man en vecka, skar brödet i små tärningar som torkades i låg värme i många timmar. Skorporna blev stenhårda och måste blötas upp för att kunna ätas. Men de räddade liv.

Hemma i Millanbo var Brita ensam, hon blev fattigare och fattigare. Hon hade ingen man i hushållet och ingen arbetsgivare som höll henne med mat. Hon såg lastforor som for förbi, hon såg marscherande soldater och soldater till häst. Själv kunde hon inte bidra med mycket, inte med annat än sina bröder och kanske sin pappa.

Någonstans i närheten var Anna piga och Jonas dräng. Alla väntade på nästa nyhet. Allra mest väntade soldaternas familjer. I soldattorpet på Lakbäck bodde bror Lars Lakes hustru också ensam. Hon var gravid och blev säkert glad över besök. Den 5 juni 1718 födde hon en liten flicka. Brita fick äran att vara fadder när flickan döptes söndagen den 8 juni. Den lilla fick också heta Brita.

Det var så mycket som hotade spädbarnen, vid årsskiftet 1717/1718 noterade prästen att många dog av kopporna. Han var tydligt tagen av det som hände, annars var det sällan han antecknade dödsorsaken. Var det den hemska epidemin som tog Lill-Britas liv? Den 12 september fick familjen följas åt till kyrkan än en gång, nu för att begrava den lilla och försöka trösta och hjälpa hennes mamma.

På hösten 1718 gick armén in i Norge. Först den nordliga armén som gick mot Trondheim, sedan Karl XII och 35 000 man som i november började belägringen av Fredrikstens fästning. Den ligger alldeles vid gränsen mellan norra Bohuslän och Norge. Här var Västmanlands regemente med, alla Noras soldater. Svenskarna grävde löpgravar medan de instängda norrmännen försvarade sig med intensiv beskjutning.

På kvällen den 30 november gick Karl XII som vanligt ut för att övervaka arbetet.
En kula träffade honom i tinningen.

Den 7 december, när de samlades till gudstjänst, fick stockholmarna veta att kungen var död och att hans syster Ulrika Eleonora var Sveriges nya regent. Den chockerande underrättelsen spreds över landet.

Ur förskräckelsen och sorgen väcktes hoppet. Nu blir det väl fred. Nu kommer väl soldaterna hem.

Efter kungens död

Lars Lake hade överlevt både striderna i Norge och den kaotiska återmarschen. Han var skadad men kom så småningom hem till sin fru och sitt torp. Pappa Olof kom inte tillbaka. 1719 är han struken ur mantalslängden. Han står inte i Noras dödbok. Prästen skrev inte in dem som dött på annan plats. Brita antecknades som fattig men bodde ändå kvar i Millanbo ända till 1721.

Även en del av de fångna soldaterna återvände. Johan Holm kom hem från Danmark, fick bosätta sig på soldattorpet i Bro och bli Johan Falk. Johan Lekatt i Buckarby rote kom också hem. Det gick ganska fort att ta sig hem från Danmark. Värre var det för dem som skulle ta sig flera hundra mil genom Ryssland för att komma fram till Östersjön. Det kunde ta både ett och två år. Det är osäkert vilka Norasoldater som kan ha återkommit därifrån.

Det blev fred efterhand, först med Hannover, Preussen och Danmark. Freden med Ryssland dröjde. Sommaren 1719 var varm och torr. Alla väntade och hoppades på att fredsavtalen skulle skrivas under. Soldaterna kunde inte hemförlovas ännu. Tills vidare låg förbanden i beredskap, de flesta i Skåne och på Västkusten.

I juli spreds skrämmande nyheter bland befolkningen i östra Sverige. Ryssarna var på väg. De hade tagit hela Finland och kunde använda Åland som bas. Därifrån rodde de med galärer mot svenska ostkusten. Längs kusten förbereddes vårdkasar som skulle tändas när faran närmade sig. Den 11 juli kom det första anfallet, vid Rådmansö. Under sommaren brändes skärgården både norrut och söderut. Gårdar, skördar, hela öar och städer gick upp i rök. Befolkningen flydde inåt land. Sju städer brändes, Östhammar, Öregrund, Södertälje, Trosa, Nyköping, Norrtälje och Norrköping. Ryssarna mötte väldigt lite motstånd men när de kom till Gävle den 31 juli lyckades en mindre svensk styrka rädda staden. Det var mindre än 10 mil från Nora ut till kusten och just där var avståndet till Åland som kortast. Så nära var fienden. Det var egentligen ingen bit alls med tanke på hur tät trafiken var över havet och hur välkända dessa vatten var. Resande på huvudvägen från Gävle kom med hemska nyheter. Hur långt skulle ryssarna nå?

I augusti rodde de ryska galärerna in mot Stockholm. Vid Baggensstäket, nära Saltsjöbaden, blev det lyckligtvis stopp. Södermanlands regemente, Västmanlands regemente och Dalregementet kallades dit. Sörmlänningarna kom först och blev invecklade i en häftig strid. Västmanlands regemente var förlagt söder om Stockholm och hade lite längre väg. De kom fram mitt i natten tillsammans med dalkarlarna. När morgonen kom drog sig ryssarna tillbaka. Men de var inte riktigt klara. Några dagar senare brändes Norrtälje, innanför Rådmansö där de hade börjat härjningarna. Sen rodde de tillbaka till Åland men skräcken fanns kvar.

1720 gjorde ryssarna nya anfall. Den här gången gick de norrut och brände Umeå och kusten runtomkring. 1721 kom de ännu en gång i sina galärer. Fredsförhandlingarna hade kommit i gång och tsaren hotade med vad ryssarna skulle kunna göra om inte deras villkor uppfylldes. De började bränna vid Söderhamn och fortsatte över 50 mil norrut. Överallt lämnade de ödelagda gårdar och byar efter sig. Söderhamn, Hudiksvall, Sundsvall och Härnösand brändes. Sedan fortsatte de via Umeå, som de brände en gång till, ända upp till Piteå som de också brände. Till slut gav Sverige upp för alla hoten.

Den 30 augusti 1721 slöts freden i Nystad. Finland återgick till Sverige men av stormakten återstod bara en liten bit, Svenska Pommern med Stralsund och universitetet Greifswald.

Under tiden hade Sverige fått en ny kung och en ny regeringsform. Ulrika Eleonora regerade bara drygt ett år innan hon abdikerade till förmån för sin man. Fredrik av Hessen hade varit med Karl XII i slutet av kriget. Kungen hade haft stort förtroende för sin svåger och utnämnt honom till generalissimus över den svenska krigsmakten. Den 3 maj 1720 kröntes han till kung Fredrik I av Sverige. Varken Ulrika Eleonora eller Fredrik I hade blivit regenter med automatik. De tillsattes av riksdagen på villkor att de var redo att alldeles avskaffa den så kallade suveräniteten.

1714 hade Karl XII förbjudit riksdagen att samlas men nu när han var borta gick det snabbt. Redan innan kungen blivit begravd återsamlades riksdagsmännen i Stockholm. Den 21 februari 1719 fick Sverige en ny regeringsform, det kungliga enväldet avskaffades. Riksdagen med de fyra stånden skulle sammanträda vart tredje år och bestämma om lagar, skatter, ekonomi och utrikespolitik.

Brita återgick till piglivet, något annat val fanns inte, föräldrahemmet fanns inte längre. Det var just ingen som behövde henne men livet återgick sakta till någon sorts normalitet. Noras befolkning var märkbart mindre än före hungerkatastrofen och kriget och kvinnoöverskottet var stort. Bland de unga vuxna fanns 144 pigor men bara 40 drängar.

Soldater började återvända till sina torp, men alla kom inte tillbaka. Kriget krävde inte bara offer i strid. Under det kaotiska återtåget fungerade inte det planerade försörjningssystemet, många dog av hunger, törst och kyla. Andra kom ifrån fångenskap och behövde placeras någonstans. Under krigets sista år hade omplaceringar gjorts för att få fulltaliga och stridsdugliga enheter. Nu blev det ett pusslande för att få en fungerande fredsorganisation. 1721 var alla rotarna i Nora tillsatta. En del var omplacerade inom regementet. Alla var västmanlänningar. Till Buckarby rote kom en soldat som hette Per Andersson Stålnäbb men han rymde i februari 1722. Namnet Stålnäbb kanske anspelade på att en tidigare soldat haft näsprotes, men namnet hade burits av många soldater före Per och skulle komma att ärvas av flera efter honom, det följde med torpet.

Mårten kommer till byn och blir Mårten Stålnäbb

I Per Anderssons ställe anlände en nykomling till Nora och Buckarby. Han var skåning och hette Mårten Jönsson. Han hade tjänstgjort i Livskvadronen, nu blev han soldaten Stålnäbb på rote nr 52. Där väckte han säkert uppseende.

I Lund hade Mårten Jönsson mönstrats till kungens Livskvadron. Här är en ryttare av lägre rang, lägg till guld på alla kanter och knappar, byt ut det gula schabraket till ett blått med kungens namn och krona i guld så börjar vi närma oss Livskvadronens glans.

Källa: Digitalt museum, Armémuseum teckning av Einar von Strokirch

Hur hamnade mannen med den ovanliga dialekten i lilla Nora socken? Jo, livskvadronen hade en tid varit förlagd i Västmanland innan den upplöstes efter Karl XII:s död. Det föll sig naturligt att en del av dem rekryterades till vakanser i närheten.

Mårten själv tänkte inte på att det var udda att tala olika. Han hade 17 års soldatliv bakom sig, han var van att umgås med män som talade vitt skilda språk, finska, tyska, engelska, danska, norska ryska, estniska, lettiska, liviska och latin. Han hade tillbringat hela sitt vuxna liv tillsammans med soldater från alla delar av det förut så stora svenska riket. Efter Karl XII:s återkomst till Sverige fick Mårten också lära känna arabiska vattendrängar och tältmästare som följt med kungen från Turkiet.

Mårten var inte vem som helst. Han var en överlevare. I slutet av kriget hade han rekryterats till elitförbandet Livskvadron.

Livskvadron var en specialstyrka som bildades av kungen 1716 sedan alltför många av Hans Kungl. Maj:ts Drabanter försvunnit i fält och i fångenskap. Drabanterna och Livskvadron var 360 man som skulle hålla sig nära kungen och skydda honom men också vara i spets när det kom till strid. För att bli handplockad till denna tjänst krävdes bra referenser. Männen valdes ut bland de bästa ryttarna ur något av Livregementet till häst, Östgöta kavalleri, Norra eller Södra skånska kavalleriregementena. De skulle vara ogifta, inte för gamla, välväxta, friska, otörstiga och inte ha något brottsligt förflutet.

Kungen ville att det skulle märkas att detta var speciella män. Själv bar han helst en enkel blå uniform utan dekorationer men hans närmaste män skulle synas och glänsa.

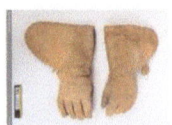

De bar svart trekantshatt med bred guldkant, svart halsduk och en blå rock med uppvikta skört och manschetter. Rocken var kantad med guldband runtom, runt fickorna och kring knapphålen på framsidan. Knapparna var förgyllda.
Under rocken bars en jacka, ett kyller, dekorerad med guldband och guldsnoddar runt knapphålen.
Bilder från Armémuseum, Digitalt museum

Ett kyller av tjock sämskat skinn var ett säkerhetsplagg, det skyddade mot splitter. Mellan kyller och rock kunde han också ha ett harnesk av metall för att skydda överkroppen. De knäkorta byxorna var också av skinn och försvann ner i ett par höga stövlar med krage och sporrar. Handskarna hade mjukt skinn i greppdelen och styvt i den långa kragen. Den långa blå slängkappan var yllefodrad och hölls ihop med förgyllda spännen. Guldet på uniformerna vägde mellan ett och tre kilo, beroende på rank.

Som vapen användes en värja, fäst vid ett bälte av blå sammet, ett par pistoler med läderhölster och en karbin, ett gevär som var kortare än musköterna. Ett brett läderbälte runt midjan, ett karbinbälte över vänster axel och ett patronbälte över höger axel fullbordade dräkten.

Hästarna de red var de allra bästa som gick att få, sadlarna likaså. Hästarna hade schabrak av blått kläde, dekorerat med guldsnoddar och kungens namn och krona i guld.

Livskvadronen följde Karl XII till Norge vid den stora satsningen 1718 men de var inte närvarande vid Fredrikstens fästning den 30 november. De hade skickats ut på rekognosering. När de fick dödsbudet fick de försöka förena sig med övriga trupper under det kaotiska återtåget. Många delade kungens öde och kom aldrig hem. Efter kriget återstod bara ungefär 60 man. Dessa 60 hade ett hedersuppdrag att utföra innan förbandet upplöstes. Vid begravningen den 26 februari 1719 fick de följa Karl XII en sista gång då de red med i sorgeprocessionen.

Vilken omställning det var när Mårten kom till Nora. I generalmönsterrullan står att han saknade både kappa och ränsel, kopparflaska och krutmått. Han började gå i vardagskläder, en så kallad släpuniform av vadmal. Vid övningar, mönstring och vid högtidliga tillfällen fick han ta på Västmanlands regementes uniform. Efter 17 års framgångsrikt krigarliv blev Mårten torpare, gifte sig med Anna Olofsdotter och bildade familj.

Flera andra soldater gifte sig de här åren närmast efter freden. Per Gädda, Johan Hållfast, Ivar Hög, Per Brun och ryttaren Erik Hästsko fick de hustrur de längtat efter och behövde. Nu väntade ett jordbrukarliv på dem, både på torpen och som dagsverkare hos bönderna. För hela socknen var det viktigt att få i gång och utöka jordbruket. Befolkningen och antalet mantalsskrivna husbönder ökade mycket sakta.

Livet efter kriget

Brita hade hunnit bli 28 år och var fortfarande piga. När hon lämnade Millanbo 1722 blev hon väldigt osynlig. Hennes bror, Lars Lake, fick flera barn men Brita var inte vittne vid något av dopen. Husförhörsböcker saknas för dessa år och i mantalslängderna är hon bara ett namnlöst streck. Jag kan inte ens gissa var hon bodde eller var syskonen Anna och Jonas fanns. Vid krigsslutet var Jonas i tjugoårsåldern. Jag kan inte hitta honom i några militära rullor, kanske hade han inte klarat sig undan kriget.

Socknen hade så mycket att ta itu med. Både kyrkan och klockstapeln led av försummat underhåll. Det var kallt, trångt och mörkt och kyrktaket läckte. I många år lappades och lagades. Klockstapeln tjärades. Taket tätades, större fönster sattes in 1757, några små spisar sattes in för att det inte skulle vara så erbarmligt kallt.

Till slut tvingades församlingen inse att den gamla kyrkan blivit för liten. Alla skulle sin bestämda plats i bänkraderna men efter hand som de unga växte upp saknades utrymme. Under 1770-talet, Britas sista år i socknen, ritades och planerades en ny kyrka. Delar av den gamla behölls men den utökades både på bredden och längden. Brita fick aldrig se nybygget. När det invigdes 1786 hade hon flyttat från Nora.

Kyrkan var inte bara en byggnad, kyrkans verksamhet och det religiösa livet behövde också styras upp. Tidigt visade sockenmännen hur viktigt de tyckte det var med undervisning. Barnen måste verkligen lära sig läsning och kristendom. Helst skulle de komma till klockaren för undervisning. Om barnen hade alltför lång väg att gå kunde några andra beskedliga och gudliga personer lära dem och sedan kunde pastorn hålla förhör. Sockenstämman anslog pengar till de fattigas barn så att de kunde köpa ABC-böcker, katekeser och psalmböcker.

Ofta klagades det på församlingens uppförande. Man skulle komma i tid till kyrkan och man skulle komma nykter. Återkommande bråk om bänkplatserna ledde till ett bötesbelopp på 6 daler kopparmynt för den som tog en annans rätta bänkrum.

Den gamla altartavlan var i så dåligt skick att den började falla sönder. Den unge, men redan välkände, konstnären Olof Arenius kallades in för att måla en ny.
Den hänger än i dag i Nora kyrka.

Till höger: Arenius skapade en gripande bild av Jesu korsfästelse och de sörjande kvinnorna. 1729 fick församlingsborna se den för första gången. Många kände igen sig i sorgens förtvivlan.
Tavlan hänger fortfarande över altaret i den senare ombyggda kyrkan.
Foto från Åsa Salberg, Nora Tärnsjö församling

Prästgårdsbyggnaderna skulle skötas, de var församlingens egendom som bara förvaltades av prästen. Under vintern 1727/28 körde sockenmännen fram timmer till en ny byggnad i mangården. Det skulle bli en sätesstuga med 2 kamrar, ett kök och förstuga. Alla skulle vara lika delaktiga i byggandet men betala olika, allt efter mantalet på deras gårdar. Senare tog man itu med att bygga spannmålsbod och brygghus. I närheten byggdes fattigstuga.

Inte sällan fick Nora äran av kungligt besök. Kung Fredrik I tyckte om att jaga och kom till trakten redan som nytillträdd regent. Han fällde björn, älg, lo och räv som drevkarlar lockat fram åt honom. Det fanns gott om björn, som var det mest spännande bytet. De kungliga jakterna var återkommande under många år och det fanns säkert tillfällen att få se kungligheterna. Kanske kom de till kyrkan. 1759 var både kungen och drottningen vittnen vid dopet av länsman Segerquists dotter.

1726 hade kungen tillkännagivit en ny förordning, det så kallade konventikel-plakatet. Bönemöten i andra lokaler än kyrkan förbjöds, med undantag för familjeandakter, morgonbön och kvällsbön. Bara den rätta religionen och gudstjänsten skulle gälla i människornas liv.

Kontrollapparaten satte i gång igen. 1730 utsågs särskilda tillsyningsmän för alla socknens 15 byalag. Deras uppgift var att kontrollera sina grannars leverne och rapportera sådant som skedde i grann-skapet, såsom ogudaktighet, förargelseväckande uppförande och försummelse av gudstjänst. Det var inte säkert att det sågs som ett hedersuppdrag, många rika bönder kunde undvika uppdraget som i stället gick till någon med lägre status.

Tydligen skötte Brita sin kyrkogång väl och hamnade inte i tillsynsmannens rapport. Men om hon hade burit sig illa åt hade jag kanske kunnat hitta uppgifter om var hon höll hus.

Åren gick. Det var fred, vintrarna var milda och somrarna inte alltför torra. Sakta, sakta ökade uppodlingen och antalet husbönder. Befolkningen växte.

Runt omkring kunde Brita se hur nya barn föddes, hur ny eller ödelagd mark uppodlades. Pojkar växte upp till nya drängar, ny arbetskraft, men kvinnoöverskottet var fortfarande stort. I april 1732 var Brita 38 år och fortfarande piga.

Konventikelplakatet. Källa Kungliga biblioteket via EOD books2ebooks.eu

Brita gifter sig – äntligen

I maj 1732 dog Mårten Stålnäbbs hustru Anna. Mårten blev ensam med två små barn. Olof var 8 år, Kerstin bara 2,5. Han behövde en ny hustru, någon som ville dela det vardagliga arbetet. Men mest av allt behövde han någon som var villig att ta hand om barnen. Det var bråttom. Till skillnad från andra torpare var han tvungen att lämna hemmet för övningar, i värsta fall för krig. Nu kom Brita in i bilden. Kanske var det hon som genast ställde upp som hjälp i soldattorpet.

En del präster är mångordiga och lämnar uppgifter om sina sockenbors omständigheter och vandel. I vigselboken kan stå vem som lämnat medgivande, var lysningsparet bor, hur gamla de är, om de varit gifta förut, hur mycket hon får i morgongåva. Prästen i Nora, Eric Olai Berg, är kortfattad, han skriver bara deras namn.

Jag har funderat på om det var Britas storasyster Anna som var Mårtens första hustru, om det var därför hon så snabbt tog hand om familjen. Men enligt de stränga blodskamsreglerna var ett sådant äktenskap förbjudet. Ingifta släktingar betraktades lika som biologiska.

Brita och Mårten vigdes den 12 november 1732. Nora församling hade ingen egen brudkrona. Som seden var hade ett bud varit i någon av grannsocknarna och lånat. Mårten fick ta på sig finuniformen och Brita fick äntligen klä sig till brud. Det var ett moget par som ställde till fest i soldattorpet i Buckarby, Brita var 38 och Mårten 42.

Brita blev soldathustru, torparhustru och styvmor. Äntligen fick hon lite högre status. Hon blev matmor, hon som alltid varit underställd först sin far och sedan sin husbonde eller husmor.

Och äntligen fick hon ett eget hem, en man och en familj. Ett nytt liv började. Precis som vanligt var det upp klockan fyra, elda, mjölka, baka, laga mat, sy kläder, laga kläder och arbeta hela dagen men nu var hon hustru. Nu arbetade hon för sig och sin familj, nu hade hon ansvar. Som piga hade hon inte ägt något eget, nu kunde hon ta hand om råvarorna, fylla sitt eget skafferi och sin jordkällare.

Efter att ha levt nästan hela sitt fertila liv i avhållsamhet fick Brita till slut uppleva både kärleksliv och det stora undret att bli gravid. Nio månader efter vigseln föddes dottern Anna, den 24 augusti 1733. Men det blev en tung vinter. Den lilla klarade sig inte igenom. Prästen har inte skrivit vad som drabbade henne men hon begravdes den 20 januari 1734, 21 veckor gammal. Spädbarnsdöden var så vanlig, så välbekant och så grym.

Livet måste gå vidare, fortfarande var Mårten mest hemma och de kunde leva som en familj. Vid Britas ålder var det inte självklart att det skulle bli fler barn men den 3 maj 1735 föddes ännu en dotter. Den 4 maj döptes hon till Brita. Brita Mårtensdotter fick leva.

Det var så här livet var menat att vara när det var som bäst. Ett eget hem, man och barn, grannar, ved så det räckte över vintern och ingen missväxt. Soldattorp låg ofta avsides, på mager mark långt ifrån gårdarna, men så var det inte i Buckarby. Där levde grannarna tätt inpå varandra. Det fanns inte bara en bygata utan två, eller en ringväg, som gick runt byn. Västra och östra ringatorna omgav de tolv kringbyggda gårdarna som var delar av hemmanen Norrgården, Sörbyn, Nästgården, Mittbyn och Södergården. Alldeles nordväst om byn låg två backstugor och ett soldattorp. En liten bit väster om dem låg ytterligare ett soldattorp. Där bodde soldaten Mårten Stålnäbb. Åkerlapparna med nummer 22 var hans att bruka.

Brita tog ett stort kliv på samhällsstegen, ett kliv som betydde mycket för henne personligen. En soldathustru hade ändå ingen hög status, hon var nog ärbar och arbetsam men ägde ingenting och hade ingen trygghet. Om Mårten dog skulle hon bli hemlös hur mycket hon än hade plöjt och odlat. Familjen var beroende av andras välvilja. Rotebönderna hade ansvar för att de hade ett boställe och skyldigheter gentemot soldaten. Det sägs ofta att bönderna var ovilliga att ställa upp med husunderhåll, skördehjälp och annat men sanningen kanske var att även bönderna hade det knapert och var tyngda av kostnaderna för soldathållet.

Ett stort ansvar vilade på henne. Torpet skulle skötas lika väl som andra torp. När Mårten beordrades iväg fick Brita extra hjälp av rotebönderna men måste ändå göra det dagliga arbetet själv. Hur klarade hon av allt arbete på gården, djurens skötsel, styvbarnen och så småningom de egna små? Kunskapen hade hon säkert men ibland fick hennes två händer göra fyra händers jobb.

Soldatnamn och soldattorp har ett romantiskt skimmer. Det har skrivits hjälteord om kungar och soldater, om krig och stormakt. Men vilka var det som höll ställningarna på hemmaplan när männen drog ut i strid och kanske inte kom tillbaka? Det var kvinnorna, både i slott och i koja. Om dem stod det ingenting i rullorna!

Deras hem var en liten grå stuga. Om det var byggt enligt de regler som fanns för soldattorp var det ungefär 30 kvadratmeter. Till torpet skulle det finnas fähus och lada. Förmodligen hade Brita en ko och för att få mat till den skulle det finnas tillräckligt med ängsmark för att ge 2 lass hö. Kanske hade hon en gris eller något annat mindre djur. Den odlingsbara mark som hörde till torpet var inte stor, kanske ett par tunnland. Rotebönderna lånade ut häst och extra arbetskraft när det behövdes. Grannarnas hus var också grå, eller möjligen tjärade. Det skulle komma att dröja åtminstone 100 år till innan våra älskade torp målades röda och vita.

Uppe i vänstra hörnet ligger soldattorpet nr 52, Buckarby rote.
Källa: Lantmäteriets historiska kartor

Korpral Lekatt i granntorpet hade en hustru i en situation som mycket liknade Britas. Hon hette Karin Johansdotter och hade gift sig med Erik Lekatt 1725, sedan han återkommit från fångenskapen i Danmark. De två grannkvinnorna var inte den enda soldathustrurna i Nora. De hade många medsystrar. En titt i generalmönsterrullorna ger namn som Bagge, Brun, Falk, Rut, Gädda, Hållfast, Hög, Lake, Holm, Norling, Ståle, Sörbom, Hök och Uv, alla soldater för olika rotar i Nora.

Britas bror, Lars Lake, begärde avsked 1736. Han hade varit sjuklig ända sedan krigsslutet. Enligt anteckningarna i regementets rullor hade han en öppen fistel under högra armen. Han var bara 36 år och småbarnsfar. Han hade överlevt kriget men kommit hem med bräcklig hälsa. Man skaffade en ersättare åt honom men denne godkändes inte av befälet och Lars fick hålla ut ett par år till.

Barnen växte till sig. Först Olof och sedan Kerstin fick gå till klockaren och lära sig läsa katekesen. Lill-Brita höll sig ännu hemma hos mamma. Alla hjälpte till efter förmåga och lärde sig hur man sköter ett hem och ett litet jordbruk. 1739 fyllde Olof 15 år. Då skulle han kunna bli dräng på någon gård och få visa vad han kunde. Kanske stannade han ändå hemma för samma år hände något som de oroat sig för och haft mardrömmar om.

Mårten Stålnäbb blev kommenderad till Finland. Den 14 oktober 1739 fanns han på Rådmansö för att gå ombord på en galär som skulle skeppa honom över havet.
Med den nya regeringsformen kunde kung Fredrik I inte på egen hand förklara krig. Det behövde han inte heller för det fanns starka krafter i riksdagen för att försöka återta det man förlorat i Stora nordiska kriget. Men först skulle Sverige förstärka sina trupper i Finland så att man hade ett bra utgångsläge.

Tillsammans med Mårten åkte också Anders Brun, Ivar Hög, Per Hök, Hindrik Ståle, Anders Lake, Kristoffer Bagge, Per Falk, Per Gädda, Erik Rut, Anders Uv, Anders Sörbom, Karl Falk och korpralen Erik Lekatt. De flesta var gifta utom Kristoffer Bagge och Anders Lake som var alldeles nyrekryterade och Karl Falk som var änkling men hade en nästan vuxen dotter. Britas bror Lars Lake hade äntligen beviljats avsked på riktigt och fått en ersättare.

Oron var stor hos soldaternas familjer. Men det var ju inte krig ännu, kanske var det inte så farligt. De visste inte att förhållandena i Finland var urusla. Redan innan kriget bröt ut dog Per Gädda, Per Hök och Per Falk.

Källa: Lantmäteriet

Efter att ha marscherat till Rådmansö skeppades Mårten och de andra soldaterna till det innersta av Finska viken.
Källa: Lantmäteriets historiska kartor, rullad 1700-talskarta

Brita var ingen ungdom längre men hon hade hjälp av Olof. Flickorna var bara 10 och 4 år, de behövde sina föräldrar länge än. För familjen var kriget inte ärofullt, bara vånda. Barnen saknade sin far. Brita måste hålla modet uppe och förklara varför han aldrig var hemma. Hur deras fortsatta liv skulle bli hängde helt på om Mårten kom tillbaka helskinnad.

Hela 1740 gick och halva 1741 gick utan att freden bröts men i augusti 1741 förklarade Sverige krig mot Ryssland, det krig som har kommit att kallas Hattarnas ryska krig. Det kom inga jublande segernyheter hem till Nora. Oron ökade. Ståles hustru, Bruns hustru, Per Falks hustru, Högs hustru antecknas som utfattiga. Brita klarade fortfarande av att hålla näsan över vattnet.

Mårten kom inte hem. Han dog den 2 januari 1742. Förmodligen dog han i lägret av sjukdom, undernäring eller kyla. Det var vapenvila och inga strider då mitt i vintern. Den gamle elitsoldaten dog ingen hjältedöd.

I militärsystemet ersattes han nästan omedelbart av Erik Olsson Stålnäbb. Erik var inte gift och ingen ny hustru gjorde anspråk på att få bo på soldattorpet. Brita kunde bo kvar tillsvidare.

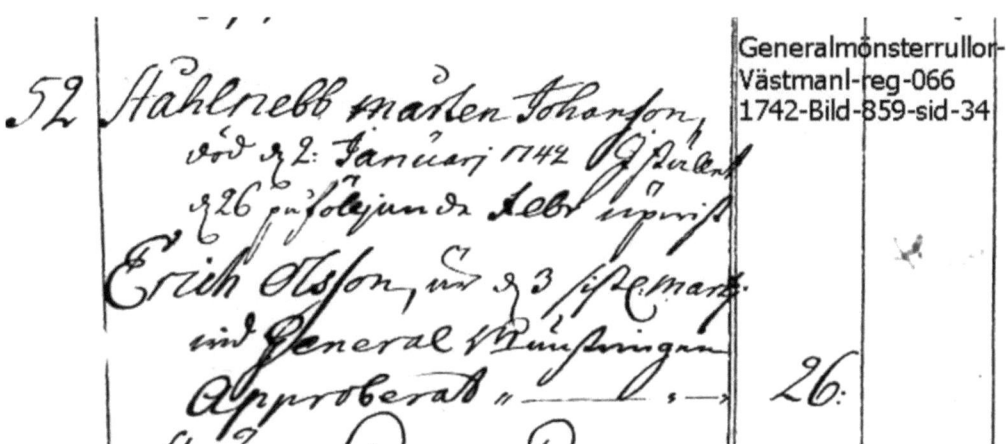

Källa: Krigsarkivet

Hur fort färdades viktiga nyheter? Nora låg i en central del av Sverige, det var knappast väglöst land. Även om vi nog snarare skulle kalla vägarna stigar eller upptrampade leder så fanns det ett vägnät, gästgivargårdar och relativ närhet till Västerås, Gävle, Uppsala och Stockholm.

Vanliga människor skrev inte brev. De flesta kunde inte skriva och papper och penna var inte var mans ägodel. Hur meddelade krigsmakten att en soldat dött? Kom det en skrivelse till prästen? I så fall: varför har han inte skrivit in dödsfallet i kyrkoboken? Fick Brita någonsin veta hur Mårten dött? Hur länge gick hon i ovisshet om vad som hänt?

Noras kyrkböcker är otroligt ålderdomliga. I husförhörsboken för tiden mellan 1738 – 1753 står husfäderna upptagna med hela namnet men utan födelsedatum. Hustrur, drängar och pigor står bara med förnamn. Barn är oftast inte antecknade och om de står med är det bara med förnamn.
1739 hittar jag Mårten och Brita men inga barn antecknade. Mårten är närvarande vid husförhöret.
1740 och 1741 står det att Mårten är frånvarande.
1742 står det bara: Stålnäbbs hustru sjuk. Mårten står inte med men det står hustru, inte änka.
1743 står det: gamle Stålnäbbs hustru närvarande, Lekatts hustru frånvarande, soldat Stålnäbb frånvarande, hustru Brita närvarande.

För dem som levde där och då var prästens noteringar säkert fullt begripliga men det är inte lätt för oss att veta vad prästen menade. Visste prästen 1743 fortfarande inte att Mårten dött? Är det "gamle Ståhlnäbbs hustru" som är Brita Olofsdotter. Hade någon av Mårtens efterträdare också en hustru som hette Brita?

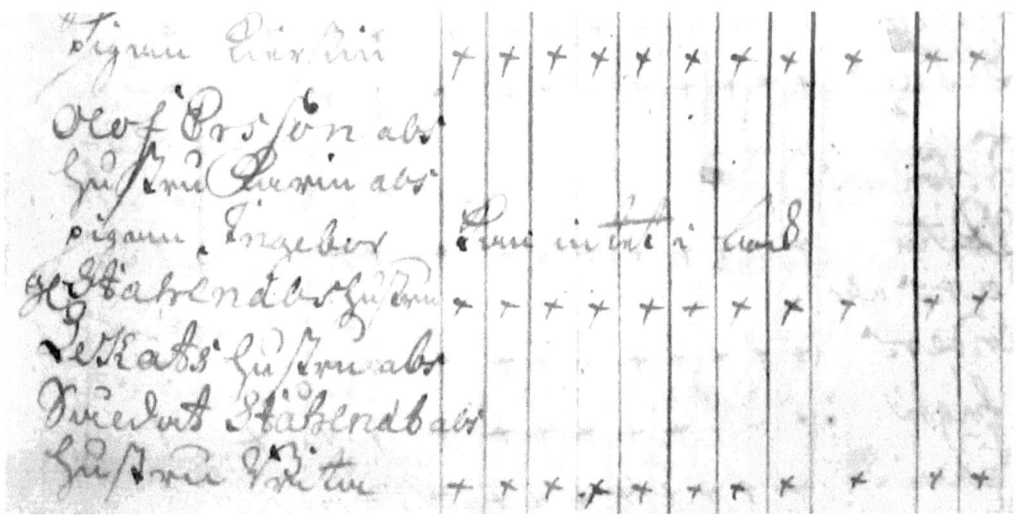

Husförhörsbok Nora (U) AI:1 sid 78, år 1743.
Källa: Arkiv Digital, www.arkivdigital.se

Fred slöts den 7 augusti 1743. De enda soldaterna från Nora som verkar ha klarat sig genom hela kriget var korpralerna Erik Lekatt, som fick avsked 1741, och Anders Uv, som övertog korpralskapet efter honom. Rullorna blev lite röriga under krigsåren men efter kriget, 1744 och 1748, ansträngde man sig att dokumentera vilka som hört till respektive rote, vilka som dött och vilka som kommit som ersättare. Över 20 soldater hade dött för Nora socken. Många var bygdens söner, några var omflyttade från andra förband.

En av dem som tog tjänst som ersättare 1743 var Olof Mårtensson. I slutet av kriget tvingades Britas se hur hennes styvson blev soldaten Olof Holm. Visst var han medveten om hur farligt det var, men det var en chans till utkomst för en 19-åring som inte hade någon jord att ärva från sin far.

Änka

Mårtens död blev en katastrof för Brita. Efter nio års äktenskap blev hon åter ensamstående. Hon blev hemlös och utfattig och en belastning för samhället. Samma öde drabbade många av de andra kvinnorna som vinkat av sin män hösten 1739. Socknen fick ett tiotal utarmade kvinnor att ta hand om, plus deras barn. Kanske fick hon stanna kvar på soldattorpet året ut och ta 1742 års skörd, om det nu blev någon. Sommaren var kall och det blev ett missväxtår.

Erik, som övertog namnet Stålnäbb, skulle också överta torpet men han var ju ute i kriget och han var ogift och hade alltså ingen familj som skulle försörjas. Även han dog 1742. Näste Stålnäbb hette Jan Jansson. Han var från Dalarna, en av dem som rekryterats från annan ort. Kanske längtade han hem för han begärde avsked 1744. Därefter var torpet vakant ända till 1747. Då anlände Anders Ersson Stålnäbb och hans hustru.

Var levde Brita och flickorna efter 1742? Hur klarade de sig? Ogifta kvinnor var pigor, en gift kvinna kunde inte återgå till att vara piga. Det fanns inga "jobb" att ta. Brita kunde ha gift om sig men det vet vi från hennes dödsnotis att hon inte gjorde. Jag letar efter henne i husförhörslängderna.

Socknen bestod verkligen inte bara av fattiga och svårförsörjda. Det fanns änkor som varit gifta med bönder och levde kvar på sina gårdar, hos söner eller släktingar. Utöver frälse och ofrälse jordägare, bönder och torpare, och soldater fanns prästen, organisten, kaplanen, klockaren, sockenpedagogen, länsman, salpetersjudare, sockensnickare, sockenskräddare, sockenskomakare, kronoskyttar, smeder, fjärdingsman, orgelbyggare. Ingenstans hittar jag Brita Olofsdotter eller döttrarna Kerstin och Brita.

Ett av Britas barn hade i alla fall tak över huvudet, styvsonen Olof bodde i soldattorpet i Holm, en halv mil söder om Buckarby. Han var ung och ogift, han kan ha haft god hjälp av mamma och systrarna. Några år senare gifte han sig med Ursula Karlsdotter. Brita fick tre barnbarn, Anna 1749, Karl 1751 och Brita 1754. Systrarna Kerstin Mårtensdotter och Brita Mårtensdotter dyker upp som vittnen vid barnens dop. Även om mamma Brita inte nämns någonstans tänker jag mig att familjen höll ihop och stöttade varandra.

1757 blev Sverige indraget i Pommerska kriget. Olof blev utkommenderad. I flyttlängden har prästen antecknat alla Nora-soldaterna som skulle ge sig iväg. Korpral Fredrik Ullsberg och soldaterna Israel Hållfast, Lars Brun, Erik Hög, Nils Hök, Olof Holm, Anders Stålnäbb, Anders Bagge, Erik Falk, Erik Norling, Hans Gädda, Olof Ruth, Anders Lindberg, Olof Uf, Bengt Sörbom och Olof Falk, som blev kommenderade till Pommern, fick, efter förutgånget Kristendomsförhör den 24 juli, sina attester den 27 juli. Den 17 augusti 1757 mönstrades de vid Dalarö.

Senare under 1757 och under påföljande år skrev prästen ut attester för ännu fler soldater som skulle till Pommern. Kriget må ha utspelat sig på främmande mark men det påverkade starkt livet i Nora.

Krigsförberedelserna hade varit dåliga och för soldaterna var det urusla förhållanden. Det var slitna uniformer, till och med brist på skor och strumpor, det var feltillverkade vapen och brist på krut, det var trasiga transportvagnar och hästar som var så dåliga att de fick kasseras. En del av soldaterna fick gå i krig med gevärsattrapper av trä! Olof kunde eller ville nog inte skriva hem och berätta hur illa det var. Hans mor och hans fru trodde kanske på de vackra orden om den svenska äran men de visste också hur många soldater från Nora som blivit kvar på slagfältet genom åren.

Olof kom så småningom hem välbehållen och kunde stolt berätta hur han, landkrabban, varit kommenderad till sjöss på Achilles, en så kallad skottpråm som var bestyckad med ett trettiotal kanoner. Den kunde ros eller seglas och hade flera hundra mans besättning.

1763 var några soldater fortfarande kvar på andra sidan havet men Olof var kvartersvakt hemma på förläggningen. Då har han tjänat kungen i 20 år. Det skulle bli 10 år till. Den 17 augusti 1773 dog han plötsligt av brännsjuka, häftig feber.

Under tiden som Olof var borta blev hans fru Ursula indragen i en tvist som gjorde att hon kallades inför kyrkorådet. Hösten 1761 hade kyrkoherden förhört henne och grannfrun, torparhustrun Anna Mattsdotter, för att de käbblat och tvistat. Om man inte hade frid i sinnet skulle man inte ta nattvarden och prästen hade hotat dem med avstängning. Det var ett hårt personligt straff och ett utpekande inför hela församlingen. Efter stränga förmaningar hade de förlikats och fått tillstånd att ändå gå till nattvarden. Ursula bestämde sig för att göra så på stora böndagen 1762 men då visade sig Annas bitterhet igen. Hon anklagade Ursula för att ha mutat prästerna med ost och för att ha förlett Annas man till hårdhet mot sin hustru. Hon hotade också med att prästen bara skulle gå förbi Ursula vid nattvardsbordet. Annas man beklagade sig över sin hustrus underliga sinne, han visste sig ingen råd med henne. Andra grannar vittnade till Ursulas fördel, hon hade i själva verket skänkt osten till en vän. Nu måste båda kvinnorna lova bot och bättring, i synnerhet hustru Anna Mattsdotter som var den som börjat och varit mest vållande till osämja. I fortsättningen skulle hon visa lydnad och saktmod gentemot sin man. Ursula hade ögonen på sig och drömde säkert om den dagen hennes man skulle komma hem och de skulle bli en rejäl familj igen.

Britas styvdotter Kerstin levde ensam men Brita Mårtensdotter gifte sig den 16 oktober 1763 med kronoskytten Daniel Strömberg. Man kan undra vad mamma Brita tyckte och tänkte för i mars samma år hade Daniel fått en son med kvinnspersonen Lena Persdotter i Andersbo. Två skandaler på kort tid, både svärdottern och svärsonen blev ämnen för skvaller.

Daniel och Brita bodde i Buckarby, inte på någon gård men kanske i någon av backstugorna tillsammans med hantverkare och andra som inte var jordbrukare. Nu fick Brita fler barnbarn. Lisa föddes den 1 oktober 1764 och Brita den 13 maj 1768. Brita var svag när hon föddes och fick nöddöpas, den 15 omdöptes hon och då var Kerstin Mårtensdotter fadder. Men när hösten kom smittades hon av koppor och dog den 24 november. Jan föddes den 20 oktober 1770. Jag kan inte se att mormor Brita bodde hos dem förrän möjligen 1768, då står det i mantalslängden att det fanns en överårig kvinna i hushållet.

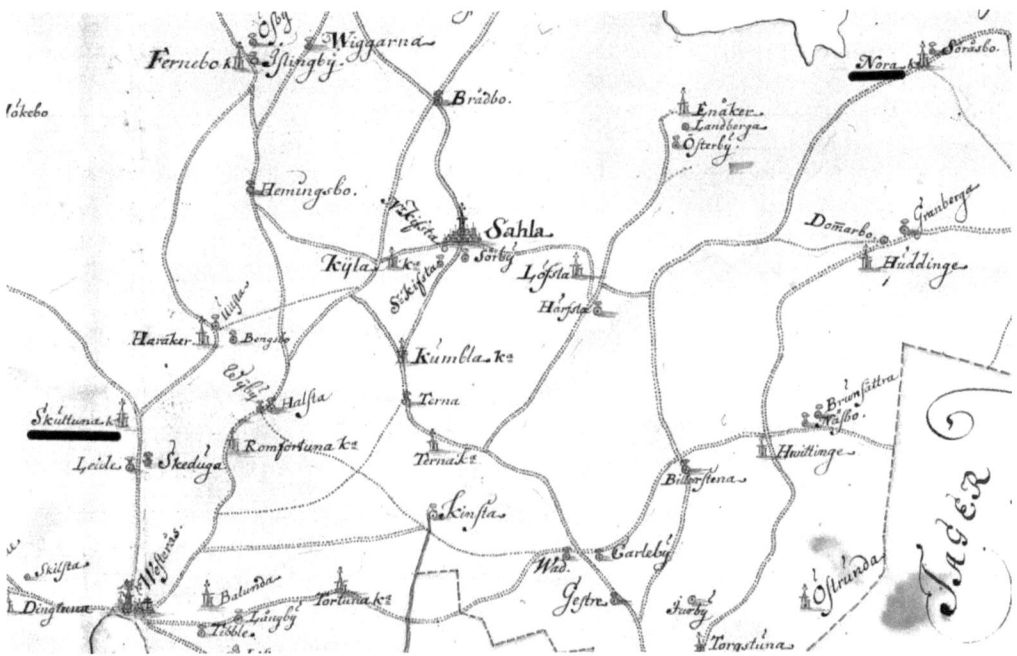

Källa: Lantmäteriets historiska kartor

Landsvägskarta över Västmanland 1735

Familjen flyttar

Samma år som Olof Mårtensson dog, 1773, bestämde sig Daniel Strömberg och Brita Mårtensdotter för att flytta. Daniel hade fått arbete som skogvaktare på Norrbo Häradsallmänning i Skultuna socken. Stället hette Allmänningstorp. Det var långt bort, nästan ända nere vid Västerås, och när familjen gav sig iväg följde systern Kerstin Mårtensdotter med. Efter 31 år som änka hade Brita inga barn kvar i Nora.

1776 var Brita 82 år. Styvsonen hade dött några år tidigare. Dottern och styvdottern bodde på Allmänningstorp. Brita flyttade ner till dem. Det var inte en flytt till en bekväm tillvaro men en flytt till dem som stod henne nära. Allmänningstorp låg isolerat, till allmän väg var det ½ mil att gå.

Brita kände sig behövd igen, de större barnen var 12 och 6 år gamla, nytillskottet Karl var bara 1 år och Kerstin var svårt sjuk. Lilla Anna Stina föddes ett par år senare och då var det skönt för hennes dotter att få hjälp. Men herren ger och Herren tar, Kerstin Mårtensdotter dog 9 maj 1777 av frossa. Frossa eller malaria var en vanlig sjukdom i vattenrika trakter. Så var det ju där Kerstin levt, både längs Dalälven i Nora och på Allmänningstorp där naturen var rik på våtmarker.

Skogvaktarens liv var i skogen. Han hade ersättning för sitt arbete men enligt ett protokoll från Lantmäteriet hade han svaga lönevillkor. Vid tiden för flytten till Allmänningstorp var det torka och missväxt, missväxten återkom i början av 1780-talet med kyla och väta.

Området passade inte för jordbruk, han hade bara ett par små utspridda åkertegar, kanske ett par tunnland tillsammans. Han fick ta hö från mossar och kärr. Det lilla torpet låg omgivet av stormossen i norr, ett mindre kärr i söder och Allmänningens södra skog, full av klippor och block. På det närmaste lilla kärret kunde bärgas 1 lass kärr- eller starrhö. För att få mer använde de också kärr och mossar på södra och östra sidan om skogen. På det viset kunde de hålla en häst och två-tre kor, några getter och grisar. Det var slitigt men de klarade sig bättre än många jordbrukare.

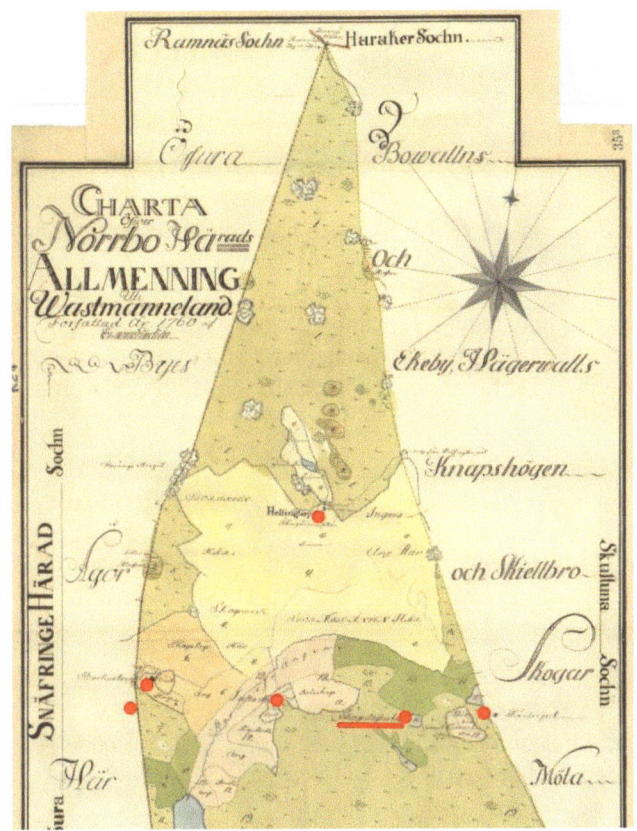

Det röda strecket är
skogvaktarebostaden
Allmänningstorp

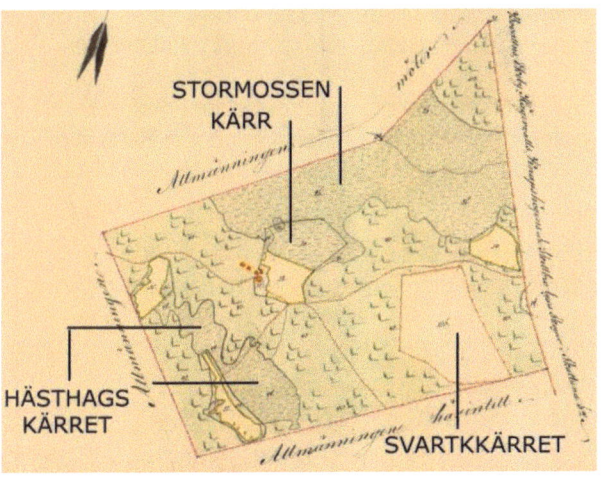

Mellan Svartkärret i öster,
Hästhagskärret i väster och
Stormossen i norr var ett torrare
stråk av skog där torpet var byggt.
Stugan hade förstuga, stuga och
kammare och på gården fanns stall,
källare, svinhus, fähus och loge. På
allmänningens skog växte mest tall,
där fick Daniel ta ved till värme och
virke till underhåll av torpet.

Båda kartorna från Lantmäteriets
historiska kartor

Trots de karga omgivningarna var de inte ensamma. I Buckarby hade det varit nära till nästa hus och medmänniska. Här var det en bit att gå, man såg inte över till grannarna, men de fanns.

Till Skåntorpet, som låg närmast, var det mindre än en km österut men det var backigt och man kunde inte gå raka vägen. Där bodde till en början den före detta soldaten Anders Skarfs familj.
Redan året efter Daniel och Brita kom torparen Henrik Persson och han hustru Susanna, som var jämngammal med Brita. De hade två små döttrar.
Sedan kom torparen Lars Ersson med sin unga hustru Greta och tre nya småbarn. När deras minsta, Margareta, döptes 1791 var nästan hela familjen Strömberg vittnen, mamma och pappa, Elisabeth och Karl. Vid det laget var Elisabeth 26 år och hade arbetat i Västerås något år, Karl var 16 år, Johan som var 21 hade flyttat hemifrån och lillasyster Anna Stina var bara 13.

Lite längre bort och åt andra hållet låg Lallarbo. Just däråt var det lite flackare så den kilometern var lätt att gå. Där bodde Anders Andersson och Stina Persdotter med sju barn, det äldsta var 10 år när de lärde känna varandra. 1774 var Daniel o Brita faddrar till deras Anders tillsammans med grannar från Skåntorpet och 1780 var 16-åriga Lisa fadder när Greta döptes.
Senare kom ett äldre par med vuxna barn. Där tog sonen över och så småningom kom fler barn.

Att bli fadder var ett stort förtroende som stärkte vänskapen mellan familjerna. När Karl Strömberg döptes, ganska kort efter att familjen etablerat sig i trakten, kom faddrar både från Lallarbo och från Helsingtorpet. Tre år senare var folk från Helsingtorpet med vid Anna Stinas dop.

Helsingtorpet var ett större torp. Det låg norrut och dit fick man ta en omväg runt Stormossen men sen kom man ut på torrare mark där de bästa åkrarna på Allmänningen fanns.
Där fanns två bönder. Jan Mattsson och hans hustru Kajsa Jansdotter bodde i den ena gården, i den andra bodde Olof Mattsson, Malin Jansdotter och deras unge son Matts som gifte sig med Agneta Carlsdotter. De fick många barn och Daniel och Brita fick vara faddrar igen, liksom Lisa.

Längre åt väster låg torpen Bårhuset och Stentorpet. Det var just inte så långt dit på vintern när det var fruset men en besvärlig väg sommartid eftersom en av de evinnerliga mossarna låg i vägen.

Det var bland dessa människor Brita levde mot slutet av sitt långa liv. Hon fick dela deras glädje och sorg i hela 13 år. Hon fick se barnen växa upp och konfirmeras. Hon gick regelbundet till kyrkan och tog nattvarden åtminstone åren 1777, 1778, 1780, 1781, 1785 och 1786 men prästen måste ha tyckt att hon var riktigt gammal för hon slapp svara under husförhören.

Under Britas sista år blev det återigen krig, Gustav III:s ryska krig. Den här gången deltog ingen från hennes familj, hon slapp oron för sina nära och kunde väl till slut tänka att det där var något hon inte behövde bry sig om.

Brita dog av ålderdomskrämpor den 14 april 1789 och begravdes den 19 april.
Hon blev 95 år, 2 månader och 2 veckor. Då hade hon varit ungmö tills hon fyllt 38 och änka i 47 år. Under lite drygt 9 år var hon gift men bara under 7 år hade hon sin man hemma innan han blev utkommenderad. Från det hon fyllde 15 fick hon klara sig själv i 73 år.

Under Britas långa liv regerade 6 kungar med olika deviser och olika mycket makt.
Eftersom hon hörde till ringaste i samhället var hon alltid beroende av dem som bestämde direkt över hennes liv på hemmaplan och kanske tänkte hon inte så mycket på hur landet styrdes, bara att kungen naturligtvis var den man skulle ära och se upp till.

Men det skedde stora förändringar:
Sverige gick från envälde under Karl XI och Karl XII till frihetstiden med riksdagen som beslutande organ mellan 1719 och 1772 och åter till envälde under Gustav III.

Karl XI, I Gud mitt öde, han själv skall göra det, Herren är vorden min beskyddare

Karl XII, Med Guds hjälp

Ulrika Eleonora, I Gud mitt hopp

Fredrik I, I Gud mitt hopp

Adolf Fredrik, Statens välfärd min välfärd

Gustav III, Fäderneslandet

Mellanakt – menstruation

Hur gjorde kvinnorna när de hade mens?

Cynikerna säger att det inte var något problem för kvinnorna var gravida hela tiden. Så var det ju inte! De flesta gifte sig inte särskilt unga, många var uppåt 25 – 30 år gamla. Alla fick inte de där stora barnaskarorna som vi talar om med beundran och förskräckelse. Många blev tidigt änkor. Varken Kirsten, Valborg eller Brita hade många barn.

Kvinnor bar inga trosor och hade inga mensskydd. Det man eventuellt kunde använda var vitmossa inlindad i ett tygstycke. Blodet fick droppa och sätta sina fläckar på kläder och möbler. Det var det inget att göra åt. Fläckarna var svåra att tvätta bort men det var lika för alla. Man tvättade sällan, särskilt på vintern. Det var som det var. Man pratade inte om det men det var uppenbart.

Jag tänker på vad det gjorde för integriteten. Om alla märkte att den unga hustrun hade mens månad efter månad utan att något hände eller omvänt om familjen märkte att den ogifta dottern inte blödde.

Industrialiseringen och inflyttningen till städerna förändrade villkoren och synen på hygien. Kvinnorna fick tillgång till bomull som kunde vikas och fästas med menstruationsbälten. Allt fler virkade egna bindor av bomullsgarn. Sen var det till att tvätta, koka, bindorna, helst i skymundan, och hänga dem på tork med en handduk över så att ingen såg dem

Karolina Widerström blev Sveriges första kvinnliga läkare 1884. Hon skrev en artikel "Om menstruation och dess hygien": "Stoppdukarna bli således ock lämpliga plagg, om de uppfylla vissa villkor. Främst af dessa är det, att de anbringas fullkomligt rena. De böra därför ej bestå af flere med hvarandra sammansydda tyglager, ty då äro de svåra att väl rengöra, och de torka långsamt, hvarvid förskämning ytterligare uppstår i deras inre. Ett enkelt stycke tyg, blott sammanviket till huru många lager som önskas, är däremot lämpligt. De böra vidare lätt suga upp vätskor och få ej skafva; böra därför vara af mjukt tyg, bäst taget på snedden."

Tampongen uppfanns i början på 1900-talet men var väldigt hysch-hysch eftersom den skulle föras in i slidan. Först i mitten på 1900-talet kom engångsbindan men många fortsatte att virka och tvätta sina egna bindor.

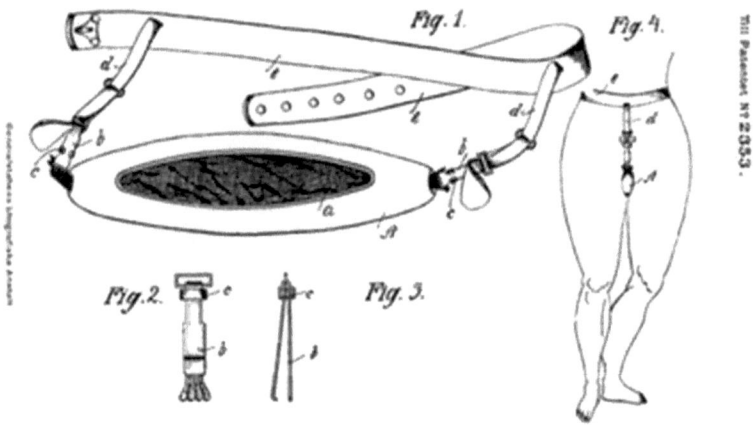

PATENT Nº 2353.

BESKRIFNING

OFFENTLIGGJORD AF

KONGL. PATENTBYRÅN.

O. HÖRIG,

BRESLAU (TYSKLAND).

Sugdyna för menstruationer.

Patent i Sverige från den 27 september 1889.

Sugdyna för menstruationer Patent i Sverige från den 27 september 1889
Källa: Sörmlands museum, MENS en historia om hygien, hälsa och hierarkier

I många delar av världen är mensdagarna fortfarande ett stort socialt problem. Fattiga kvinnor kan inte köpa menstruationsskydd, då får de stanna hemma från skola eller arbete och blir ännu fattigare. På engelska kallas det period poverty.

Och jag funderar på vad de kunde ta till hjälp när de hade mensvärk, i de kalla husen och vid arbete i lador och utomhus måste den ha varit besvärlig.

194

Brita Olofsdotter hade en dotter som hette

Brita Mårtensdotter som hade en dotter som hette

Lisa Strömberg som hade en dotter som hette

Gustava Sundin som hade en dotter som hette

Lovisa Ernström som hade en dotter som hette

Lotten Eriksson......

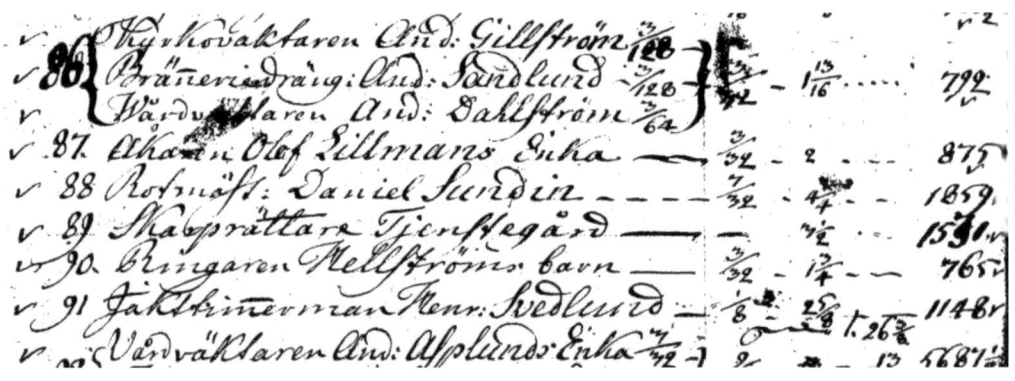

Källa: Lantmäteriets historiska kartor

Grannar på Kyrkbacken i Västerås: Lisas svärfar Daniel Sundin och skarprättaren.
1795 flyttade Lisa in på nr 88 och stannade där resten av sitt liv.
Ägobeskrivning 1751/1785, siffrorna till höger är varken förmögenhet eller någon sorts årtal
utan ytan i kvadratalnar.

Lisa, Gustava och Lovisa

Änkor och oäkta barn i Västerås

Lisa hade bestämt sig. Hon skulle ge sig av hemifrån, skaffa sig ett liv, en försörjning och en framtid. Hemma på det karga skogvaktartorpet fanns inga möjligheter för henne och hennes syster. Det var bara två mil till Västerås, där fanns säkert plats för en arbetsam piga. De första kilometrarna, genom skogen till Skultuna och kyrkan, hade hon gått många gånger, därifrån var det landsväg ner till Västerås. Om hon hade tur kunde hon få skjuts, annars var det inte avskräckande att gå en och en halv mil.

Redan på långt håll såg Lisa den enorma kyrkspiran. När hon kom närmare såg hon hela domkyrkan och det stora vita slottet. Landsvägen följde Svartån söderut och så småningom framträdde en klunga små trähus i skuggan av domen. Det var Kyrkbacken, det var dit hon skulle.

Det är svårt att hålla reda på hur alla förmödrar hänger ihop. Samma namn återkommer ofta och när man ska diskutera med andra om släkten kan man inte säga farmors morfars mormor för det är hon ju bara för mig.

För att hålla ordning på mina egna tankar har jag därför några referenspersoner, personer som är nav i en del av min historia. En av dessa personer som jag ofta återkommer till är Elisabeth, Lisa, Strömberg som levde i skarven mellan det förindustriella och det industriella samhället. Hennes far var skogvaktare, hennes morfar soldat och hennes mormors far skinnare. Familjen var inte bönder men trots att männen var yrkesmän var de beroende av en bit jord för sin överlevnad. Lisa växte upp och lärde sig jordbruk men 1790 lämnade hon det livet och under det nya seklet bodde hon i Västerås.

Lisa var dotter till Daniel Strömberg och Brita Mårtensdotter i förra kapitlet. Gustava var dotter till Lisa och Lovisa var dotter till Gustava.

Lisa, Gustava och Lovisa blev stadsbor. De hade inte längre patronymikon utan borgerliga familjenamn, Lisa fick sin fars namn som från början var hennes farfars soldatnamn. För Gustava och Lovisa blev det förvirrande, de fick sin mors avlidne mans efternamn.

Alla tre fick oäkta barn, antingen sedan de blivit änkor eller före äktenskapet. De levde huvudsakligen i Västerås. I en tid då det kanske var som allra svårast för kvinnor att hävda sig, slet de för sig och sina barn under eländiga förhållanden och förde släkten vidare.

Dotter Lisa

Lisa Strömberg föddes i Buckarby i Uppland den 1 oktober 1764. Fyra dagar senare döptes hon till Elisabeth men kallades alltid Lisa.

Det hon mindes bäst från sin uppväxt var åren på Allmänningstorp i Skultuna. Familjen flyttade dit när hon var nio år och lillebror Johan tre. Pappa Daniel hade fått arbete som skogvaktare på Norrbo härads allmänning. De lämnade Buckarby i Nora socken, de lämnade allt det invanda och satsade på något helt nytt. Moster Kerstin följde med dem vid flytten. Hon närmade sig de femtio och ville inte längre gå som gammelpiga på gårdarna.

Två småsyskon föddes på Allmänningstorp, Carl 1775 och Anna Stina 1778. Moster Kerstin var sjuklig och blev allt sämre. I Buckarby hade morbror Olof dött av plötsligt påkommen feber.

När mormor Brita Mårtensdotter blev ensam kvar där borta bestämde hon sig för att ansluta till familjen i Skultuna. Hon var visserligen en bra bit över 80 men kände att hon behövdes för att stötta sina två döttrar. Kerstin hade drabbats av malaria som inte var ovanligt bland dem som bodde i fuktiga och sanka områden, så som det var både vid Dalälven där hon levt större delen av sitt liv och här vid torpet där de var omgivna av våtmarker. Hon gick bort 1777. Mormor var seg, hon skulle komma att leva i många år än, det var gott att ha henne hos sig.

Livet på skogvaktartorpet var strävsamt och ganska isolerat, säkert fick Lisa passa småsyskonen Johan, Carl och Anna Stina tills hon blev lite äldre och starkare och kunde hjälpa till med höskörd och annat.

På någon kilometers avstånd låg ändå några andra torp. Stigarna dit gick i kringelikrokar mellan mossar och bergknallar. När de fick tid över kunde Lisa och syskonen traska iväg till grannarna för att leka, skvallra och fnittra. På Lallarbo fanns jämnåriga och även på Skåntorpet fanns det barn, lite mer i ålder med Lisas småsyskon. Helsingtorp var större än de andra torpen. Där bodde en familj med ungdomar i hennes egen ålder.

Lisa konfirmerades när hon var 15 år. Många gav sig iväg hemifrån vid den åldern men Lisa stannade kvar hemma ovanligt länge, ända till 1790, året efter att mormor dött. Då var hon 26 år. Hon behövdes hemma så länge Carl och Anna Stina var små och när mormors krafter avtog.

Johan gav sig också iväg 1790, då var han 20 år. Efter de vanliga drängåren fick han anställning på Skultuna bruk och när han kunde försörja en familj gifte han sig med Lovisa Christina Qvistberg, dotter till en gjutare på bruket.

Carl var ännu bara 15 år och lilltösen Anna Stina var 12. Carl ville gärna stanna och ta över tjänsten och torpet efter pappa. För flickorna fanns inte mycket att hämta, de skulle på sin höjd får ärva en slant och varsin ko. Det fanns varken mark eller sysselsättning för dem.

Om Lisa inte skulle bli en gammal ungmö måste hon göra något. Mormor hade fått vänta tills hon var 38 innan hon lyckades hitta någon att gifta sig med. Så ville inte Lisa ha det. Hon måste skaffa sig en försörjning. Hon gav sig iväg till Västerås, en pigtjänst i staden lockade.

Men hon stannade bara ett år. Var det kanske så att hon träffat någon? I så fall verkar det dumt att åka hem. För att kunna gifta sig behövde unga fattiga par arbeta i många år innan de hade möjlighet att skaffa ett hem. Kanske blev hon hemkallad. Föräldrarna hade många år kvar att leva men det kan ha varit tungt. De gick mer sällan till nattvarden, den långa obanade kyrkvägen började bli alltför ansträngande.

Hustru Lisa

Efter några år återvände Lisa till Västerås. Den 7, 14 och 21 mars 1795 läste prästen i Skultuna kyrka upp lysning för rotemästaren Johan Daniel Sundin i Västerås och pigan Elisabeth Strömberg i Allmänningstorp. De fick skriftligt bevis på lysningen och vigdes i Västerås. Daniel var åtta år yngre än Lisa och hade varit på arbete i Falun i fyra år. Som rotemästare var förman inom brandskyddet i staden, nattvakter patrullerade staden varje natt.

Vägen från Skultuna till Västerås följde Svartån söderut och kom in i staden vid Kvarntullen i nordvästra delen, inte långt från stadsdelen Kyrkbacken. De nygifta flyttade in hos svärföräldrarna Daniel Sundin och Greta Stina Schultz på Kyrkbacken 88. Det var en myllrande stadsdel. Det var också de fattigas område och nästan allra längst norrut, där staden tog slut, låg nummer 88. På andra sidan gatan, på nummer 89, låg skarprättarens tjänstegård och där bodde bödelns dräng Sven Schagerström med sin hustru och änkan efter en tidigare bödel. Det var lerigt, mörkt och smutsigt. Avloppsvatten rann i rännstenarna ner till Svartån, samma vatten som man tvättade i. Slaskvatten och urin hälldes direkt ut på gatan. Fastighetsägare var skyldiga att hålla rännstenarna fria så att allt flytande rann fritt. I dag heter den lilla gatan bakom nr 88 Brunnsgränd.

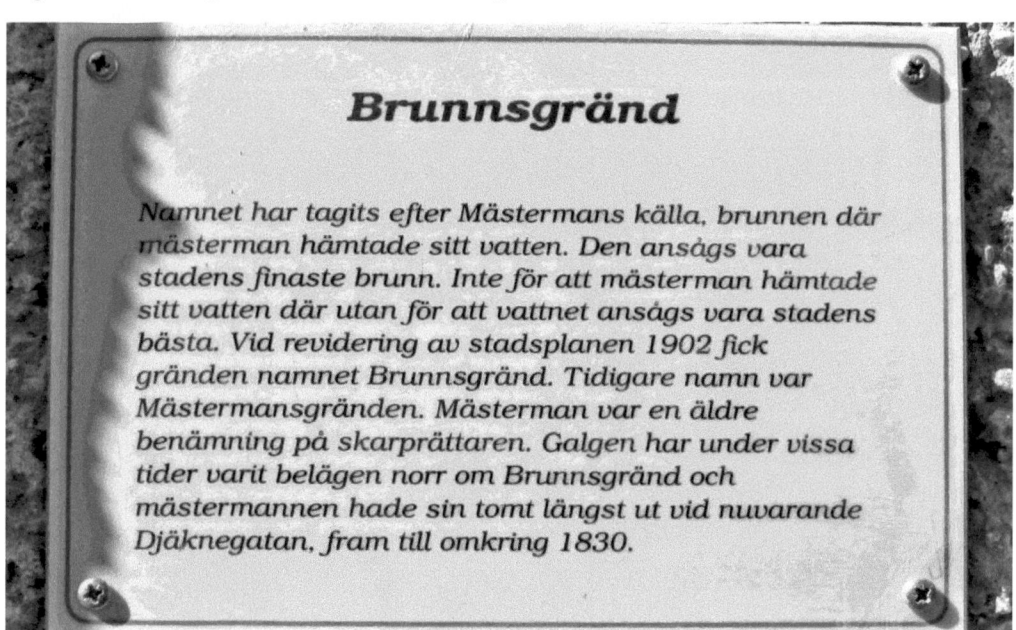

Brunnsgränd

Namnet har tagits efter Mästermans källa, brunnen där mästerman hämtade sitt vatten. Den ansågs vara stadens finaste brunn. Inte för att mästerman hämtade sitt vatten där utan för att vattnet ansågs vara stadens bästa. Vid revidering av stadsplanen 1902 fick gränden namnet Brunnsgränd. Tidigare namn var Mästermansgränden. Mästerman var en äldre benämning på skarprättaren. Galgen har under vissa tider varit belägen norr om Brunnsgränd och mästermannen hade sin tomt längst ut vid nuvarande Djäknegatan, fram till omkring 1830.

Det var mörkt och smutsigt men mitt på dagen värmde solen. Lisas hus är borta sedan länge. De hus som finns kvar på Kyrkbacken är väl omhändertagna.

Så blev de en familj där på nummer 88. Det var Daniels mamma som ägde fastigheten och de var inte så fattiga som man kunde tro av den enkla adressen. Greta Stina var dotter till klädesfabrikören Anders Schultz och hans hustru Stina Westin och kallades borgardotter när hon gifte sig. Hon kan inte ha haft några minnen av sin far, han dog när hon ännu inte fyllt ett år, men hon fick sitt namn och sin sociala status från fadern.

Även om hon inte ärvt någon förmögenhet så ägde hon huset och familjen hade gott om allt man behövde för det dagliga livet. Möblerna var mest enkla och omålade och trästolarna var ostoppade. Det fanns porslin så att det räckte till att duka åt alla men ofta använde man ändå trätallrikar. Lisa imponerades av svärmors elegans, hon hade sidenkläder, kjolar, koftor, förkläde och hatt, kläder som passade för en borgarkvinna.

Daniel d ä arbetade hemma som skomakare och Daniel d y patrullerade staden om nätterna tillsammans med de andra i brandskyddet. Det kändes tryggt mitt i allt det nya och ovana.

Hustru Lisas vardag var helt annorlunda än det hon lärt av sin mor och mormor. Familjen hade varken boskap eller jordbruk och var beroende av männens fasta inkomst för att köpa mat och ved. Det var bara i städerna som handel var tillåten så Lisa fick lära sig att göra affärer och akta sig för att bli lurad.

Där i stadens utkant skaffade sig Lisa nya vänner. Intill henne bodde en annan rotemästare Eric Stenberg med fru och fyra små barn, en soldatänka med tre barn och en soldatfamilj med små barn. När folk började flytta från landsbygden till städerna var det ont om bostäder och man fick ta det man kunde få, även om det innebar att man fick stans sämsta adress och blev granne med bödeln.

Öster om Lisas hem låg en obebyggd tomt, där låg Mästermans källa. Bödeln fick inte ta vatten vid de vanliga brunnarna men här fanns i gengäld stadens bästa vatten.
I söder, på nummer 83, bodde 3 familjer. Åkaren Löfberg hade hustru och en vuxen son, brännmästaren Wahlströms fru var jämngammal med Lisa och hade två små barn. Timmerman Haglin var, liksom Daniel, mycket yngre än sin fru, hon var också i Lisas ålder och hade en liten son. På nummer 87, i sydväst, var det inte lika trångbott, där bodde stensprängare Forsström med hustru och en tonårig son tillsammans med en gammal änka. I väster, nummer 92, bodde en änka med två små söner och ett äldre par, ringaren Svensson med fru och en vuxen dotter. En piga hade också tak över huvudet där. Det var många att lära känna.

Det vimlade av barn och så var det i hela området ner till domkyrkan. I de små låga husen, utmed de smala gränderna bodde yrkesmän som brandvakter, trädgårdsdrängar, timmermän, båtsmän, sjömän, ringare, skomakare, soldater, väktare och uppsyningsmän. Ett åttiotal kvinnor var ensamstående pigor eller änkor, många med små barn, de hade det fattigt och bodde ofta i någon annans hem.

Ju närmare centrum desto finare folk, intill domkyrkan hittade man titlar som magister, lektor, skeppare, notarie och några mamseller.

Litografi efter Wallander, källa: Alvin

Mandelgrens teckning av domkyrkans torn 1874, källa Alvin och eget foto

Hemma var det enkelt och trångt men alldeles söder om Kyrkbacken låg den enorma, magnifika domkyrkan. Det var deras församlingskyrka. Vilken kontrast! Fast på den här tiden var kyrkan inte uppvärmd, och naturligtvis inte elektrifierad, så det var iskallt att lyssna på långa predikningar under vintern. Hög och låg gick till samma kyrka där alla hade sina bestämda platser. Längst fram satt de som kunde betala mest, längst ner i dunklet under orgelläktaren satt de som hörde till klass 5, de som inte hade råd att betala bänkavgift. När solen sken in glittrade det i allt det vackra men för det mesta var det ganska mörkt och kallt.

Den 29 maj 1796 fick Lisa och Daniel en dotter som nästa dag döptes till Stina Lisa. Faddrar var farmor och farfar, Daniels bror Erik och Lisas syster Anna. Den nitiske prästen har antecknat att flickan var äkta. Detta med äkta och oäkta fortsatte att vara viktigt under hela 1800-talet och lite till.

Två år senare, den 6 april 1798, fick Stina Lisa en lillebror, Johan Daniel. Vid hans dop var Lisas bror Carl vittne. Carl bodde kvar hemma på Allmänningstorp som han tänkte ta över efter pappa. Nu var han nygift och reste på besök till Västerås tillsammans med sin hustru Christina Pihlstrand.

I doplängden står en annan glad nyhet, Lisas man hade bytt arbete och blivit trädgårdsdräng på gymnasiets trädgård, öster om domkyrkan. Nu slapp han nattarbetet, det var skönt för Lisa och barnen. Livet var familjärt och gott.

Hemma på Allmänningstorp insjuknade Lisas pappa i magfeber och dog den 11 augusti 1799. Han var bara 60 år gammal. Det var ett hårt slag för hans hustru men Carl fick överta skogvaktartjänsten och Brita Mårtensdotter kunde bo kvar i sitt hem. I bouppteckningen ser vi att även om familjen hade haft det besvärligt genom att de bott isolerat så hade de haft det riktigt bra ekonomiskt. De hade tennsaker och kopparsaker och husgeråd av alla slag. Hemmet verkar ha varit välinrett med skänkskåp, soffa, karmstolar, väggur, både slagbord och runda bord. Daniel Strömberg själv hade haft bössa, pistol och 2 sablar. Han hade rejäla kläder: 5 rockar och en grön jacka, skinnpäls, mössor, byxor, skjortor och hatt. Fast vi närmar oss 1800-talet hittar vi inga hjulfordon utan slädar och klövsadlar precis som hos Kerstin på 1500-talet och Valborg på 1600-talet. 1 häst, 3 kor, 13 getter och 3 grisar med kultingar var en normal djurbesättning i skogsbygd. Tillgångarna hade ett värde av 1123 kronor, det var mycket med tanke på att Daniel Strömberg varken ägde marken eller bostaden. Det fanns inga kontanta pengar men Lisas man var närvarande vid bouppteckningen och såg nog till att det blev ett litet arv i form av något som gick att omsätta kontanter.

Det nya århundradet gick in utan några stora åthävor och det började illa. Den 24 februari 1800 avled svärmor Greta Stina, 62 år gammal. Det står att hon dog av moderspassion och det säger egentligen inte om hon blivit akut sjuk eller varit dålig länge, det kunde vara allt från hysteri till magsmärtor.

Den 15 april gjordes bouppteckning. Boet delades upp o 4 delar som lottades så att änklingen fick två delar och sönerna en del var. Daniel ärvde ¼ i fastigheten, lite guld, en liten brännvinspanna, ett stort porslinsfat, 3 djupa och 7 flata tallrikar, ett sillfat, ett väggskåp, ett bord, en kista, lakan, kuddvar, sängtäcke, lintyg, en randig sidenkofta, 1 kjol, en kattunskofta, bordsknivar och psalmbok. Både siden och bomullstyget kattun var exklusiva köpevaror som tidvis varit högt beskattade eller till och med förbjudna för vanligt folk.

Kvinna tvättar i Svartån, målning av Rudolf Gagge, digital museum Västerås Stadsmuseum

Lisa blir änka

Knappt hade familjen börjat förstå att svärmor var borta förrän Lisas man insjuknade i gallfeber och dog i hemmet den 14 maj 1800. Det var krasst att i den situationen vara tvungen att göra ännu en bouppteckning men det var nödvändigt och viktigt. Tyvärr kan jag inte finna när den gjordes för Daniel men Lisa bör ha ärvt hans fjärdedel i fastigheten för senare är det hon som äger hela. Daniel var 28 år gammal när han dog, Lisa var 36, barnen var 2 och 4.

I hushållet fanns nu en änkling och en ung änka med två små barn. Som alltid på den tiden behövde de någon att gifta sig med.

Svärfar hade mest bråttom och mest tur i att finna en partner. Den 15 mars 1801 gifte han om sig med pigan Stina Westman och flyttade till grannhuset, nr 87. Stina hade en son som var i sjuårsåldern och i april 1802 utökades den familjen med sonen Gustaf.

Det var knepigare för Lisa. Alldeles nyligen hade hon tyckt sig lyckligt lottad med familj och god ekonomi. Nu var hon bara en av Västerås´ många änkor och den som hade barn med sig i boet hade allra svårast att finna någon som var villig att ställa upp med försörjning.

Den 2 september 1803 förlorade Lisa sin lille Johan Daniel till den förfärliga rödsoten. Hur klarade hon sig? Hur klarade hon all sorg och hur klarade hon sig ekonomiskt.

Döden var inte färdig med familjen. Den 13 februari 1805 kom den i form av feber till svärfar Daniel. I bouppteckningen visar det sig att han inte längre hade det så gott ställt. Han ägde halva nr 87 och fortfarande halva nr 88. För övrigt var det här hushållet mycket enklare utrustat och nu fanns det skulder i huset. För självhushållning hade familjen en ko, 2 grisar och några höns. De hade också tagit in hyresgäster, en änka, en piga, en ensamstående man och en hel familj med fem små barn bodde i den lilla stugan. De arvsberättigade var änkan, sonen Gustaf, 4 år, den äldre sonen gardessoldaten Erik och Lisas dotter Stina Lisa.

Några år efter Daniels död tvingades Lisa också att ta in hyresgäster, först var det bara ett ungt gift par från Skultuna, kanske kände hon dem sedan tidigare. Andra kom och gick. Bland de många som flyttade ut och in fanns änkor, brandvakter och hela familjer.

Den 11 juni 1807 födde Lisa en dotter. Den lilla döptes till Gustava och trots att hon var född utom äktenskap fick hon mors avlidne mans efternamn, Sundin. Vem som var hennes far står inte i arkiven och finns inte i familjeberättelserna. Nu hade Lisa en 11-åring och en nyfödd. Hon kunde knappast få in tillräckligt med pengar på att hyra ut. Fick storasyster vara barnvakt medan mamma var ute och tog tillfälliga städ- och tvättjobb? Ännu några år kunde Stina Lisa stanna hemma men hon måste göra rätt för sig.

Med två döttrar var saknaden stor efter en make och far. De behövde en karl som drog in inkomster, som såg till att flickorna inte råkade illa ut och som gav sitt tillstånd när det var dags att gifta sig, en man med auktoritet. Och Lisa behövde lite kärlek i sitt liv. Hon kände sig ensam.

I Skultuna hade lillasyster Anna vuxit upp. Som så många andra där hamnade hon på Skultuna Bruk. 1802 gifte hon sig med brännugnsdrängen Jan Jansson Björkman som var änkling och hade sonen Carl Olof. Tillsammans hade de fyra barn. De verkade lyckliga och skulle säkert få fler.

Carl jobbade på som skogvaktare på Allmänningstorp. Han hade sin Stina och två döttrar.

Johan hade arbete på Bruket, han och Lovisa Christina hade redan fyra barn, tre pojkar och en flicka.

Alla dessa ensamstående kvinnor

Så gick några år för Lisa och hennes döttrar. De var inte ensamma om sin situation. I början på 1800-talet fanns knappt 1000 hushåll i Västerås, 25 % av dessa var änkehushåll, ytterligare 10–12 % var hushåll ned ensamstående pigor och mamseller. Hur kunde så många kvinnor leva av eget hushåll? Det fanns få möjligheter till arbete. De kunde ta tillfälliga jobb med tvätt och städning, hjälpa till vid stora kalas och andra evenemang, kanske kunde de sälja nipper och hemvävt, men inkomsterna var osäkra.

Möjligheterna att driva krog försvann nästan helt när Västerås stad bestämde att krogarna skulle konkurrensutsättas. Högstbjudande fick rättigheterna. Det var naturligtvis männen som hade kapitalet som behövdes för att vinna auktionen om en inkomstbringande krogrörelse.

Inte heller gick det att flytta från staden. Ingen socken ville ta emot den som saknade försörjning och riskerade att bli en belastning, särskilt inte en ensamstående kvinna med barn. Man kunde helt enkelt nekas inflyttning.

Änkor var visserligen myndiga men bara ett fåtal av dem kunde ta över och driva en rörelse efter maken. De flesta var fattiga och hade inget att vara myndiga över. Ogifta kvinnor var omyndiga och skulle inordnas i hushåll om de var obesuttna och inte kunde försörja sig av egen kraft. Det hette att alla måste ha laga försvar. Man fick tränga ihop sig så gott det gick.

Efter alla dödsfall i familjen hade det blivit så att Lisa ägde det lilla huset. Hos henne och i husen runt omkring flyttade änkor och pigor med barn ut och in. Det blev kvinnohus där de kunde hjälpa varandra med mat, husrum, barnpassning och tyngre arbete. Ibland kom en hel småbarnsfamilj och strax efter dog mannen. Det vimlade av barn på Kyrkbacken. I huset intill bodde också några mycket gamla personer, de var säkert i behov av hjälp, det handlade om att alla hjälper alla. Man vill gärna tänka sig att de åtminstone kunde sätta sig tillsammans med en kopp kaffe, men kaffebruket blev inte allmänt förrän långt fram på 1800-talet. Periodvis var det förbjudet, sista gången 1817 – 1823.

År 1814 återinfördes skyldigheten att lämna mantalsuppgift om inkomst av tjänst eller yrke samt av fastighet, däremot inte av kapital. Dessutom skulle uppgifter lämnas för beskattning enligt bevisningen för konsumtion och överflöd. Det var nu kaffet kom in i bilden. Drack man kaffe eller vin, rökte tobak och innehade siden och lyxmöbler drabbades man av särskild lyxskatt och Lisa fick kanske betala för den där sidenkoftan hon ärvt efter svärmor.

De flesta runtomkring ägde varken siden eller någon som helst annan lyx. Det Lisa Strömberg bevisligen hade vid mantalsskrivningen, var fönster. Hon hade två av minsta sorten. Många i grannskapet bodde i rum utan fönster.

Västerås var en liten stad, bara den lilla mörka biten på kartan. Längst i norr bodde Lisa.
Kartor från Västerås stads historiska kartor

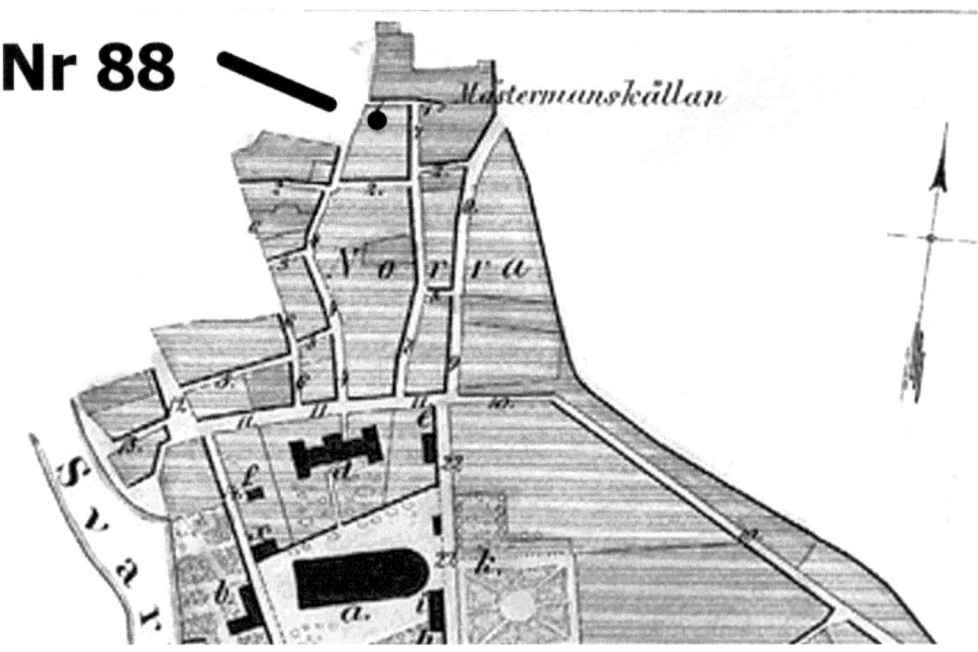

Stina Lisa blir hustru och änka

1816 hade Stina Lisa hunnit bli 20 år och precis som mamma förstod hon att hon måste göra något, ta tag i sitt liv, om hon inte skulle bli ytterligare en ensam kvinna i kvinnoöverskottets Västerås. Hon bestämde sig för att resa till Stockholm.

Resan gick med segelskuta som tog både gods och passagerare. Skepparen navigerade försiktigt mellan Mälarens alla öar. Var det stiltje kom man ingen vart, var det motvind fick man kryssa. Det fanns ingen tidtabell, resan fick helt enkelt ta den tid som behövdes, passagerarna fick äta av sin matsäck och sova på bagaget eller på de bänkar som fanns. På vägen gjordes stopp i Strängnäs, och kanske på fler ställen efter behov.

Det gick bra för Stina Lisa. När hon kom tillbaka hem till Västerås några år senare var hon gift med Petter Lundgren och hade en liten dotter som hette Ulrica.

Petter fick arbete som slottsbetjänt. Nu blev det skratt och spring av små skor i huset. Med en karl på nr 88 var ordningen återställd, de fick högre status och bättre ekonomi, men bara för en kort tid. Den 11 maj 1820 dog Petter av vattusot. Äktenskapet var ett vanskligt företag.

Vem ville ha en änka med barn? Det var kvinnoöverskott, männen kunde välja bland de vackrare, yngre och starkare, arbetsgivarna kunde välja bland pigorna.

Gustava hade blivit 13 år. Hon hade behövt en man i huset. Döttrar och pigor hade ett svårt utgångsläge när de saknade far och huvudförsörjare och någon som kunde styra upp valet av äkta man i ett samhälle där familjen var normen och äktenskapet en förutsättning för att kvinnan skulle kunna uppfylla sin rätta bestämmelse, den som maka och mor.

På Kyrkbacken 88 var de nu 2 änkor, en flicka på 4 och en på 13 år. Kanske kunde de hitta tillfälliga inkomster men i kyrkböckerna står de bara som änkor. Kvinnor var döttrar, pigor, hustrur eller änkor. Männen hade noggranna titlar som brandvakt, skomakare, extra tornväktare, oboist, klarinettblåsare mm.

I Lisas hus fortsatte kvinnor att flytta in och ut. Ibland kom en barnfamilj som stannade ett år eller två. Oftast var det änkor med eller utan barn. Några var pigor med oäkta barn eller pigor som börjat bli till åren. Hyran gav en liten slant, fattigdomen lindrades både av slanten och gemenskapen.

Stina Lisa bröt mönstret. Hon tog dottern med sig och 1828 återvände de till Stockholm. Den här gången reste de med ångbåt, kanske med hjulångaren Yngve Frey, och resan tog bara en dag. Om de åkte som däckspassagerare kostade det bara en fjärdedel av priset i salong.

I storstaden kallade hon sig för fru Christina Lundgren men trots titeln måste hon ta arbete i andras hem och Ulrica fick börja arbeta som barnflicka redan vid 12 års ålder. De blev kvar i Stockholm.

Till Lisas tröst och glädje hade hennes bror Johan kommit till Västerås. Han hade fått arbete som auktionsvaktmästare och bodde med sin familj på Kyrkbacken nr 103, bara några kvarter bort. Det huset var lite större än de flesta och de delade det med Johans svåger och svägerska och ytterligare två familjer.

Johans yngre barn hette Ulrica, Petter och Catharina och var ungefär jämnåriga med sin kusin Gustava. En äldre kusin, Carl Gustaf gick lärling hos en färgare i södra kvarteret men det var svårt att få jobb och han hamnade som så många andra i brandvakten. Kusinen Erik var lärling hos en hattmakare i samma kvarter.

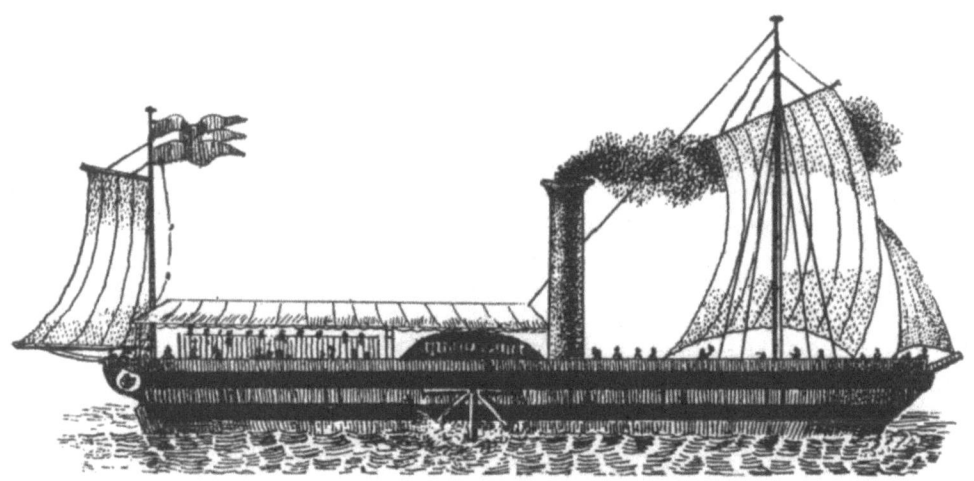

Hjulångaren Yngve Frey gick i trafik på Mälaren från 1821.
Källa: Wikipedia

Gustava gifter sig och blir änka

Gustava växte upp och flyttade hemifrån när hon fyllt 15.

Några år var hon piga hos kammakare Schagelin, en ganska ung familj med tre små barn.

I 20-årsåldern tjänade hon piga hos kamreren på Strömsholms slott. För en tid fick hon byta trängseln, larmet och stanken i staden mot leende natur, skönhet och elegans.

Med bra referenser kunde hon sedan få tjänst hos överdirektörskan Hagström i det lite finare Södra Kvarteret i Västerås. Men året därpå bodde inte överdirektörskan kvar och Gustava vände hem till mamma.

1832 serverade hon på krog hos traktören Malmquist i Västra Kvarteret. Som alla pigor bytte hon tjänst om och om igen.

Hon hade hunnit bli 25 år när hon kunde komma hem till mamma med glada nyheter. Det skulle bli bröllop!

Den 16 maj 1833 gifte sig Gustava med stadsuppsyningsman Gustaf Ernström. Han var änkling och hade två pojkar som han hade haft svårt att ta hand om på egen hand. Han hade flyttat runt mellan olika enkla bostäder tills pojkarnas mors släktingar tog hand om dem. När tvåsamheten brast var det svårt för männen också. Gustaf hade försörjt sig som sjötimmerman och extra brandvakt innan han så småningom titulerades stadsuppsyningsman.

Nu flyttade han in hos sin nya svärmor. Antingen hade han inte råd att skaffa någon annan bostad eller också var tanken att han skulle komma som karl i huset och att livet äntligen skulle bli lite bättre. Tyvärr följde varken pengar eller glans med hans fina titel. Efter bara ett år dog Gustaf i vattusot. Han lämnade inte mycket efter sig, alla hans kläder var slitna, liksom hans kista och koffert.

När begravningskostnaderna på 8 riksdaler banco dragits av återstod 11 riksdaler, att delas mellan sönerna och Gustava. Gustava fick inga barn i sitt korta äktenskap. Nu var hon ensam igen.

Efter begravningen kändes allt hopplöst. Återigen var de två änkor på nr 88. Lisa hade blivit 70 år gammal, Stina Lisa sökte ett bättre liv långt bort och Gustava hade svårt att hitta arbete. Varför förlorade de sina män? Varför var det så svårt att klara sig ensam?

Lovisa föds

Någonstans fann Gustava tröst ett tag men det blev inget nytt gifte, bara ett kort förhållande. Den 24 mars 1837 fick hon en dotter, en liten solstråle men också ett stort bekymmer. Den lilla döptes till Lovisa. Gudskelov hade de tak över huvudet hemma hos Lisa och stöd av släktingar och grannar.

Gustavas kusin Catharina bodde borta på Kyrkbacken nr 103 hos sina föräldrar med sin lille son Bernhard som bara var ett år äldre än Lovisa och Catharinas bror Carl Gustaf hade också en liten son. Överhuvudtaget fanns det gott om lekkamrater för den som föddes på Kyrkbacken.

Det var som en förbannelse över Lisa och hennes barn. Hennes syster Anna fick också sin beskärda del av elände. Hon fick åtta års äktenskap och fem barn, varav ett tvillingpar, men 1809 dog först den lilla tvillingflickan och sedan en av hennes pojkar. Hennes man dog 1810 och hon stod ensam och utfattig med en styvson och tre egna barn. Efter flera år träffade hon en ny man som också arbetade på Bruket. Där blev de kvar och levde ett liv i skuggan, vissa år skrevs de inte ens in i husförhörsboken. Anna drabbades av tyfus och dog 1833.

Det var bröderna Carl och Johan som klarade sig bäst, de fick behålla sina makor och de kunde försörja sina familjer.

Lisa avlider - Gustava och Lovisa blir hemlösa

Den 11 januari 1839 avled Lisa i sitt hem. Hon skulle ha fyllt 75 senare det året. I fem år hade hon varit hustru, resten av livet var hon dotter, piga, änka.

Inklämt i den stora tjocka boken med bouppteckningar sitter en liten lapp. "År 1839 den 5 augusti förrättades laga bouppteckning efter rotemästare Daniel Sundins änka Elisabeth Strömberg, som avled den 10de sistlidna januari och efter sig lämnade döttrarna änkan Christina Elisabeth Lundgren samt änkan Gustava Maria Ernström, båda närvarande." Fastigheten, Gården no 88 i Norra Kvarteret värderades till 50 riksdaler banco
1 gammal säng, 1 gammalt bord, 1 gammal stol och 1 klänning värderades till sammanlagt 18 skilling.
Summa 50.18

24 skilling skulle gå till magistraten, 3 skilling till de fattiga. Begravningskostnaderna uppgick till 1 riksdaler 12 skilling. Det blev en behållning på 48 riksdaler 27 skilling. Gustava Ernström intygade att allt blivit riktigt uppgivet. Det gjorde hon med en stor klump i halsen, för hon ärvde ingenting. Hon var oäkta, och oäkta barn ärvde inte ens sin mor.

Gustava och hennes dotter måste lämna sitt hem. Hon hade inte råd att betala hyra till den nye ägaren utan började flacka runt. Direkt efter moderns död begav hon sig till Blåsbo, norr om staden. Där fanns statarfamiljer som arbetade i jordbruket men också en massa stadsbor i samma utsatta situation som Gustava, pigor med barn, arbetare, drängar och brandvakter. Om norra delen av Kyrkbacken var en plats för de fattigaste så var Blåsbo ytterligare ett steg utanför de välbärgades krets, inte för gårdsägaren men för alla dem som kom dit för att de inte fick plats i staden.

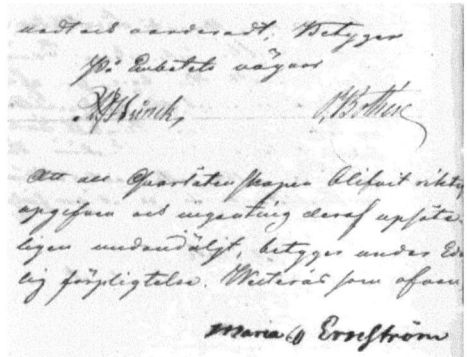

Källa: Bouppteckningar, arkivdigital.se

År 1839 den 5 Augusti förrättades laga Bo-
uptekning efter Rotmästaren Daniel Lundin
Enka Elisabeth Strömberg, som afled den 10:de
sistledne Junii och efter sig lemnade Döttror-
na Enkan Christina Elisabeth Lundgren samt
Enkan Gustafva Maria Ernström, båda när-
varande Quitka, efter vanlig erinran, uppgifv-
os Qvarlåten stapen på sätt som följer:

	Banco	
Fastigheter		
Gården N:o 33 i Norra Qvarteret	50	.
Diverse		
1 st. H: Säng	. 8 .	
1 st. d:o Bord	. 4 .	
1 st. d:o Stol	. 2 .	
1 st. Klädning	. 4 .	. 18 .
Summa Inventarii	50	18 .
Afgående Poster		
Magistratens 1 proc: af S:a Inventarii	. 24 .	
De Fattiges ⅛ d:el proc: af d:o	. 3 .	
Bouptekningsgärd	. 8 .	
Lösen med Eng Sigill	1 . 4 .	1 . 39 .
D:o Behållningen blifver		48 . 27 .
Summa	50	18 .

Sålunda förrättadt, betuf-

Efter ett år gjorde hon ett försök att komma tillbaka som hyresgäst på nr 88 men det var inte detsamma längre, en obegripligt stor mängd människor flyttade ut och in. Det var samma sorts medellösa som hon själv, människor som sökte sig till varandra för att överleva och massor av barn till ensamstående kvinnor. I två år stod hon ut. Ett kort tag delade hon rum med en piga och en änka med två barn på Kyrkbacken nr 45 men det var samma sak där, folk flyttade in och ut, de flesta var änkor eller pigor.

Lilla Lovisa var bara sex år, Gustava behövde hjälp för att kunna försörja sin dotter. Hon sökte sig till släktingarna på Kyrkbacken nr 103. Sorgligt nog dog morbror Johan samma år som hon kom dit. Det var som en förbannelse, detta att så fort hon skulle få bo i ett hushåll med manligt överhuvud så dog mannen i familjen. Kvar var ändå moster Lovisa Christina, kusinen Catharina och lille Bernhard, de blev ett kvinnohushåll igen och huset fylldes genom åren med pigor och änkor. Men till skillnad från nr 88 fanns här också några familjer där mannen har arbete och en ensamstående kvinna som försörjde sig som sömmerska. Det förhållandevis stora huset hade en gång varit hem för några få familjer, nu var det lika trångbott som grannhusen men det låg mer centralt och det kändes tryggt.

Gustavas kusin Catharina lyckades skaffa sig kompetens som barnmorska och med den kunskapen gav hon sig iväg till Kristinehamn 1845. 9-årige Bernhard följde med sin mamma. Hon blev inte rik på sitt yrke, flyttade mellan olika enkla boenden, men hon kunde ta hand om sin son och se till så att han kom i lära och kunde bli målare.

Det fanns en stor fördel med att bo just där. På andra sidan gatan låg kyrkogården och bortom den rann Svartån. När man steg ut genom porten var luften frisk, man såg himmel och grönska. Det var något annat än att komma ut på en trång, mörk och stinkande gränd. Gustava och Lovisa stannade kvar.

Se! hur det stolt sin åldriga krona bär
Och sin resliga kropp långt öfver hyddorna höjer!
Så står det på Johan Gustav Schultz´ lavering från 1825.
Källa: Digitalt museum, Västmanlands läns museum

Västerås hade bara domkyrkan, slottet och Svartån gemensamt med vår tid. Bebyggelsen var ålderdomlig och vintertid fick stadsborna leta sig fram på mörka trånga gator. De eldade i öppna spisar, hämtade vatten i källor och hällde pottornas innehåll i rännstenen. Enstaka rykande oljelampor hängde i gathörnen, deras bleka gula sken var inte till mycket hjälp och de slocknade ofta. Den som ville vara säker på att inte trampa snett på kullerstenarna eller i den leriga snösörjan bar med sig en lykta med flämtande talgljus. Inomhus var det inte mycket bättre, ljus kom bara från den öppna elden, från oljelampor eller talgljus.
Ur Pionjärernas tid. Ur Mälarenergis kundtidning NONSTOP

Lovisa får stå på egna ben

1852 fyllde Lovisa Ernström 15 år. Kanske hade hon kontakt med moster Christina och kusinen Ulrica i Stockholm. I alla händelser gick mamma med på att hon tog ångbåten till huvudstaden. I två år var hon borta på pigarbete. När hon kom tillbaka flyttade hon inte in hos mamma. Nu måste hon försörja sig själv och hon bodde på sina olika arbetsplatser, först hos handlare Törnströms änka, sedan hos färgaren Åkesson i Södra kvarteret.

Lovisa hade klarat sig själv i sex år när hon mötte kärleken och blev gravid. I januari 1859 födde hon en dotter som döptes till Augusta. Faderns namn behöll hon för sig själv men prästen, som höll ordning på alla, antecknade att hon var deflorerad, alltså inte längre oskuld.

Det var svårt för en piga med oäkta barn att få tjänst men hon hade tur och fick ett arbete dit hon kunde ta med sin lilla dotter. De två flyttade till handlare Lidbeck som hade en affär i Södra kvarteret. Det var kanske inte bara tur för hos handlare Lidbeck fanns drängen Fredrik Eriksson som säkert hade ett finger med i spelet. Fredrik var uppväxt i Lindesberg och hade kommit till Västerås 1858, han var mannen som Lovisa skulle komma att gifta sig med, men först efter att de drabbats av stor sorg och skilts åt.

Den vintern då Augusta skulle fylla två år fick hon av en svår luftvägsinfektion och dog. Lovisa lämnade allt och tog arbete på säteriet Stora Ekeby i Rytterne socken, ett par mil utanför stan. Där blev hon en av många pigor hos baronen och kammarherren Carl Fredrik Gyllenhaal och hans berömda hustru, grevinnan Mathilda Beatrix Valeriana Maria della Trinità d'Orozco. Grevinnan var italienska, hon var musiker och både sjöng och komponerade. Tidigare hade hon bott i Stockholm och hennes hem hade varit samlingsplats för kändisar och intellektuella. De äldre pigorna hade mycket spännande att berätta om sitt herrskap och de som tjänade på godset fick lära sig fina vanor. För en flicka som växt upp på Kyrkbacken i Västerås var det en främmande och konstlad värld. Att det var skillnad på folk och folk syntes med all tydlighet i kyrkboken, Lovisa fortsatte att vara pigan med tillägget deflorerad, fast det visste hon nog inte om.

I Västerås hade Fredrik Eriksson också slutat sitt arbete hos handlaren. En ny möjlighet hade öppnat sig och Fredrik tog chansen. Han blev gaständare. Några svenska städer hade redan skaffat stadsgas och Västerås fick 1861 besök av engelsmannen och uppfinnaren Henry Beatly som övertygade stadens styrande och framåttänkande privata investerare att de skulle bilda Västerås Gaslysnings-Aktiebolag. Västerås hade fram till denna tid varit en småstad. Gatorna var mörka och farliga med bara några få oljelampor här och där. Inomhus var det dunkelt och svårt att arbeta i talgljusens svaga sken. För att få värme eldade man i öppna spisa och kakelugnar. Det var dags att lysa upp staden.

№ 11.

Westmanlands
Läns Tidning.
Thorsdagen den 14 Mars 1861.

Kungörelser.

Stadens samtlige skattskyldige innevånare varda härigenom kallade att Måndagen den 18 Mars, kl. 12 på dagen, hos Magistraten sig infinna för att höras och besluta i anledning af Committerades för Gaslysningsfrågans beredning, denna dag, vid sammanträde inför Magistraten, framställde förslag, dels att Staden skulle, för communens räkning, deltaga till 1/4 af hela actiebeloppet i det bolag som kommer att bildas för anläggning af Gasverk inom Staden, dels ock om befrielse från Utskylder till Staden af den vinst, som för bolaget genom denna anläggning kan uppkomma samt i fråga om öfrige föreslagne förmåner som bolaget af Communen må åtnjuta, såsom frihet för hamnumgälder för Gasverkets materialier och effecter, plats för anläggning af railväg från gamla hamnen till Gasberedningsplatsen och kostnadsfritt upplåtande af plats för sjelfva Gasverkets anläggning, äfvensom slutligen om anskaffande af erforderlige medel till de actier, för hvilka Staden vill i Gaslysningsbolaget ingå.

№ 47.

Westmanlands
Läns Tidning.
Thorsdagen den 14 November 1861.

Observera!

I anseende till vinterns snara annalkande torde de, som önska få Lysgas till sig inledd, derom snarligen hos undertecknad eller på Gasverks-Contoret göra anmälan, emedan kostnaden för inledningar betydligt ökas sedan marken tillfryser, och den sålunda förhöjda kostnaden kommer att drabba consumenten ensam.

C. J. Stenqvist.

№ 3.

Westmanlands
Läns Tidning.
Thorsdagen den 17 Januari 1861.

Kungörelse.

För att öfverlägga och besluta uti nedannämnde ämnen kallas stadens röstberättigade innevånare att Måndagen den 28 innevarandä månad, kl. 12 på dagen, hos Magistraten sig infinna:

1:o) Angående ett af Ingenieuren Henry Beatley till Drätselkammaren ingifvet förslag om anläggande af Gasverk här i Staden samt beredande af gaslysning för allmänt och enskildt behof;

Källa: tidningar.kb.se

№ 34.

Westmanlands
Läns Tidning.
Thorsdagen den 22 Augusti 1861.

Som undertecknad numera uppgjordt Contract med Gaslysnings-Bolaget härstädes för gasinledningar uti enstilda hus m. m., torde de personer, som sådant önska, derom hos mig göra anmälan; priset derför är 10 procent under Gaslysningsbolagets taxa i Stockholm. Gaskronor och Lampetter finnes att tillgå hos undertecknad. Betalningen för inledningen erlägges till mig först åtta dagar efter sedan gasen blifwit afprofwad.

Westerås i Augusti 1861.

C. J. Stenqwist.

Obs. Gasbolaget bekostar högst 20 fots rörledning från hufwudröret till den som låter leda in gas.

När man väl beslutat sig gick det fort at få igång verksamheten.

Söder om Lillån, i Södra kvarteret, fanns ett stort obebyggt område, stadens humlegård. Där byggdes gasverket, retort och gasklocka var snabbt på plats, sensommaren 1861 tändes de första gatlyktorna och Fredrik hade fått in en fot i en framtidsbransch.

Västerås befann sig i skarven mellan den gamla sömniga småstaden och den moderna industristaden. Under de närmaste decennierna växte nya verksamheter fram och befolkningen fördubblades.

Stigen utmed Lillån på en målning av Rudolf Gagge,
Källa: digitalt museum, Västerås Stadsarkiv.

Lovisa och Fredrik – ett helt annat liv

1862 kom Lovisa tillbaks till staden. Hon gifte sig med Fredrik den 4 maj, mamma Gustava hade gett sitt skriftliga tillstånd och var säkert både nöjd och hoppfull. Gustava bodde kvar på Kyrkbacken men de nygifta fick en alldeles ny bostad. Nu var det slut med att flytta hem till mamma, Fredrik var en man som kunde försörja sin familj. Deras hem låg i Södra kvarteret på nr 144 alldeles vid Gasverket söder om Lillån.

På gamla bilder ser vi hur industrier och bostäder växte upp runt gasklockan. Den lilla stigen längs ån breddades och blev Södra Ågatan. På samma tomt som gasverket låg ett vackert vitt hus som var klapphus, där kunde tvätterskor koka tvätten innan den sköljdes i ån.

Bostadshusen skymtar i grönskan. Där bodde Lovisas familj med en helt annan standard än i hennes barndoms kvarter. De hade en egen lägenhet, allt var ljust och rent. Fortfarande fick man hämta vatten vid en pump och elda oupphörligt för att hålla värmen, men det var hon van vid och nu hade de råd att beställa hem all den ved de behövde.

Källa: digitalt museum, Västmanlands läns museum

Bomanska gården var ett helt kvarter, en jättestor köpmansgård, som låg alldeles på andra sidan Lillån. Man nådde de mäktiga knuttimrade husen och resten av affärskvarteren via Malmbron alldeles utanför hemmet.

Bomanskas innergård. Bilden något beskuren i kanterna.
Båda bilderna från: digitaltmuseum.se, Västerås Stadsmuseum

Eller också gick man på Hospitalsbron över Lillån mot Johan Wilhelms torg.
Fotografen Axel Rydin tog det här mycket tidiga fotot just vid den tid då Lovisa flyttade till området.
Källa: digitaltmuseum.se, Västerås stadsarkiv.

Johan Wilhelms torg, målning av Rudolf Gagge.
Källa digitaltmuseum.se, Västerås stadsarkiv

Det kom allt fler förbättringar för medborgarna. 1826 hade man byggt ett lasarett i kvarteret bortom Bomanska gården. Det skulle ha all viktig utrustning men redan 1867 insåg man att den växande befolkningen och de nya kunskaperna om sjukvård krävde modernare utrustning. Ett nytt lasarett byggdes bakom Slottet, fritt och luftigt mellan en trädgård och en park. Vid det laget hade Lovisa tre barn. Hon var glad att det fanns sjukvård och att de hörde till dem som hade råd att tillkalla doktor när det behövdes men det hjälpte inte när det saknades botemedel mot epidemier och bristsjukdomar. Utan antibiotika och utan andra vaccinationer än smittkoppsvaccin dog fortfarande många barn.

Lovisa födde 11 barn. Ekonomiskt och socialt hade hon och Fredrik det bättre än de hade kunnat drömma om och de bodde bättre än vad någon i släkten någonsin gjort. Deras barn behövde aldrig gå frusna eller hungriga.

Livet blev ändå en bergochdalbana mellan glädje och stor sorg.

1863, året efter det de gift sig fick Lovisa och Fredrik en välskapt och frisk dotter. Hon döptes till Charlotta och kom att kallas Lotten.
I december 1864 föddes Karl
I februari 1867 föddes Gustaf
I maj 1867 dog lille Karl av difteri, 2,5 år gammal
I november 1869 föddes Fredrik
I oktober 1871 föddes Frida
I mars 1874 föddes Gert
I april 1875 dog Gert av blodbrist i hjärnan, 1 år gammal
I februari 1876 föddes Signe och Helga
I augusti 1878 föddes Georg
I april 1881 dog Signe och Helga av difteri, 5 år gamla
I januari 1882 föddes Helge

Difteri/äkta krupp/stryparsjuka är en smittsam bakteriesjukdom. Hjälplösa fick föräldrarna se hur Karl fick svårare och svårare att andas, samtidigt som de fasade för att tre månader gamle Gustav och fyraåriga Lotten också skulle bli sjuka.
14 år senare drabbas de livliga tvillingsystrarna av difteri och avled med några dagars mellanrum. Lotten var 18, Gustaf 14, Fredrik 12, Frida 10, Georg bara 3. Sorgen var tung för dem alla men man talade inte så mycket med varandra, man tänkte att barn glömmer om man inte pratar om det.
Gerts sjukdom var av ett annat slag, han var svag från början och hans korta liv fyllt av oro.

De sex som växte upp fick en bra start i livet. Charlotta gick flickskola och seminarium och blev lärarinna. Gustav, Fredrik och Georg följde alla i fars fotspår och blev gasmästare. Helge blev postexpeditör och Frida arbetade som kassörska.

Under tiden som Lovisa och Fredrik lärde känna sin nya omgivning förändrades den ständigt. Gasverkstomten blev omgiven av den ena industrin efter den andra. Det lantliga försvann, fabriker byggdes upp, järnvägen drogs fram. Men söder om dem låg den gamla Kungsparken, senare Vasaparken, som en buffert.

WESTERÅS GJUTERI OCH MEKANISKA WERKSTAD.

Munkängen. Källa: digitaltmuseum.se, Västmanlands läns museum

För barnen som växte upp blev detta det normala. Två föräldrar, stadig inkomst, ren och fin bostad, mat i skafferiet, skola, sjukvård, tillväxt och framtidstro. Om mamma eller mormor undslapp sig något om den fattiga, ruffiga, hemlösa tiden, var det svårt för dem att förstå. Världen höll på att förändras och de kunde bidraga, vara en del i utvecklingen.

Det fanns möjligheter även för vanliga människor, åtminstone för en del, vi vet ju att Sverige i slutet av 1860-talet drabbades av en förfärlig hungerkatastrof och att många, många inte hade några möjligheter alls.

Barnens första skola var småskolan i hörnet av Kopparbergsvägen och Timmermansgatan. Den byggdes 1866, precis lagom för Lovisas barnkull, och det vara bara ett par kvarter att gå dit.

Folkskolan låg också i närheten och var ännu nyare och modernare. Den invigdes 1870 och dit var det en fin promenad längs Trädgårdsgatan och förbi slottet. Bägge skolorna var noga ritade och planerade, de var de första i staden som byggdes specifikt för att vara skolor. Tänk att få skicka sina barn till så ljusa, luftiga och ändamålsenliga lokaler. Folkskolans elever hade gott om plats att leka och utforska, Mariaberget och Stallhagen var fortfarande obebyggda.

Källa till båda bilderna: digitaltmuseum.se, Västmanlands läns museum

Del av foto taget från domkyrkans tak 1897. På bilden syns gasverket med den höga skorstenen och några uthus. Till höger ligger bostadshusen.
Runtomkring växte andra företag och industrier upp. I bakgrunden rullar tåget.

Utmed Lillån Källa till bägge bilderna: digitaltmueum.se, Västmanlands museum

Lovisa Ernström ur familjealbum.

Fredrik hade varit klok när han hoppade på tåget mot modernare tider. När han avancerade till gasmästare, fick han både ekonomisk trygghet och högre social status. Deras miljö blev småborgerlig. Hemmet fick sådana där möbler som det var svårt att stava till, chaislong, imperialsäng, divansbord, chiffonier, atennier och inte mindre än två väggur. Det var fint nog att kunna hålla bjudningar. Och Lovisa hade råd att gå till fotografen.

Ett litet hus på Blåsbogatan, Kyrkbacken.
Källa: digitalmuseum.se, Västmanlands läns museum

Gustava hade blivit 60 år, så värst gammal kände hon sig inte men hon ville gärna vara en del av dotterns familj. Hon hade varit hemlös och arvlös, hon hade flyttat och flyttat, delat bostad med främmande människor och levt under fattiga och eländiga förhållanden. Nu bestämde hon sig, hon skulle lämna Kyrkbacken, hon ville ta del av det spännande och moderna på nr 144.

Hon fick uppleva att Lovisa och Fredrik fick sex barn.
Hon fick träffa Charlotta, Karl, Gustaf, Fredrik, Frida och Edvin. Hon tvingades dela sorgen när Karl avled 1867 av difteri.

Mormorshjärtat gladde sig åt alla barnen skulle få gå i skolan, att de var läshungriga och ville studera mer än de obligatoriska sex åren. Det skulle bli fyra syskon till men då var Gustava borta. Hon avled den 1 juli 1874 av lunginflammation.

Nästa sida: Det var gammalt och slitet i Gustavas gamla kvarter men även dit nådde nymodigheten gasljus.
Källa: digitaltmuseum.se, Västmanlands läns museum

Sommaren 1887 hade Lovisa och Fredrik varit gifta i 25 år. Fredrik fick erbjudande om ett nytt jobb som gasmästare i Nyköping och hela familjen flyttade dit.

Den här gången tog de tåget för nu hade järnvägarna börjat byggas ut.

Snälltåg å Västeråsbanan år 1876
Källa: digitaltmuseum.se, Västmanlands läns museum

Hittills hade varje ort haft sin tid, uträknad efter solens gång. Det gick inte an när man skulle göra upp tidtabeller. 1879 infördes gemensam tid i hela landet. Från och med då blev tiden exakt. Klockan 12 var 12.00 och inte vid tolvtiden. Man ställde klockan efter tågen. Den som ingen klocka hade sa: nu kom kvällståget, då är klockan tjugo över sex. Svea folkkalender 1858. Källa runeberg.org

Lovisas familj i Nyköping

Fredriks nya arbetsplats och familjens nya hem låg vid Fisktorget alldeles intill Nyköpings slott som skymtar till vänster. Källa: Sörmlands museums samlingar

SLM A28-464, 1897

2024 ligger här ett bryggeri med restaurang. På bilden ser det grått och trist och ensligt ut men på ett underbart färglagt vykort ser vi att det var nära till centrum.
Källa: "NKBFA VYGE528 – Bro", Nyköpings kommuns bildarkiv

Alldeles bakom gasverket låg och ligger fortfarande ett ståtligt hus med mansardtak. Det hade flyttats dit några år tidigare för att tjäna som epidemisjukhus för smittkoppspatienter. Senare har huset använts som nödbostäder och nu är det vandrarhem.

Sedan 1816 hade vaccinering varit obligatorisk för alla barn men ännu hade inte alla fått immunitet och på 1870-talet gick en smittkoppsepidemi över landet. I Nyköping dog ett trettiotal personer och man ville ha en beredskap för nästa gång sjukdomen skulle slå till. Det gjorde den lyckligtvis inte. Lovisas familj behövde inte känna alltför stor oro för just kopporna men det fanns så många andra smittor, scharlakansfeber, difteri, kikhosta, mässling, tyfus och lungsot.

De äldre barnen fick arbete, Frida och George gick i skola, lille Helge var bara fem år. Livet förändrades men gick sin lugna gång.

Hemmet var ett enkelt borgarhem, här varken slaktades eller skördades. I köket fanns kaffebrännare, kvarn och panna, kastruller och stekpannor av olika slag men inte alla de bunkar och kärl som behövdes på en bondgård. Rinnande vatten saknades men de hade ett badkar som fick fyllas för hand. Omgivningen var inte alls så grå som man kan tro eftersom alla bilder är svartvita. De hade en grönskande trädgård med trädgårdsmöbler och runt slottet Nyköpingshus fanns fina promenadområden.

Lotten, som hade fått studera till lärare, träffade kärleken på jobbet och 1890 fick Lovisa och Fredrik ordna bröllop mellan sin äldsta dotter och folkskollärare August Börjeson. Lovisa fick genast två bonusbarnbarn, Herta 16 år och Sven 3 år var Augusts barn i tidigare äktenskap. Mellan 1891 och 1897 föddes Karl, Anna och Ruth och de bodde inom gångavstånd till mormor och morfar.

Samma år flyttade Gustaf tillbaks till Västerås, men han var inte frisk. I februari 1892 dog han i lungsot. Begravningen skedde i Nyköping. Nu var det bara fem syskon kvar. Lovisa och Fredrik hade mist sex barn.

Fredrik dy gifte sig 1897 med Maria Andersson. De flyttade till egen bostad men Fredrik arbetade kvar tillsammans med pappa Fredrik på gasverket några år innan han blev vattenledningsföreståndare i Oxelösund. Nu blev det fler barnbarn, Berta föddes år 1900 och sedan kom Bror, John, Sten och Brita.

Vid nyårstid 1902 blev Fredrik sjuk. Han fick en allvarlig öroninflammation som förvärrades till blodförgiftning och han avled den 16 januari. Tre månader senare gjordes bouppteckning. Efter avdrag för några skulder och för begravningskostnader åter stod 1147: -. Det var ingen förmögenhet men de låg på plus.

Familjen inte kunde bo kvar i gasverkets tjänstebostad. Lovisa blev utkastad, som hon blivit också som litet barn, men nu var hon ingen utfattig änka, hon kunde skaffa en ny bostad. Hon var den första av släktens änkor som kunde fortsätta att leva ett värdigt liv.
Tillsammans med Frida, Georg och Helge flyttade hon till den stora hyresfastigheten, 1. kvarteret nr 87–88, Slottsgatan (nu V Trädgårdsgatan 23/27) mitt för Stallbacksgränd.

Källa: Nyköpings kommuns bildarkiv NKBFA_VYGE547NKBFA VYGE547

Bara några dagar efter att bouppteckningen gjorts skickade en okänd Lydia detta vykort till en vän. Man skrev sin hälsning på framsidan, på andra sidan fick bara adressen stå
Detta är vad Lovisa såg när hon klev ut på gatan från sitt nya hem. Fotografen har stått alldeles utanför huset där Lovisa bodde.
Vi ser att det inte var någon lång flytt, Nyköpings slott syns i bakgrunden.

I det stora hyreshuset på Slottsgatan fick Lovisa sin nya bostad. Egna foton 2015

Georg hade skaffat sig utbildning till bokhållare och arbetade på gasverket. När pappa Fredrik dog, alldeles för tidigt, blev han utsedd till tillförordnad gasmästare för en tid tills storebror Fredrik kom tillbaka från Oxelösund och fick jobbet.

1903 gifte han sig med Anna Elisabet Eriksson och de flyttade till ett eget hem nära gasverket. De fick en dotter som döptes till Elly. 1914 flyttade Georgs familj till Härnösand där ett nytt arbete som gasverksföreståndare lockade. För Lovisa var det väldigt långt bort.

Helge hade lärt till postexpeditör. 1904 flyttade också han ut för att stå på egna ben. Han tog tjänst i Mjölby men ännu en gång drabbade en smitta som inte gick att bota och han avled i tyfus innan han hunnit etablera sig i sitt nya hem.

Nu var det bara Lovisa och Frida som hushållade tillsammans. Kanske tyckte de att bostaden var för stor för två ensamma kvinnor för redan 1906 flyttade de till kvarteret intill, till korsningen Brunnsgatan – Kungsgatan nere vid gasverket. Där bodde de i åtta år. Lovisas sista bostad blev längre bort, i östra delen av Nyköping, vid nuvarande Östra Kyrkogatan 34, fortfarande tillsammans med Frida.

Lotten bodde med August och barnbarnen i en bostad som hörde till Folkskolan för gossar, i västra delen av staden.

Fredrik fortsatte vid gasverket.

Georg bodde i Härnösand.

Bara fyra av hennes barn överlevde henne. För att ha fött så många barn hade hon förvånansvärt få barnbarn, Georgs dotter, Fredriks fem barn och Lottens tre.

När Lovisa dog den 28 juni 1919 hade hon ett bantat men inte fattigt hem. Hon hade till och med ett piano som hon hade skaffat själv för det fanns inte med i Fredriks bouppteckning. Tillgångarna åts upp av begravningskostnaderna och kostnader för sjukdom och vård. Hon dog lika fattig som hon kom till jorden, men inte lika eländig.

Lovisa tillsammans med dottern Lotten Eriksson, Lottens son Karl Börjeson och Karls dotter Brita.

Brita var född i september 1916 och här hon ganska stor och sitter stadigt, det bör vara 1918. I så fall är Lovisa 81 år gammal, Lotten 55 och Karl 27.

Karl och Brita var på besök i Nyköping, de bodde annars i Lekvattnet, långt borta i västra Värmland.

Ett märkligt sammanträffande är att Karl 1912 sökt och fått arbete som lärare vid skolan i Lekvattnet och att den skolan bara låg 500 meter från Liukkola, gården där Valborg Mattsdotter Liukkoinen bodde på 1600-talet.

Dotter, piga, hustru, änka var kvinnans attribut.

Mannens titlar var desto fler men om han än var adelsman, kyrkoherde, brandvakt eller bonde blev han ensam och utsatt när han förlorade sin hustru. Fick han ingen ny kvinna i hushållet hamnade han ofta i samma svåra situation som Kirstens andre man, Herr Måns i Ryd. Alla i hans omgivning vittnade om hur eländigt Herr Måns haft det i många år och att han blivit en utfattig man.

I jordbrukssamhället var tvåsamheten en förutsättning för rimlig försörjning.
På artonhundratalet ökade antalet människor som arbetade med annan än jordbruk men att bli änka eller änkling var fortfarande utmanande. Det fanns inga barnbidrag, inga dagis, inga hyresbidrag, inga socialbidrag. Och ett modernt artonhundratalsliv var väldigt omodernt i våra ögon, inget rinnande vatten, ingen centralvärme, ingen elektricitet.

En bonusgubbe -änklingen August

August Börjeson föddes 1850 i torpet Stengårdstorp i Rök socken, öster om Vättern. Han skulle med tiden få elva småsyskon. I jakten på att få det bättre flyttade familjen flera gånger mellan olika arrendeställen innan föräldrarna 1879 kunde köpa gården Torpa Södergård i Rinna. Då var August sedan länge utflugen.

Augusts far noterade noggrant alla sina barn i familjebibeln. Vid ett tillfälle var familjens ekonomi så dålig att det blev exekutiv auktion. Allt gick under klubban, även bibeln, men en bonde i grannskapet köpte den och skänkte den tillbaka.

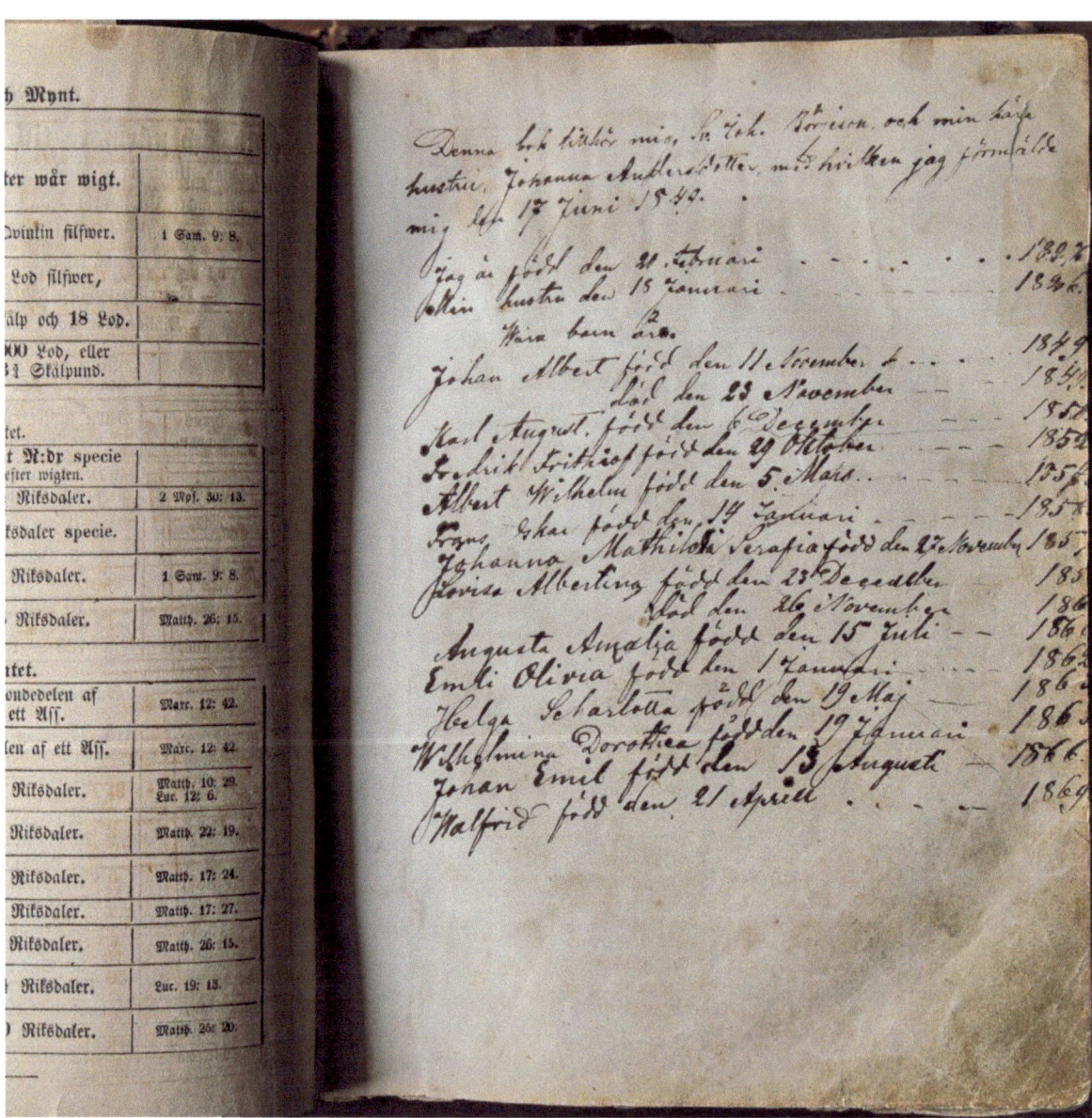

I skolan hade prästen uppmärksammat den unge eleven och tyckt att August skulle söka till seminariet i Linköping. Men det fanns flera hinder att övervinna.

För det första var han för ung och fick skriva till kungs för att få dispens. Det gick bra.

För det andra fanns det inga pengar, föräldrarna kunde bara skicka med mat, torrskaffning. Detta var ett större problem som han delvis löste genom att ta betalt för att hjälpa andra elever med studierna. Han var så illa klädd att han kände sig socialt utanför och inte ville gå till kyrkan förrän en omtänksam lärare hjälpte honom med några plagg.

Jag berättar inte om Augusts fattigdom för att förhärliga honom och göra honom speciellt duktig. Tvärtom, fattigdomen var så allmän och särskilt de här åren, nödåren närmast före 1870 var det riktigt eländigt. Det fanns gott om torparpojkar med usla förutsättningar men mycket drivkraft.

Det var en oerhört kluven tid. Folkskolestadgan undertecknades av Karl XIV Johan sommaren 1842. När alla lärde sig läsa och skriva ökade tidningarnas betydelse. Information om nya uppfinningar nådde ut till allmänheten, kunskapstörsten och nyfikenheten ökade.
Den tekniska utvecklingen nådde ut till gemene man på många sätt. Industrialiseringen ledde till en helt ny arbetsmarknad. Kommunikationerna blev så mycket bättre när man fick tåg och telegraf.
Till glädjeämnena hörde att man kunde gå till fotografen.
Konventikelplakatet upphävdes 1858, ända sedan 1726 hade det varit förbjudet att hålla bönemöten i hemmen och utöva sin tro någon annanstans än i kyrkan. Nu byggdes bönehus och missionshus runt om i landet och i väckelsekristendomen stod individens omvändelse i centrum. Den personliga upplevelsen och den egna tron blev det viktiga.
Parallellt med frikyrkorna växte nykterhetsrörelserna, enskilda människor började inse att de kunde vara med och forma samhället och framtiden.

Men fortfarande röstade man efter fyrktal, d v s efter inkomst.
Fortfarande var det den enskildes eget fel om han var fattig.
Fortfarande var många utfattiga.
Nationalismen fick ett fast grepp om tankevärlden, rasbiologerna Anders och Gustav Retzius började med skallmätningar, människor delades in i vi och dom och tillskrevs egenskaper efter sitt utseende och sin härkomst.

Uti
Folkskolelärare-Seminarium i Linköping

har eleven *Carl August Börjesson*, född den 6 Desember 1850 i Rök: församling af Linköpings stift och vid seminarium inskrifven den 17 September 1867, sex terminer åtnjutit undervisning, samt vid behörigen aflagd afgångsexamen erhållit följande vitsord:

För insigter

i kristendomskunskap *Icke utan beröm godkänd*

„ svenska språket *Med beröm godkänd*

„ räknekonst och geometri *Med beröm godkänd*

„ historia och geografi *Med beröm godkänd*

„ naturkunnighet *Med beröm godkänd*

„ pedagogik och metodik *Med beröm godkänd*

För färdigheter

i välskrifning *Icke utan beröm godkänd*

„ teckning *Med beröm godkänd*

„ musik och sång *Icke utan beröm godkänd*

„ gymnastik och vapenöfning *Icke utan beröm godkänd*

„ trädgårdsskötsel och trädplantering *Icke utan beröm godkänd*

För undervisningsskicklighet

i förenämnda läro- och öfningsämnen *Med beröm godkänd*

Och har *Carl August Börjesson*, under den tid han seminarium bevistat, ådagalagt *Med beröm godkänd* flit och *Mycket stadgadt* uppförande.

August hade ännu inte fyllt 20 år när han tog sin lärarexamen.

Några ämnen överraskar mig, vapenövning, trädgårdsskötsel och trädplantering, andra har fått annan betydelse i dagens undervisning.
Kristendomskunskap, som hade första platsen, finns inte med längre.
Svenska språket skulle eleverna behärska, både läsa och skriva.
De ämnen som senare kom att kallas NO-ämnen var viktiga.
Pedagogik var ett viktigt ämne.

Under studietiden hade August knutit kontakter i den pedagogiska världen.
Anders Berg var en föregångare i skolans värld, i Finspång hade han startat en mönsterskola som blev en inspiration för många lärare. August hade sådan tur att han som 19-åring fick sin första tjänst just där. Anders Berg hade höga krav, August skulle inte vara nöjd utan fortsätta att förkovra sig, tyckte han.

Året därpå fick August tjänst vid Nyköpings Folkskola för gossar och han hade med sig ovanstående betyg:
Utnämnde andre läraren vid Nyköpings Folkskola, Herr Karl August Börjeson, som sedan den 1 augusti nästlidet år varit anställd såsom lärare vid här varande Folkskola, har därunder laggt ådaga rätt goda kunskaper, samt lyckliga anlag att undervisa. På grund häraf är jag fullt och fast övertygad om, att han genom fortsatta studier och med mera vana att handleda barn, än han hittills kunnat förvärva, samt efter vunna erfarenheter vid ett samvetsgrant utöfvande av lärarkallet, skall varda en skicklig Folkskollärare.

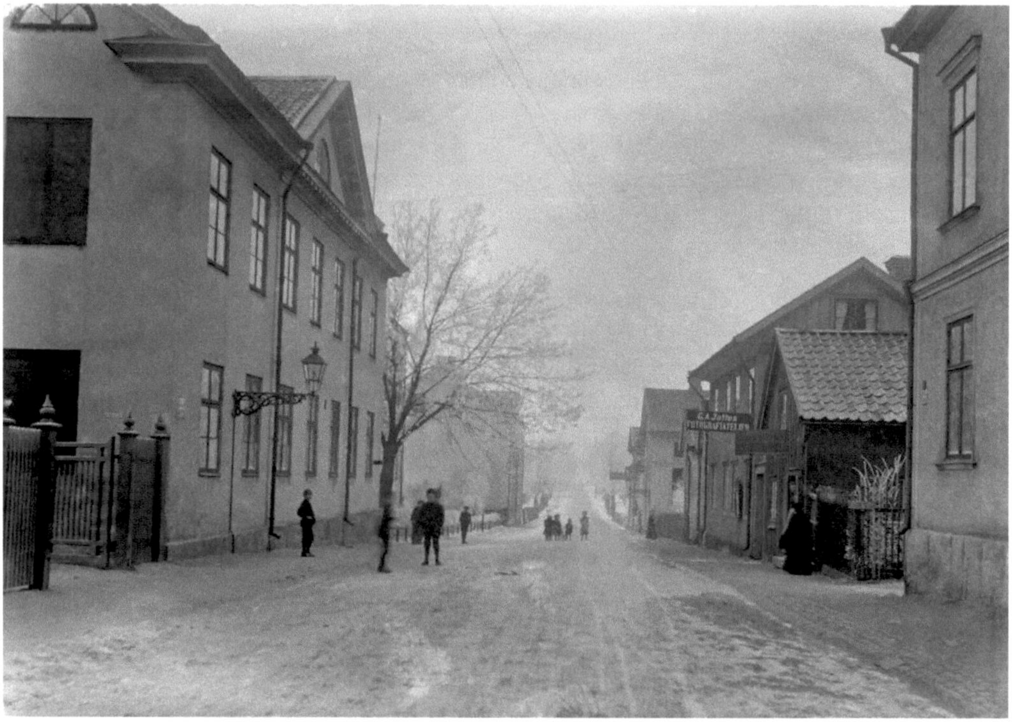

Som ung och ogift fick August ett rum på skolan som låg vid Kapellgatan. Nu heter den Brunnsgatan och det vackra huset finns kvar.

Inbjudes

att bevista

SKOLLÄRAREN

KARL AUGUST BÖRJESONS

och min Sondotter

HANNA SOFIA KJELLROTHS

VIGSEL-AKT

Thorsdagen den 3 Oktober 1872,
kl. 6 e. m.,

uti Valkmästare Nilsons gård vid Östra Qvarngatan.

Johanna Maria Kjellroth.

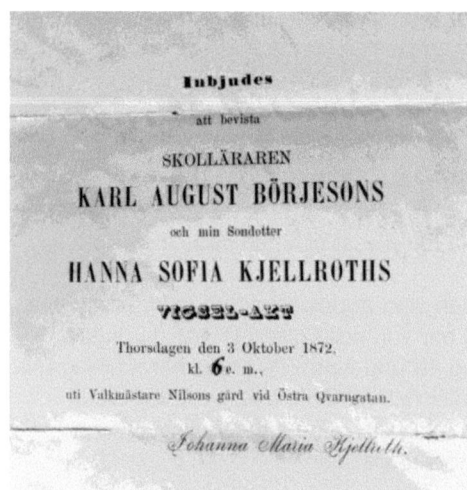

Ganska snart hittade han sin kärlek, hon hette Hanna Sofia Kjellroth. Hanna hade bott tillsammans med sin farmor, Johanna Maria, som hade det förhållandevis gott ställt och kunde bjuda in till bröllop för ungdomarna. Titta på de välskräddade kläderna och det frasande sidenet i Johannas klänning. Så fint hade August bara kunnat drömma om tidigare, nu var det verklighet.

Farmor kunde också hjälpa dem att möblera det första hemmet, en lägenhet som de hyrde i östra delen av staden.

Den 5 februari 1874 föddes en liten flicka som fick namnet Herta. August var lycklig, han var bara 23 år, han hade en familj som han kunde försörja och ett barn som skulle få en bra framtid. Han tyckte att han hörde till dem som hade lyckats.

Men när olyckan slog till blev han hjälplös. En mässlingsepidemi drabbade Nyköping och en av dem som blev riktigt sjuka var Hanna. Hon gick bort den 25 mars 1875. Herta hade nyss fyllt 1 år.

Hur skulle August kunna arbeta och ta hand om dottern? Det fanns inga dagis och så rik var han inte att han kunde anställa en barnsköterska. Farmor och farfar arrenderade vid den här tiden ett boställe på Gärdslätt Södergård i Rinna, de hade fortfarande små barn hemma, yngste sonen, Walfrid, var bara 6 år. Det gick emot alla Augusts principer att utnyttja sina föräldrar och det var femton mil till Rinna, han skulle förlora kontakten med Herta.

Augusts syster Hanna var 18 år, hon behövde ett arbete och August behövde en hushållerska, det blev ett bra arrangemang.

De tre lämnade snart lägenheten i öster och fick en bostad i skolan.

Hanna stannade hos August till 1882. Då hade Herta hunnit bli 8 år och den lilla familjen kunde klara sig med en piga som kom in under dagtid.

Det var en heltidssysselsättning att sköta hushållet fast de bodde centralt i det vackra skolhuset. Rummen och vedspisen skulle eldas, vatten måste hämtas vid Stora torget, flera kvarter bort, matlagning gjordes från grunden och tog tid. Det var fortfarande dass på gården.

I tolv år levde August bara för Herta – och för sin karriär. Han avancerade till förste lärare och tog alla möjliga samhällsuppdrag. Bland annat var han vaccinatör, ledamot av stadsfullmäktige och hälsovårdsnämnden, revisor i Sparbanken, skolkassör och kassör och organist i två kyrkor.

Efter många år träffade August en ny kvinna att leva med.

Hon hette Charlotta Öberg och de gifte sig den 3 mars 1887.

Trettonåringen Herta var van vid att ha pappa för sig själv och blev inte särskilt förtjust när hon förstod att hon skulle få småsyskon.

Men Hertas strulighet var ingenting mot det som nu drabbade dem.

På senhösten föddes lillebror Sven. Den 4 november blev inte alls den lyckodag August hade sett fram emot. Charlotta dog i barnsäng.

August blev ensam med en nyfödd och en tonåring.

Nästa förfärliga dag var den 10 november 1887. Tillsammans med Charlottas föräldrar fick August låta döpa sin son och begrava sin hustru.

Ännu en gång bestämde han sig för att det enda riktiga var att hålla ihop sin familj, att inte lämna ifrån sig barnen. Nu hade han råd att betala för hjälp och det blev den unga pigan Anna Johansson som flyttade in hos dem som barnflicka. Hon var bara några år äldre än Herta. August fick nog ha strama tyglar och stränga rutiner för att styra upp sitt spretiga hushåll.

På sommaren talade August till sina vänner i en av alla de föreningar han var med i:
Icke anade jag förra året att jag skulle få den sorgliga plikten att tala om min egen hustrus bortgång; icke fruktade jag att min lyckas sol, som strålade så skönt, snart skulle gå ned. Men Herrens vägar äro underliga. Han tänder stundom sällhetens härliga solljus till oss arma här i mörkrets värld, för att giva oss en försmak av den eviga sällheten, som han ovan stjärnorna vill bereda oss. Men skulle jordiska sällheten flöda över och vi därför glömma att söka och längta efter den högre lycksaligheten, då finner han i sin allvishet det vara för oss bäst att han lägger korset uppå. Endast så förklarad har jag kunnat bära den smärtsamma förlust jag lidit.

August var man, han hade planerat och studerat, han tog samhällsansvar, han tog ansvar för sina barn och för sina föräldrar, han var en man som lyckades med mycket, men när tvåsamheten brast blev det svårt.

Det var fortfarande 1800-tal, hemmet var tungarbetat och för att klä sina barn måste man vara sykunnig eller ha mycket pengar, det krävdes minst 4 armar för att ro allt iland. Fortfarande gällde att du var din egen lyckas smed och den att fattige fick skylla sig själv. Flera av Augusts syskon valde bort det fattiga Sverige och emigrerade till USA för att försöka få det bättre.

Visst hade änklingen det otroligt mycket bättre än änkorna Kirsten och Valborg och Brita och Lisa och Gustava. August blev inte utfattig och inte hemlös men han var beroende.

Säkert var det många som tyckte att han skulle lämna ifrån sig barnen eller gifta om sig med första bästa. Barn var kvinnans uppgift, nog kunde farmor eller mormor ta hand om dem, eller någon av hans systrar.

Envist fortsatte han på sin inslagna väg. Med Guds hjälp skulle han klara det. Barnen var allt, de var det han hade kvar av två älskade hustrur och de var framtiden.

Herta kunde senare berätta om den här tiden, August själv sa ingenting. Han beklagade sig inte, han bara bet ihop.

Fyra nybakade unga lärarinnor har gått till fotografen, fyra flickor som sett samma möjlighet som August att få ett yrke och att vara med att bygga det nya samhället.

De ser tillknäppta och sammanbitna ut. De ska ta ett steg in i manssamhället.

De som tog tjänst på landsbygden fick verkligen ha skinn på näsan, ensamma i en lärarinnebostad fick de representera det nya, den yrkesarbetande kvinnan. Socknarna, som 1863 omvandlades till kommuner, ville ha lärarinnor och barnmorskor men helst inte betala så mycket mer än husrum och ved. Det var inte bara snålhet, socknarna var fattiga och hade gått igenom svåra nödår.

De som stannade i staden fick också vara med och skapa den nya yrkesrollen men de hade kollegor och gemenskap.

Hon som halvsitter längst bak heter Charlotta Eriksson men kallas Lotten. Samma år som August blev änkling för andra gången kom hon till Nyköping och fick tjänst som lärare vid småskolan. Det var nog inte självklart att de manliga lärarna med sin höga status brydde sig om vad som hände i småskolan och Lottens familj var nyinflyttad och ingick inte i Augusts bekantskapskrets. Men någon presenterade dem för varandra och några år senare var de ett par. De gifte sig den 15 juni 1890. Lotten var 27 år, August skulle fylla 40.

Lotten Eriksson, dotter till Lovisa Ernström och Fredrik Eriksson i förra delen av berättelsen kom in i Augusts liv med kärlek, glädje, beslutsamhet och organisationsförmåga. Lotten blev styvmor till Herta och Sven. Med tonåringen Herta blev det en del strul men hon vann allas hjärtan och blev mamma Lotten.

Till vänster på bilden syns den nya skolbyggnaden som invigdes 1891. Augusts nya arbetsplats låg bara några steg norr om den gamla. Den gamla skolan blev då bostadshus och familjen fick hela fem rum och kök, fint men omodernt. Det passade alldeles väl i tiden för samma år föddes Karl och två senare kom Anna. Då behövdes plats för en jungfru också. Lotten var bestämd på att hon skulle fortsätta arbeta. 1897 föddes lillasyster Ruth.

Herta bodde kvar hemma i några år till medan hon pluggade till lärarinna. 1895 var hon färdigutbildad och flyttade till eget vid Småbarnsskolan några kvarter bort.

Lotten blev ett stöd för August och han var ett stöd för henne. Livsglädjen och skrattet kom in i hemmet även om en gnutta dysterhet och en viss skarphet kunde visa sig hos August, han var rädd att förlora igen.

Lotten fortsatte att arbeta. Hon var den första av mina förmödrar som varmt och tydligt visade sin stora kärlek till sin man samtidigt som hon stod på sig och var sig själv. Till exempel: på söndagarna tog hennes man på sig orgelskorna och pampuscherna och skötte sitt uppdrag som organist i en av stadens kyrkor medan Lotten gick till metodistkyrkan eller missionskyrkan, hon föredrog musiken där. Det var en stark social markering vid den här tiden men August tog det med ro.

Och så levde lyckliga i alla sina dagar – för så kunde det också gå.

Den som kan läsa, kan lära sig vad som helst, få ett bättre arbete, klara sig socialt och får väldigt mycket glädje.

Jag funderar mycket över det här med undervisning.

Under senare år har det varit en intensiv politisk debatt sedan man konstaterat att många högstadieelever inte kan ta till sig skriven text och att skoleleverna inte lär sig skriva.

Hur har man kunnat undgå att se detta?
Hur har man kunnat beröva eleverna denna glädjefyllda och viktiga kunskap?
Att det gått så snett skyller man på att ofta på att många elever inte klarar sig därför att de kommer från svåra eller dåliga hemförhållanden och inte har några böcker hemma.

August Börjeson, Lotten Eriksson och deras kollegor mötte mängder av elever som kom från eländiga förhållanden men insåg att det var just för dessa elever de kunde göra mest. August var ju själv en sådan unge.
Att de fick lära sig läsa och skriva öppnade världen för dem. De fortsatte att förkovra sig på egen hand, läste böcker och tidningar och gick på kvällskurser. Några blev lärare och förde själva undervisandet vidare.

Just nu, i maj 2024, hör jag utbildningsministern säga i en radiointervju att <u>det finns ingen viktigare uppgift för skolan än att lära barnen läsa</u>! (Ojdå!)
<u>Därför ska man tillsätta en utredning</u> för att se över lärarhögskolornas innehåll och ordna fortbildning för redan examinerade lärare!
– Vi ser ju faktiskt en läskris i Sverige och om ingenting görs kommer vi ha en generation ungdomar som i praktiken är funktionella analfabeter, säger skolminister Lotta Edholm.

Utbildningsdepartementet skriver:
Att elever kan läsa och förstå vad de läser är grunden för deras lärande i alla skolämnen. En god läsförmåga ger också eleverna möjlighet att navigera i världen, skaffa sig nödvändig kunskap och information, men också att känna läsningens glädje: en möjlighet att upptäcka nya världar och förstå både andra människor och sig själv.

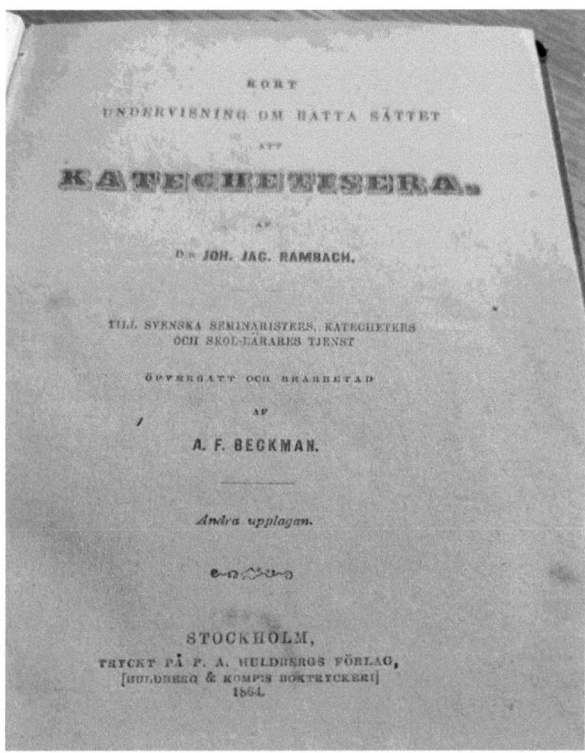

På second hand hittade jag en tunn svart bok, Katechetisera. Det är en lärobok i att undervisa. Där står att läraren ska lära känna sina elever och genom att tillbringa tid med dem utforska deras framsteg, annars kan han inte uppfylla sin främsta plikt, den att anpassa sig efter vars och ens framsteg och fattningsförmåga.
Redan då visste man att undervisning ska anpassas efter eleven!

August kan ha läst den här boken. Eller hade han en annan lärobok i pedagogik?
Den utgavs 1864 lagom till att han påbörjade sina studier.

På Berlings bokhandel i Ronneby kostade den samma år 50 öre.

Tillhör
Kungl. Landtmäteristyrelsens
Arkivet.

Människor färdas, det har vi alltid gjort, det måste vi alltid göra.

För att komma till näraliggande mål som marknader, tingsplatser och till samlingsplatser för soldater följde man upptrampade stigar, man slog sig ihop med någon eller frågade sig fram.

För längre resor, som när den blivande Heliga Birgitta reste till Rom, måste man ha gjort ungefär likadant.

Sen fanns det de som gav sig ut för att upptäcka världen utan att riktigt veta var de skulle hamna.

I deras spår började man göra kartor för att försöka förklara och förstå.

Det dröjde innan man fick detaljerade kartor och ännu längre innan dessa kartor blev tillgängliga för en bredare allmänhet.

Skandinavien 1567 Ur Olaus Magnus´ karta Källa: Lantmäteriets historiska kartor

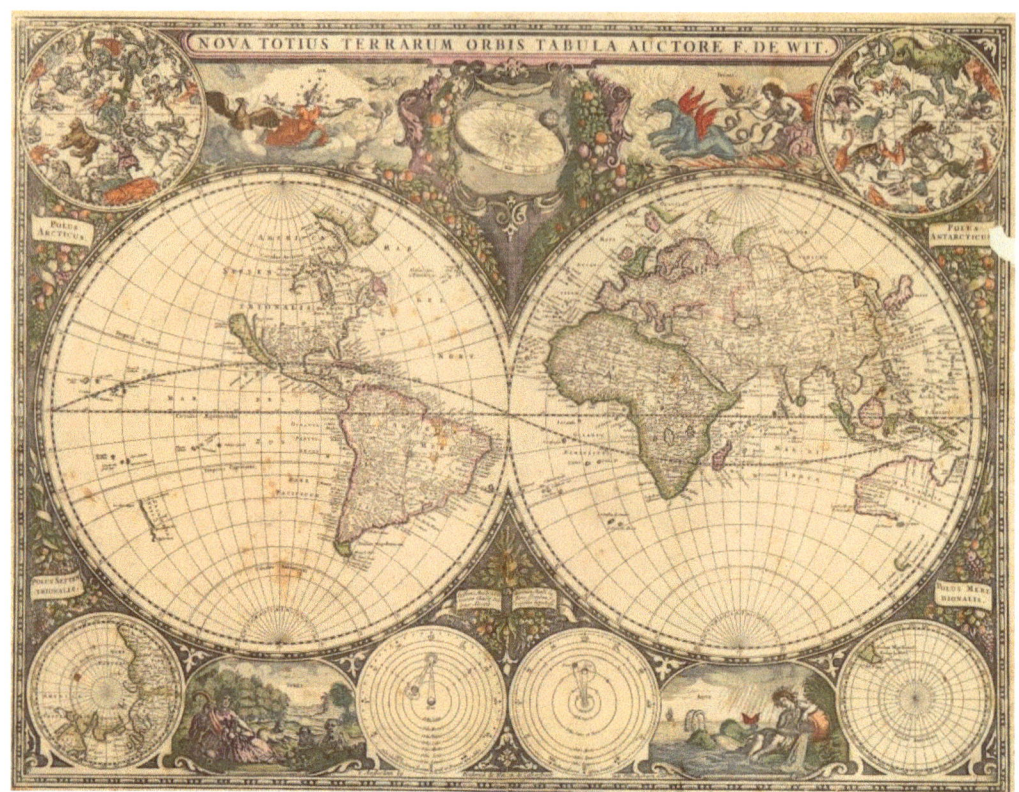

Världskarta 1660 av Frederick de Wit
Källa: Digitalt museum Skoklosters slott

Jorden var inte platt. Däremot var den länge världens centrum.

I Italien och Preussen levde på 1500-talet Nicolaus Copernicus som gjorde beräkningar som visade att jorden kretsade runt solen. Det var en farlig tanke som stred mot kyrkans teorier. Därför presenterades **Om himlakropparnas kretslopp** som en ännu ej på långt när bevisad hypotes. Copernicus dog samma år som boken kom ut och det blev andra som förde hans tankar vidare. Senare förbjöds hans bok.

Galileo Galilei levde hundra år efter Copernicus. Han fick tag på den förbjudna boken och hakade på Copernicus teori men ställdes inför inkvisitionens domstol och tvingades avsvärja sig den felaktiga läran.
Det här var vetenskapsdiskussioner på hög nivå som inte nådde allmänheten.

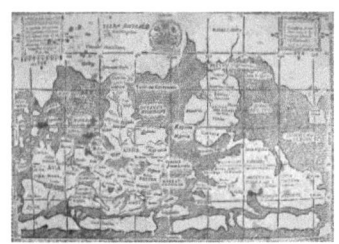 År 1610 ritade Johannes Rudbeckius denna världskarta för undervisningen i privatkollegiet i Uppsala. Han lät trycka kartan 1626. Norr var orienterat nedåt på kartan, så jag har vänt på den. Källa: alvin-record 182961

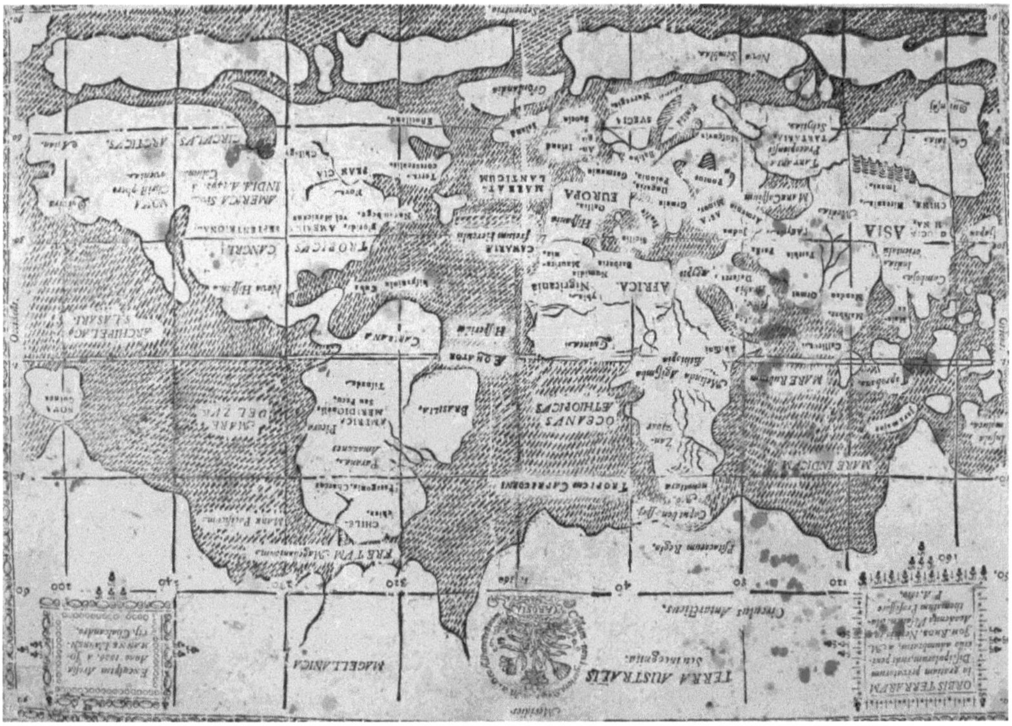

Det var allmänt känt att man kunde färdas långt och att vatten, som Rysslands floder eller Medelhavet, underlättade resorna. Vikingar och soldater kom hem med berättelser om Europa, Asien och Afrika. Man reste efter kända rutter, handelsleder som vuxit fram genom årtusendena eller pilgrimsleder som fick betydelse när kristendomen spreds. Och världen växte. En rad vetenskapsmän gjorde nya rön om jordens beskaffenhet. Modiga sjöfarare seglade ut och deras upptäckter spreds.

1492 hade Columbus seglat till det som skulle visa sig vara Amerika och så småningom lärde fler européer känna områdena närmast kusterna.

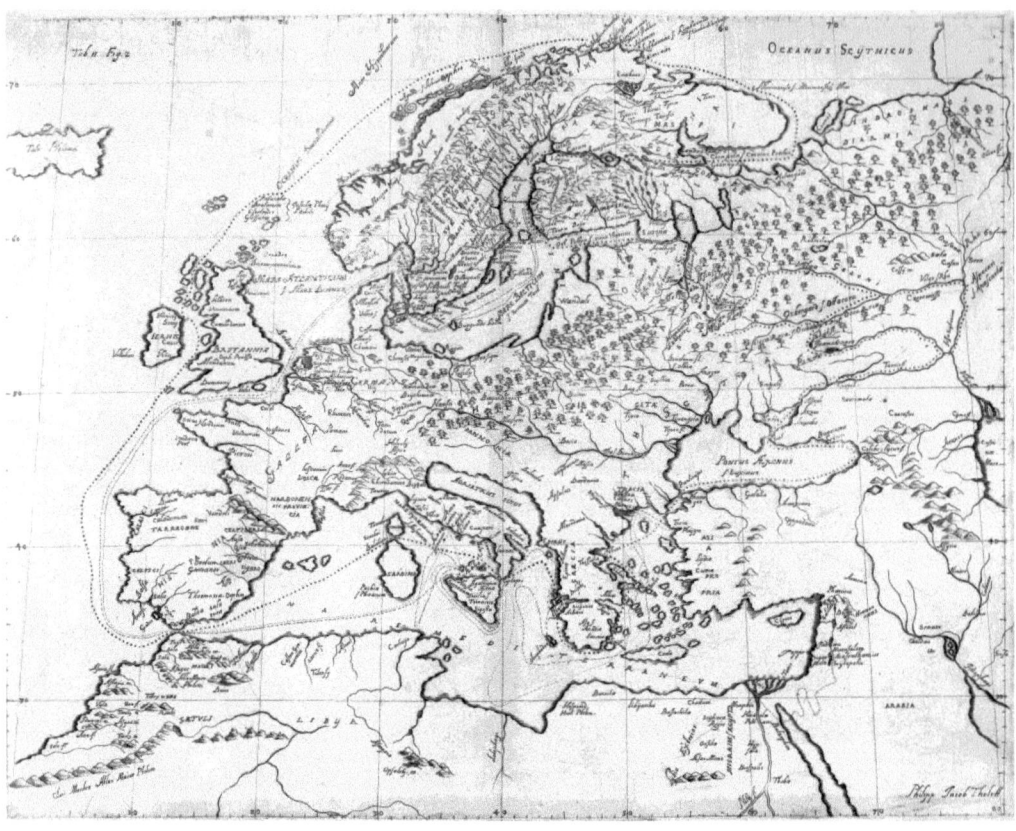

1702, karta av Olof Rudbeck och Philip Jacob Thelott. Källa: alvin-record 88008

Nästan 100 år efter Johannes Rudbeckius publicerade hans son Olof Rudbeck den här Europakartan. Möjligheterna att mäta och förklara världen blev bättre och bättre.
Hav, sjöar och älvar var både färdvägar och geografiska riktmärken. Kartorna visade vetenskapliga framsteg, de var inte resekartor för enskilda personer.

1638 var det inte särskilt många européer i Amerika. Detta år seglade svenskar för första gången dit, till det de kallade Västindien. Några av dem dyker upp i kapitlet om Valborgs liv. Mot slutet av 1600-talet var stora delar av den amerikanska kontinenten ännu okända för européerna. USA, de första tretton staterna, bildades först den 4 juli 1776.

Amerikakarta daterad 1670–90 av Frederick de Witt Källa: Digitalt museum, Skoklosters slott

Från 1600-talets början kände man till att det fanns land och folk i det vi kallar Australien men det tog lång tid innan man till förstod vidden av landmassan och vad som kunde finnas i söder.
1772 försökte James Cook hitta kontinenten Antarctica som man trodde fanns där. Ombord på skeppet Resolution fanns en svensk, Linnélärjungen Anders Sparrman. Han blev därmed den svensk som varit längst söderut på jorden.

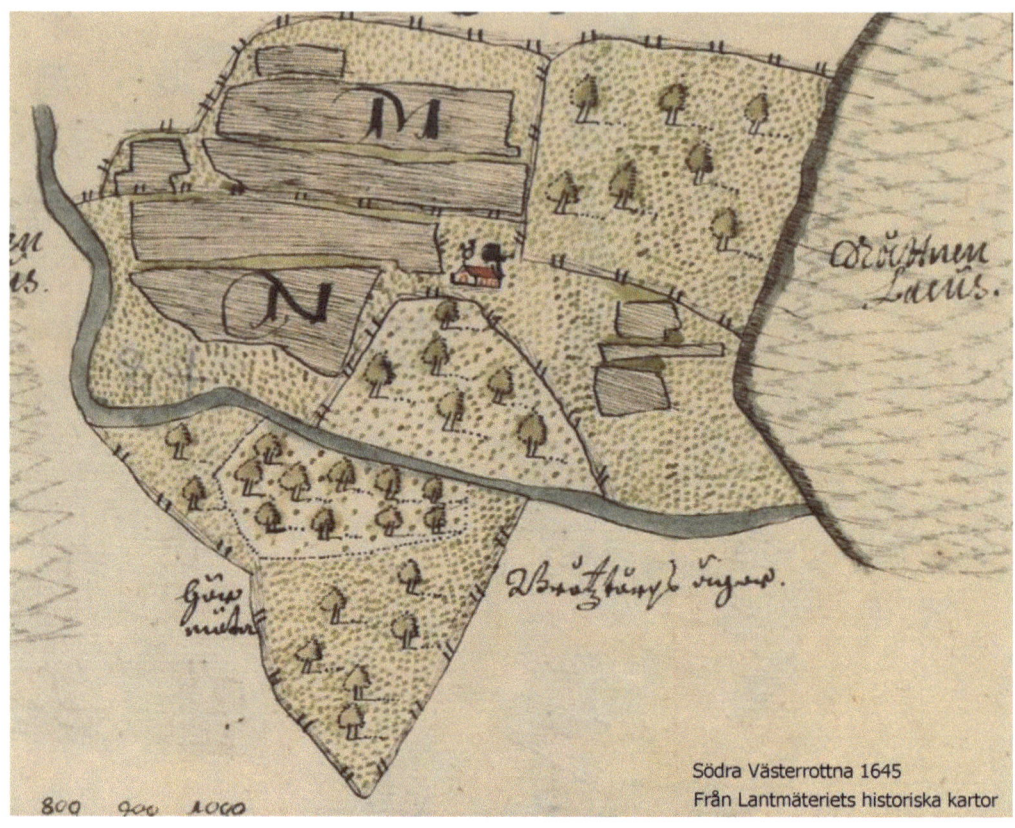

Södra Västerrottna 1645
Från Lantmäteriets historiska kartor

Det var svårt att göra småskaliga kartor men i Sverige var man under 1640-talet tidigt ute med skickligt utförda, detaljerade, storskaliga kartor. Den här är från trakten där jag bor. Den stämmer imponerande bra. Älven och sjön är referenspunkter som håller än idag. Några vägar finns inte på kartan, de var bara stigar, välkända av befolkningen men svåra att färdas på. Det röda huset är ett karttecken, det säger ingenting om hur bebyggelsen såg ut. Förmodligen låg det en samling låga, grå hus där på höjden vid Rottnens strand. Lantmätaren var utsänd för att rita upp och beräkna beskattningsbar jord. Hur mycket kunde bonden odla? Hur mycket betesmark hade han? Men det står inte vad ägaren hette.

Med hjälp av mantalslängder och domböcker går det att räkna ut att den ägdes av prosten och kyrkoherden i Sunne Sveno Benedicti Elfdalius och brukades av Eskil Halvardsson och Nils Nilsson. Elfdalius blev snart superintendent (biskop) i Karlstad där han grundade Karlstads gymnasium. Eskil och Nils hade nog ganska fria händer att sköta gården åt honom.

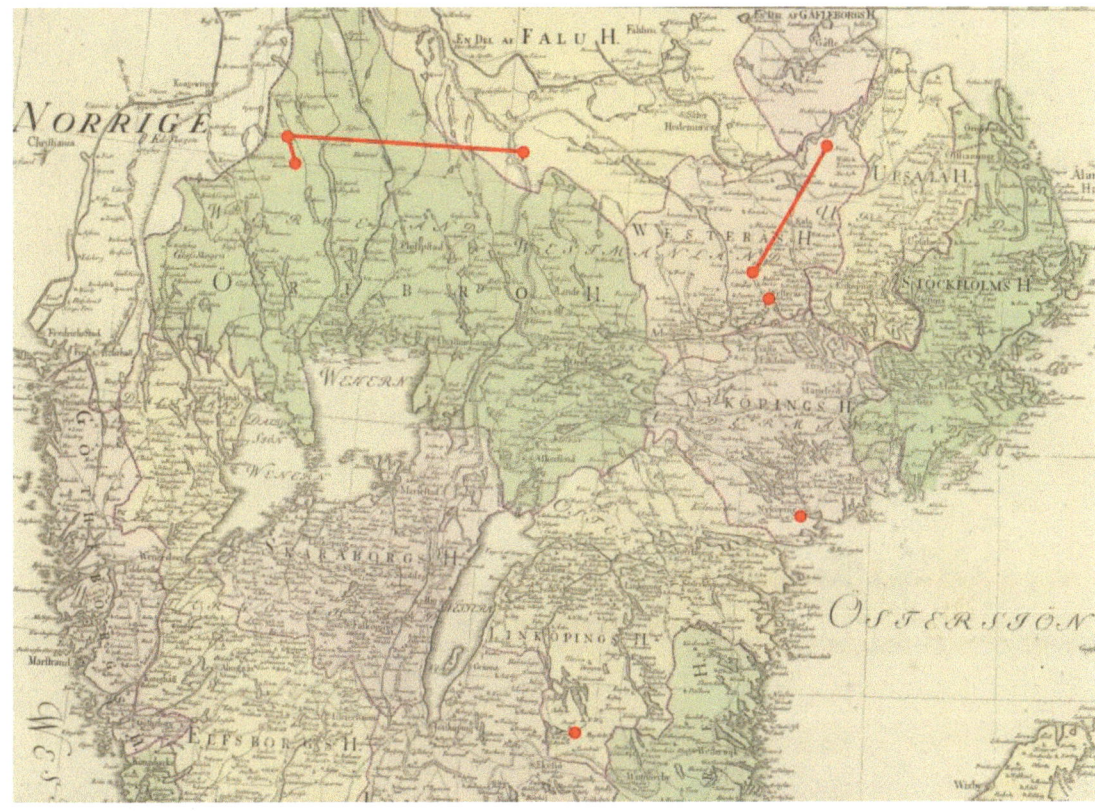

På en karta över Södra Sverige 1778, har jag markerat var huvudpersonerna bodde.
Källa: Lantmäteriets historiska kartor, södra Sverige 1778

Gemensamt för Kirsten, Valborg och Brita är att de levde skogstrakter där det var oerhört arbetsamt att ta upp ny odlingsmark och där boskapsskötseln var viktig.
Kirsten bodde vid den sydligaste pricken, längst ner i Östergötland, nästan i Småland.
Valborg Mattsdotter Liukkoinen kom från Södra Dalarna, vandrade till Lekvattnet nära norska gränsen och flyttade som änka en bit söderut.
Brita Olofsdotter föddes och levde större delen av sitt liv alldeles söder om Dalälven. På gamla dar flyttade hon långt, ända till Skultuna.
Lisa Strömberg var den första som blev stadsbo när hon vandrade från Skultuna till Västerås. Där blev hon kvar hela livet liksom hennes dotter Gustava Sundin.
Lovisa Ernström var djupt rotad i Västerås men när hennes man fick tjänst i Nyköping fick de prova på en riktig nymodighet, de tog de tåget dit.
Till Nyköping kom också torparpojken August Börjeson, han som blev lärare och gifte sig med Lovisas dotter småskolelärarinnan Lotten Eriksson.

Ur landskapskarta Östergötland från Lantmäteriets historiska kartor.

Under Kirstens liv drabbade krig och uppror landskapet vid flera tillfällen.

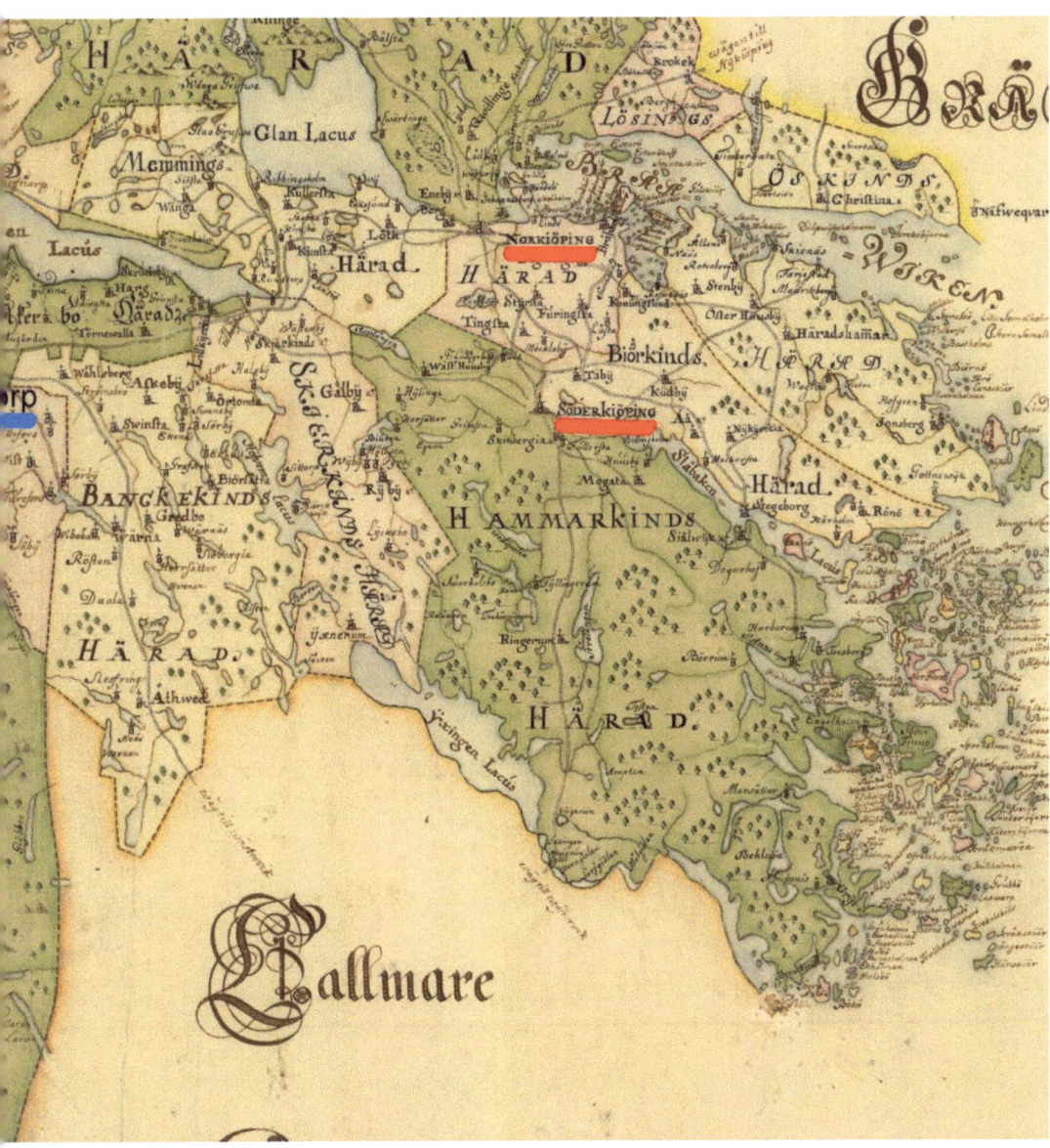

○ Platser där Kirsten bodde
○ Platser där betydelsefulla händelser skedde under Dackefejden
○ Platser och trakter som drabbades under Nordiska sjuårskriget
○ I Vadstena samlades de upproriska som ville avsätta kung Erik.

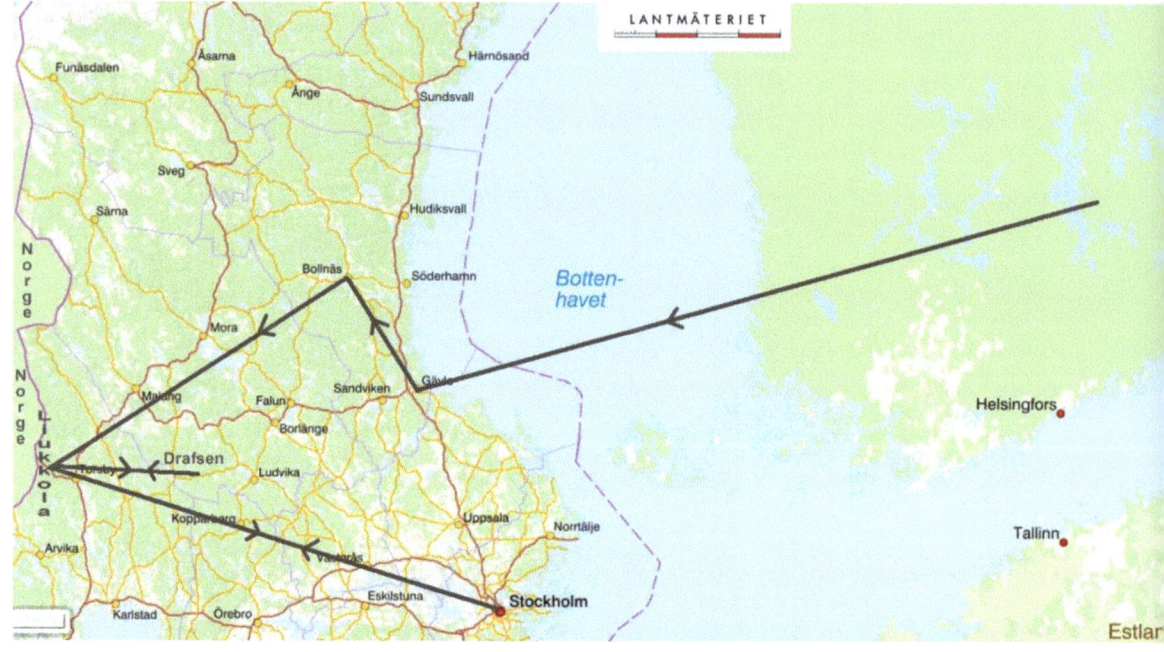

Lantmäteriets karta

Källa:

Valborgs pappa var berest. Från Finland över Ålands hav via Bollnäs till Lekvattnet, fram och tillbaks till Stockholm, till Drafsen, åter till Lekvattnet. Han hade kommit en lång väg och de övriga familjemedlemmarna hade gått ganska långt de också.

Vägen över Ålands hav var länge Sveriges mest trafikerade led.

Kartan på nästa uppslag är en makalös militärkarta över gränstrakterna mot Norge från 1656. Den är flera meter lång, mycket uppdaterad och förvånansvärt detaljerad.

Till skillnad från många andra kartor var detta en karta att orientera sig efter. Soldaterna behövde veta var de befann sig när de var i närheten av fiendeland. Här kunde de se hur de skulle röra sig från sjö till sjö, från gård till gård.

De alldeles nyetablerade finngårdarna finns med, de hade stor strategisk betydelse.

Här ser vi uppifrån: Vittjärn där Valborgs syster bodde innan hemmanet skövlades, Liukkola och Långtjärn.

Obs kartan är inte i norr – söder

Källa: Lantmäteriets historiska kartor

271

Det långa snirkliga vattendraget som går genom hela kartan är Klarälven.

Ovanför kompassrosen ligger gränssjöarna Röjden och Nyckelvattnet.

Till vänster om dem rinner älven Rottnan in i Sverige och fortsätter genom Lekvattnet ner till Gräsmark och sjön Rottnen.

Den långa sjön som smalnar av på mitten är Fryken med Fryksände i norr och Sunne vid sundet.

Allra viktigast ut strategisk synpunkt var trakten kring Eda, med Morast skans på svenska sida och Magnor på den norska. Här hade man koll en bra bit in i Norge.

Två gamla kartor över Nora socken med Torbacka där Brita Olofsdotter föddes. Båda är från slutet av 1600-talet.
Källa: Lantmäteriets historiska kartor

Här ovan är avsikten att visa vilken sorts hemman eller gård det var.

Vi ser bland annat kyrkan med kors på taket, Skärsjö med en ljus flagga som betyder att det är ett rustnings- eller tilldelningshemman och söder om Skärsjön syns Wester Lakbäk med en grå flagga som betyder infanterihemman.

Nere i högra hörnet är det fyra tecken för skattegårdar, det är Buckarby där Mårten Stålnäbbs soldattorp låg.

Nora låg utmed en viktig väg, den kom från hamnstaden Gävle och gick ner till Sala och vidare.

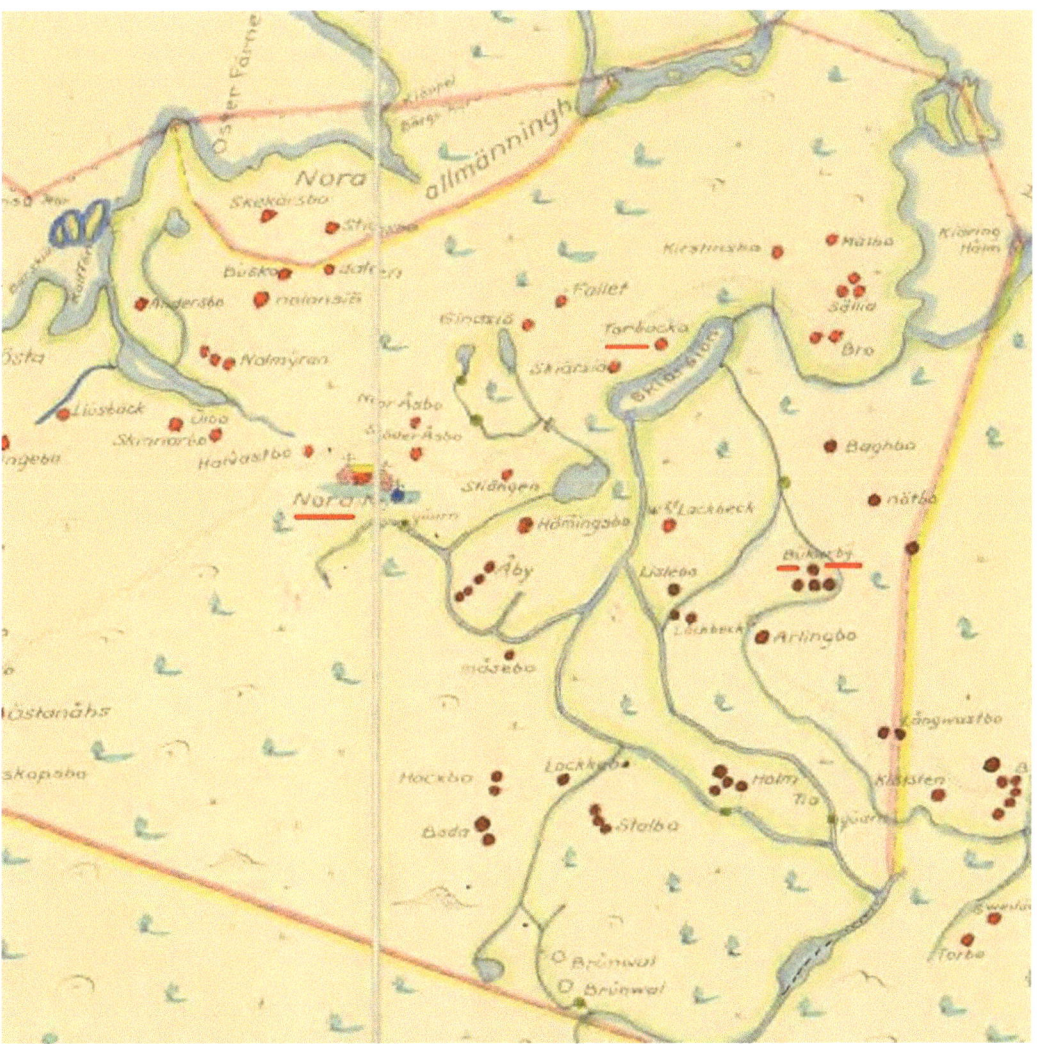

På den här kartan är det sjöarna och vattendragen som ger orienteringen. Ett tunt streck för Gävle-vägen verkar vara ditklottrat senare.

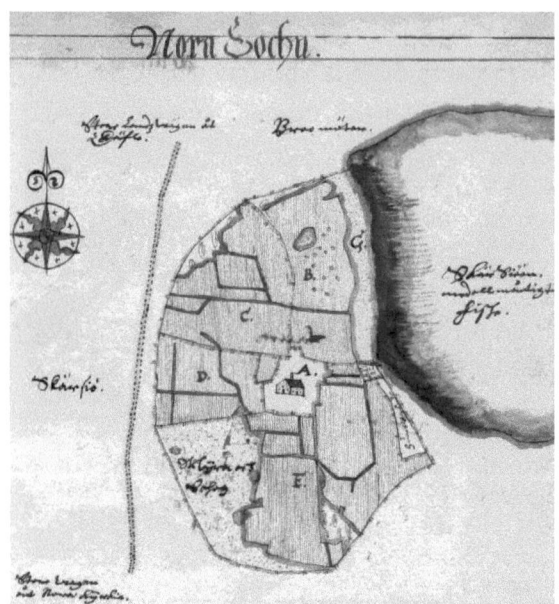

På den här tidiga kartan över Skärsjö på 1640-talet finns landsvägen med, strecket som går från norr till söder. Det var inte vanligt att bo utmed en så stor led men här i Britas trakter passerade många människor, myndighetspersoner, handelsmän, soldater och fattiga på flykt undan svälten.

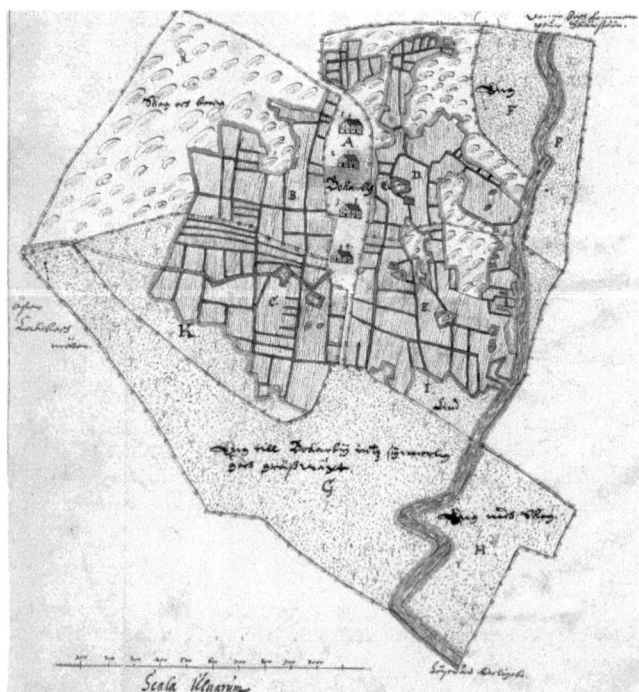

Hemmanet Buckarby går att följa på olika kartor, här ser vi att det är fyra gårdar på 1640-talet.

Källa: Lantmäteriets historiska kartor

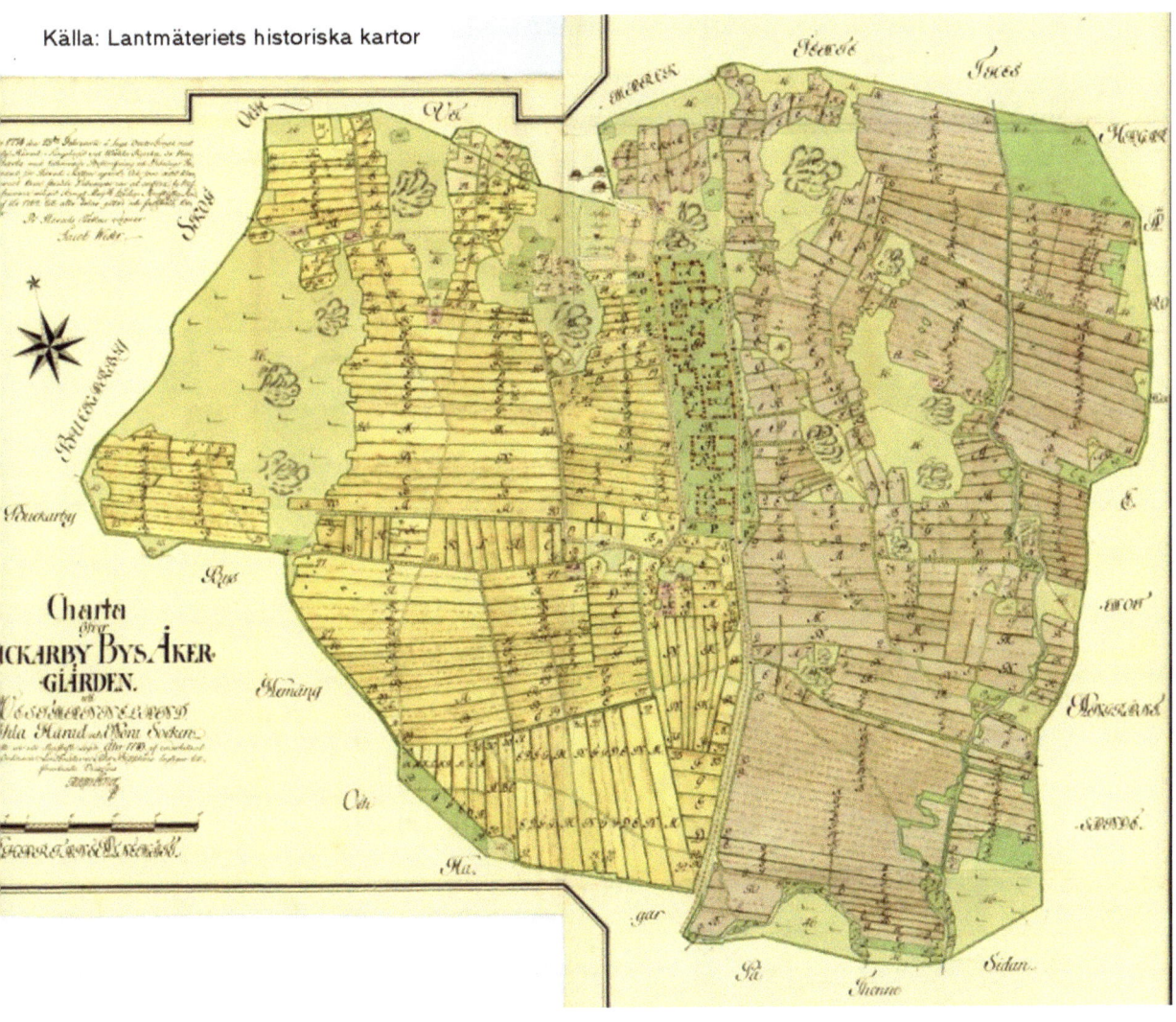

Här är det 1774, antalet gårdar har ökat till 12 och de ligger tätt samlade omgivna av en ringväg. Dessutom finns det backstugor och soldatboställen alldeles i anslutning till hemmanet eller på deras marker.

Många kommuner har historiska kartor på sina webbplatser.

Karlstad:
https://gi.karlstad.se/?149720,6584950&4&BGkarta;gatunamn_aggregated;karlstad;1646

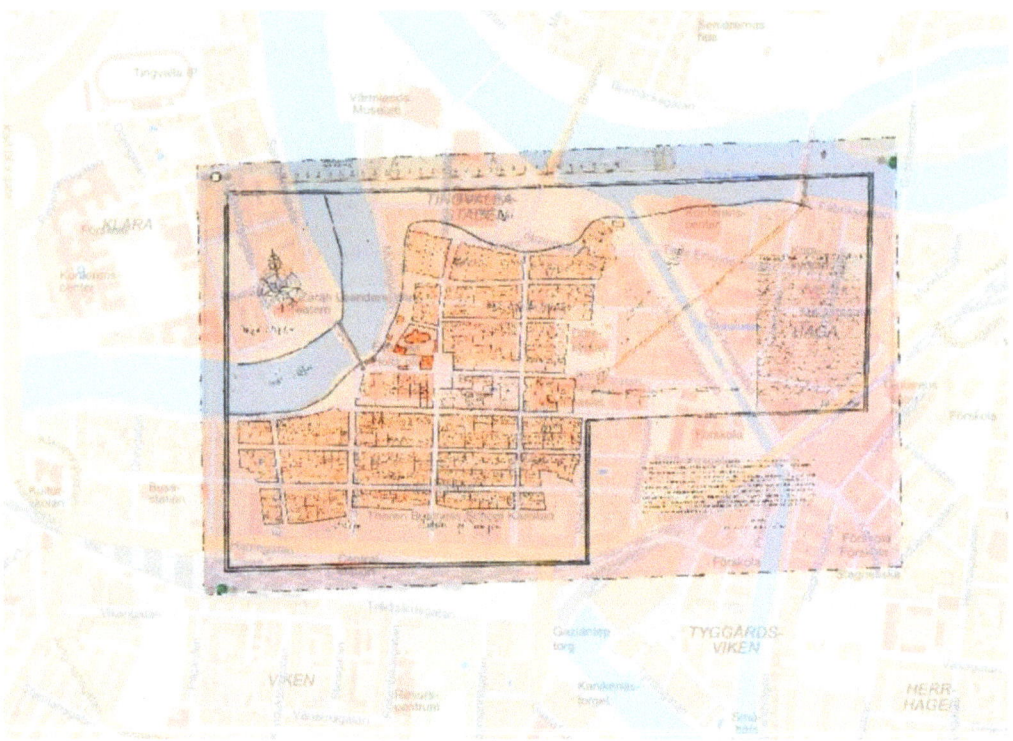

Karlstad var på Valborgs tid en liten stad, men där fanns landshövdingen som hade inflytande över familjens markköp, där fanns häktet dit Valborgs man Per fördes, där fanns den gamla domkyrkan där deras prost blev biskop och där fanns skolan där dagboksskrivaren Petrus Magni Gyllenius var lärare.

Domkyrkan och skolan låg i älvkröken där Länsresidenset ligger idag.

Karlstad, eller Tingvalla, var en viktig marknadsplats.

Västerås: https://kartor.vasteras.se/historiska/

Jag har kunnat följa Västerås utveckling från 1600-talet till 1900-talet och hitta platserna där Lisa Strömberg och hennes efterkommande bodde-

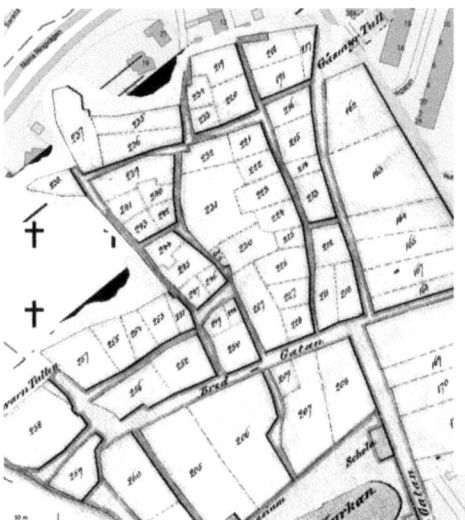

Kyrkbacken har behållit sitt gatunät och mycket av sin karaktär genom århundradena. Här är stadsdelen utklippt ur en Västeråskarta från 1688.

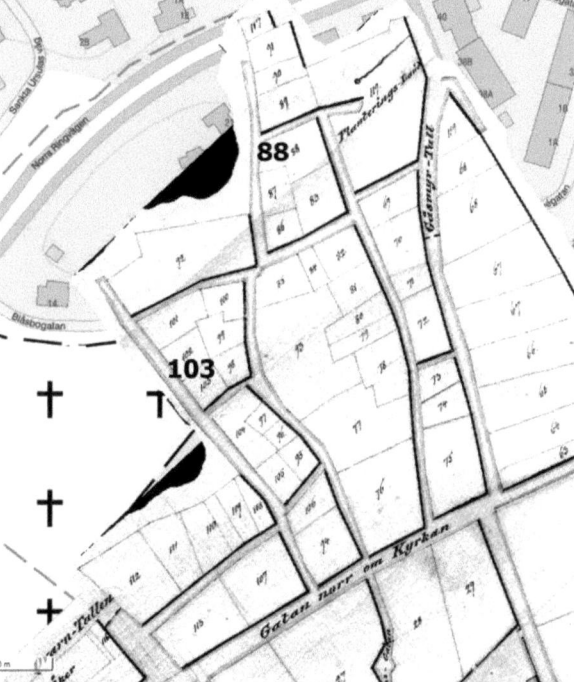

Och här är Kyrkbacken 1751. Tomten nummer 88, skulle komma att tillhöra Lisa Strömberg.

På nummer 103, intill kyrkogården, bodde hennes bror Johan och sedan hennes dotter Gustava.

279

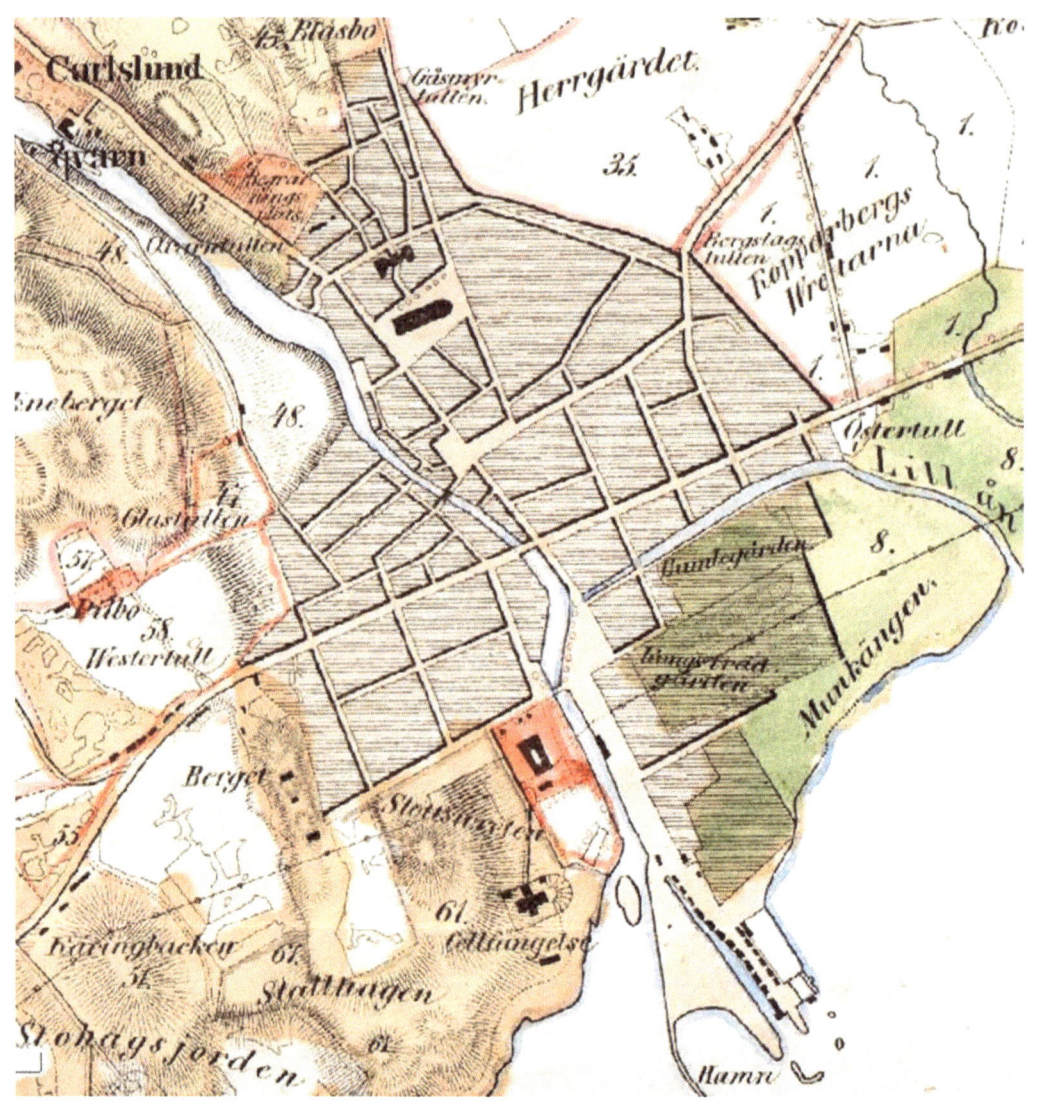

1854 var Västerås fortfarande en småstad, trots sin domkyrka och sin hamn.

Kyrkbacken var sig likt. Staden var omgiven av natur och jordbruk.

I de södra delarna låg Slottet, Kungsträdgården och stadens humlegård.

Lillån var fortfarande en å.

280

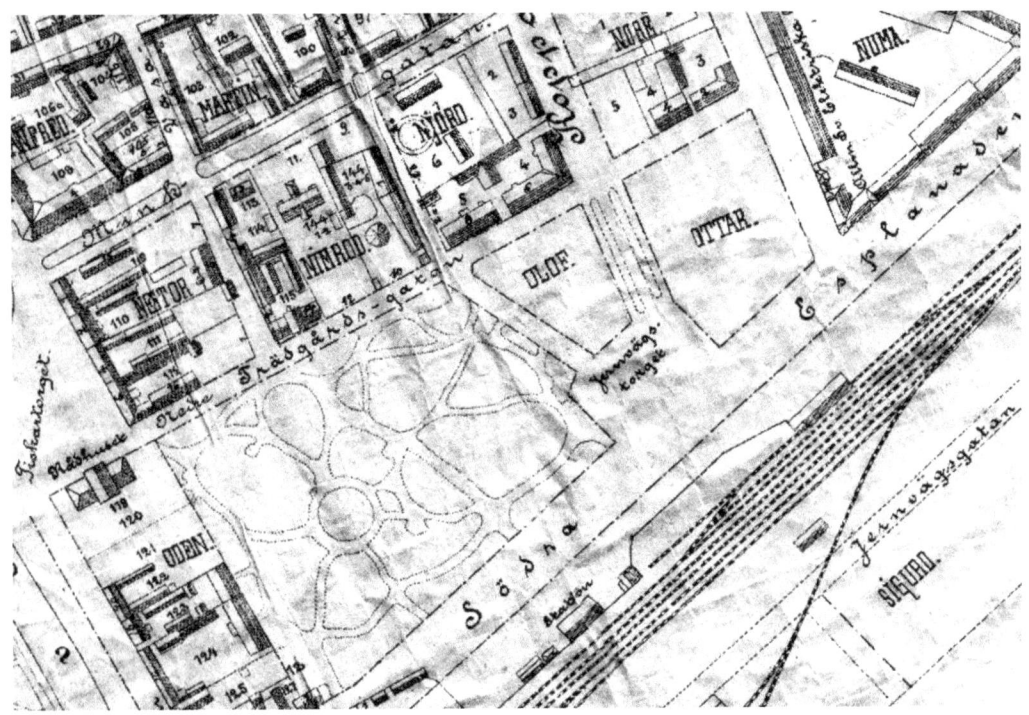

1902 hade det skett stora förändringar i den södra delen.

Lillån hade blivit Munkgatan.

Där humlegården låg fanns nu kvarteret NJORD med Gasverket.

I kvarteret NUMA står det: Allm. Sv. Elektriska A.B. alltså ASEA.

Längst ner mot söder hade järnvägen dragits fram.

Kungsträdgården fanns kvar som en grön lunga och gör så än idag.

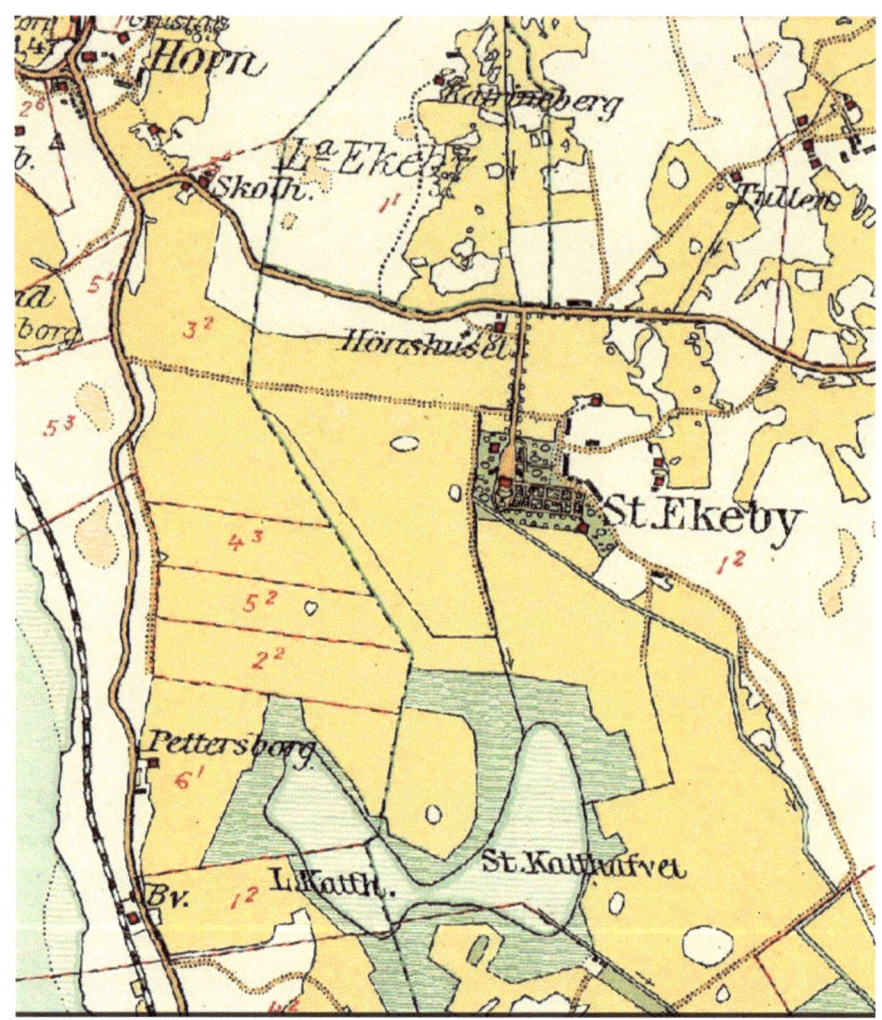

Till Västerås karttjänster hör även häradsekonomiska kartan för hela kommunen och där hittar jag Stora Ekeby, det praktfulla säteriet där den unga Lovisa Ernström arbetade 1861.

Nästa sida: även Nyköping har kartor ända från 1600-talet, för min del var det den här stadskartan från 1888 som gav mest information. Jag kan pricka in Lovisas olika bostäder och jag hittar Kapellgatan med Folkskolan för gossar och Lottens och Augusts hem.
https://www.nykoping.se/uppleva--gora/arkiv-och-slaktforskning/historiska-kartor/

NYKÖPING

Upprättad år 1888
af
Adolf Jolander

Kapellgatan

Slottet

Slutkläm

När en riktigt nördar ner sig i något förflyttas en till en annan värld men den värld jag besökt är ju ändå samma värld, samma sol, samma luft, samma vatten, samma berg och samma hav. Samma värld, sedd med andra ögon.

Det har varit en omtumlande upplevelse att möta mina förmödrar och göra ett försök att förstå deras livsvillkor. På ett sätt var det inte så stor skillnad mellan Kirstens liv och Valborgs eller Britas, det var marken man odlade, skörden man förhoppningsvis fick, det lilla huset som gav tak över huvudet. Av de tre var det bara Valborg som ägde jord, Kirsten och hennes man brukade och förvaltade prästgårdens mark, Brita slet som piga och soldathustru.

Efter ett tag framstod det tydligt för mig att det som var svårt inte var att slakta och salta, hämta ved och vatten, att tvätta i älven och att tillverka saker i hemmet.
Det praktiska fixade man.

Det svåra var osäkerheten. De hade inget skyddsnät. De var i händerna på det opålitliga, härjande sjukdomar, väder och överhetens föränderliga beslut.

Jag är otroligt imponerad av allt de kunde som inte vi kan.

Nu var det ju inte så att alla blev lika fattiga som mina huvudpersoner. Alla äktenskap bröts inte av för tidig död.

Alla drabbades av missväxt och hotades av epidemier men däremellan kunde livet vara fint och ibland alldeles underbart.

Kirstens dotter fick ett bra gifte. Hennes man, kyrkoherden Magnus Johannis i Asby kunde köpa egen mark och hade god ekonomi. De levde länge tillsammans och det gick bra för deras barn.

Lisas mamma, Brita Mårtensdotter, var gift länge med sin skogvaktande man och när han dog tog ene sonen över både yrket och bostaden så att hennes ålderdom var tryggad.

Artonhundratalet var en märklig tid som kom med förbättringar för många, svält och undergång för andra. Det oväntade kunde när som helst sätta käppar i hjulet för den som drömde och försökte planera ett värdigt liv.

Platser att besöka

Från Kirstens liv finns inte mycket kvar att titta på. Det finns bevarade 1500-talsbyggnader runt om i landet. De är i allmänhet mycket ombyggda och förändrade och även om Kirsten var gift med en betydande man som kanske besökte Linköping, Uppsala och Stockholm så är det högst osäkert om hon själv såg andra platser än Skänninge och Ydre. Det finns ändå två mycket gamla kyrkor som var gamla redan då Kirsten besökte dem.

I Skänninge finns den mäktiga Vårfrukyrkan som invigdes 1306. Tiden har satt sina spår, kyrkan har drabbats av brand och andra skador som behövt repareras och om vi fantiserar oss tillbaka till tiden före reformationen får vi börja med att tänka bort bänkarna, orgeln och elektriciteten.

I Asby kyrka var både Kirstens måg och hennes dotterson präster. Den kyrkan finns kvar men är tillbyggd flera gånger. Dottersonen hette Samuel Magni, hans gravsten finns i kyrkans kor med texten:
HÄR VNDER HVILAS I HERRANOM SALIGH HÄR SAM. MAGNI FORDOM KYRKOHERDE VTHI ASBY I 14 ÅR HVILKEN AFSOMNADE VPPÅ SIT 36 ÅHR THEN 14 IVLI ÅHR 1628 SAMT HANS KÄRE HVSTRV H KARIN HANSDOTTER HVILKEN AFSOMNADE THE .... ÅHR .... HVILKE MEDH SINE KÄRE SIUV BARN SAMUEL. DANIEL.MARGARETHA. JOHANNES. MAGNVS. ELISABETH OCH KARIN AFFLEDNE ÄRO. GVDHFÖRLÄNE THE OCH OSS ALLO EN SALIGH OCH FRÖGDEFVLL VPPSTÅNDELSE. AMEN

Från Valborgs liv finns inga byggnader kvar men områdena där hon bodde är väldokumenterade. Det finns platser där man känner sig förflyttad bakåt till ett liv som påminner om hennes.

I Lekvattnet finns Torsby Finnskogscentrum med ett digert bibliotek och med besöksgårdar som visar skogsfinnarnas liv och villkor.

I bygdegården i Skräddarbo söder om Alfta finns Finnskogsmuseet med utställning och ett enormt bibliotek.

I närheten av Fredriksberg i södra Dalarna finns Finngården Skifsen, ett projekt där man återskapar en finngård i den trakt där Valborg föddes.

I Tärnsjö, som centralorten heter nu och där Nora kyrka ligger, kan man fortfarande gå den gamla kyrkstigen där Brita gick. Nora församling och många ideella lokalbor har rustat upp leden och den nästan 700 meter långa spången som i alla tider varit nödvändig för att ta sig över myren Nordmyran.

I kyrkan kan vi se den vackra altartavlan som finns kvar från Britas tid.

I Västerås finns Kyrkbacken kvar som en egen, mycket speciell stadsdel. Men det är inget museum, människor bor där och numera har de naturligtvis både el och vatten och avlopp. Lisas hus har för länge sedan skattat år förgängelsen men nummer 103, där Gustava bodde i många år, finns kvar. Numera heter gatan Blåsbogatan och huset är renoverat av stadens kulturfond.

Domkyrkan, Lisas församlingskyrka, finns naturligtvis kvar med all sin glans men vi får försöka föreställa oss hur det var utan uppvärmning och elektriskt ljus.

Folkskolan, där Lovisas och Fredriks barn gick, finns kvar som Skepparbacksskolan.

I Nyköping finns gasverksbyggnaden kvar intill Nyköpingshus, slottet. Byggnaden har genom åren varit både museum och restaurang. Även det gamla epidemisjukhuset ligger kvar, nu som vandrarhem.

Folkskolan för gossar där August Börjeson och Lotten Eriksson bodde, heter numera Västra skolan och ligger på Brunnsgatan 37.

Källor

För att försöka få ett grepp om livet förr har jag läst massor, böcker, dokument hos riksarkivet, lantmäteriet och Arkiv Digital. Jag har letat i digitaltmuseum.se, jag har googlat, och jag har gjort tillfällighetsfynd.

Några böcker vill jag särskilt nämna

Bibeln, olika utgåvor
Martin Luthers Lilla Katekes
Andersson , Kent och Anderö, Henrik: Ordbok för släktforskare
Keyland, Nils: Svensk allmogekost
Kiechel, Samuel: En resa genom Sverige år 1586, finns på runeberg.org och på litteraturbanken.se
Malmstedt, Göran: Bondetro och kyrkoro
Nordiska museet: Nordbor Liv och rörelse under 500 år
Sandén, Annika: Fröjdelekar
Sandén, Annika: Missdådare
Sandén, Annika: Bödlar
Sandén, Annika: Usla, elända och arma
Tollin, Clas: Sveriges lantmätare 1628 till 1680

Och en trevlig internetsida

Även om berättelserna utspelar sig på landsbygden och i små städer dyker Stockholm upp om och om igen. Valborgs pappa vandrade till Stockholm 1636, männen från Britas hemtrakt försvarade Stockholm 1719, Lisas dotter Stina Lisa tog pigplats i Stockholm 1816.
På Sockholmskällan/jämför kartor kan vi se hur staden växt.

Litteratur om Kirstens villkor

Andersson, Eva: Kläderna och människan i medeltidens Sverige och Norge
Andersson, Martin, SLU: Ärvda siffror och nya källor till Sveriges folkmängd 1571
Broocman, Carl Fredric: Beskrivning över de i Östergötland befintliga städer, slott, sockenkyrkor, socknar, säterier, överofficerboställen, järnbruk och prästgårdar mm, Filén, Thure: Ydre-boken
Forsell, Hans: Sverige 1571, Statistisk tidskrift 1872
Grimberg, Carl: Svenska folkets underbara öden II
Göransson , Göte: Gustav Vasa och hans folk
Harrison Lindbergh, Katarina: Nordiska sjuårskriget
Holmström, Otto: Ärkebiskop Abrahams räfst, finns digital bl a på Gupea, Göteborgs universitetsbibliotek

Larsson, Lars-Olof: Dackeland

Mandelgrenska samlingen på plattformen Alvin

Riksantikvarieämbetet: Östergötland Landskapets kyrkor

Riksarkivets årsbok 2023: Sverige 1523

Riksarkivet: Det medeltida Sverige Band 4 Småland: 6 Ydre härad

Rääf, Leonhard Fredrik: Samlingar och anteckningar till en beskrivning öfver Ydre härad i Östergöthland, finns på google books

Sandén, Annika och Petersson, Erik: Mot undergången, ärkebiskop Angermannus i apokalypsens tid

Wetterberg, Gunnar: Prästerna

Wågman, Oskar: Asby sockenkrönika

Både Rääf och Broocman finns på google books så där kunde jag läsa vidare

Litteratur om Valborgs villkor

Almqvist, Gunnar: Sammandrag av Fryksdals härads domböcker 1602 - 1700

Blad, Gabriel och Olausson, Peter: Vandrat hit som andra finnar att söka sig föda Björklund, Monica, Torsby Finnskogscentrum: Finngårdens byggnader

Carlstads stifts herdaminne, del 2, finns digitalt på runeberg.org

Englund, Peter: Ofredsår

Ericson, Jarl: Finnar i Gräsmark och Lekvattnet

Finnsam: Det skogsfinska kulturarvet, flera författare

Gottlund, Carl Axel: Dagbok 1821

Gyllenius, Petrus Magni: Dagbok 1622 - 1667, finns digitalt på litteraturbanken.se

Harrison, Dick: Ondskans tid, om trolldom och häxeri

Hasselstig, Elis: Boken om Lekvattnet

Lindeström, Per: Resa till Nya Sverige 1653 – 1656

Mattsson, Anders: Skogsfinnen och kyrkan

Ollars, Jan: Obygd, östmarksskojare, östmarksfinnar och allsköns mord....

Riksantikvarieämbetet: Värmland Landskapets kyrkor

Sundén-Cullberg, Ann: Tolvmilaskogen Om svedjefinnarna i Skandinaviens skogar

Söderqvist, Nils G: Gräsmarks kyrka

Grahn Mariana, Ivars Anna, Thorin Emma, Andersson Susanne: Skogsfinnarna i Säfsen

Litteratur om Britas villkor

Englund, Peter: Poltava

Ericson, Lars: Svenska knektar

Ingesson, Stefan: Kungens män – Kar XII:s drabantkår

Knarrström, Nilsson och Mandzy: Poltava, stormaktens undergång

Kvällsstunden, tidningen: Då Sala var huvudstad

Larsson, Daniel: Den dolda transitionen, kap 4: Att söka förklaring: om missväxten, hungern och sjukdomarna
Linköpings stifts herdaminne finns digital på Litteraturbanken
Nora församling: Nora kyrka
Norlén, August: Anteckningar om Nora socken i Västmanlands län. (1898)
Petersson, Erik: Sårade soldater
Riksantikvarieämbetet: Uppland Landskapets kyrkor
Ullgren, Peter: Breven som inte kom fram
Upplandsmuseet: Arkeologi vid Nora kyrka
Uppsala stifts herdaminne, del 2 finns digitalt hos Arkiv Digital
Västerbro, Magnus: Pestens år
Västerbro, Magnus: Tyrannens tid

<u>Litteratur om Västeråskvinnornas tid</u>

Almquist, Carl Jonas Love: Det går an
Artæus, Irene: Kvinnorna som blev över. Ensamstående stadskvinnor under 1800-talets första hälft – fallet Västerås
Bure Wijk, Helena: Bland fattiga och bödlar på Kyrkbacken i Västerås
Böttiger, Carl Wilhelm: Resan till Stockholm
Erikson, Georg: Folkundervisningen i Västerås, ur Västerås genom tiderna
Gustafsson Gillbrand, Patrik Sörmlands arkeologi: Återbäran, Fisktoget i Nyköping
Jacobsson, Karl Axel: En titt i backspegeln, en vandring i Västerås historia
Mälarenergis kundtidning Nonstop: Pionjärernas tid
Västerbro, Magnus: Svälten

<u>Fria offentligt tillgängliga dokument och sidor det är svårt och tråkigt att vara utan</u>

Riksarkivet: kyrkböcker, mantalslängder, Det medeltida Sverige och mycket, mycket mer
Lantmäteriets historiska kartor
svenska.se Svenska akademiens ordbok
Tabellverket: Svensk befolkningsstatistik 1749 – 1859
Centrala soldatregistret
digitaltmuseum.se
Kungliga biblioteket:
https://libris.kb.se/ förteckning över alla böcker, var de finns att låna, vilka som finns digitaliserade och möjlighet att få miljontals böcker digitaliserade via EOD, books2ebooks.eu
Digitaliseringen kan dock kosta lite.
https://tidningar.kb.se/
Institutet för folk och språkminnen, https://www.isof.se/
Folklivsarkivet, https://www.folklivsarkivet.lu.se/
Alvin Plattform för digitala samlingar och digitaliserat kulturarv
https://www.alvin-portal.org/alvin/home.jsf?dswid=3302

Uppsala universitet: Grafer över Uppsalas klimatserier
http://celsius.met.uu.se/poster_plots/Uppsala_klimatserie_poster_90x120_2022.png
http://celsius.met.uu.se/poster_plots/Uppsala_klimattrender_poster_90x120_2022_E.png

Betalsidor

Arkiv Digital har kyrkböcker, domböcker, bouppteckningar, generalmönsterrullor, flygbilder, ett antal register som byggs ut hela tiden och mycket mer.

Arkiv Digital är ett privat företag och det är klart att de inte kan gå runt gratis. Det kostar en slant men för den pengen får man mycket.

Det de fotograferat av håller hög kvalitet, det är lätt att hitta bland de olika dokumenten, man kan snabbt kopiera både länkar och bild på det som är intressant.

Ordlista

Förra året fullbordades SAOB, Svenska Akademiens ordbok. Nu finns den på nätet tillsammans med SAOL, Svenska Akademiens ordlista, och SO, Svensk ordbok.
Så snart jag stöter på ord jag inte förstår vänder jag mig dit, adressen är https://svenska.se/

Jag har försökt förklara knepiga ord i texten där de dyker upp men det finns några ord eller benämningar som jag vill ta upp här.

Brandskatta: hota en stad eller gård, betala annars bränner vi

Celibat: att någon lever ogift, att som katolsk präst leva äktenskapslöst

Danneman: allmogeman, en rättrådig och aktad man

Frejd: anseende, vandel

Hemgift: värdesaker i form av bohag, mark, eller pengar som bruden fick med sig när hon gifte sig

Hjon, fattighjon, undantagshjon: tjänstefolk, hushållsmedlem; person som måste tas om hand av andra; person som har avtal om husrum och uppehälle på gamla dar

Hjonelag är ett ålderdomligt ord för äktenskap

Härad, häradsrätt: Administrativt område för förvaltning och rättsskipning, häradsrätten var den första instansen för allmänna mål på landsbygden, de kunde sedan gå vidare till hovrätten

Högmål: brott som gav dödsstraff

In natura: ersättning i form av varor, jmfr naturaförmån

Katekes: lärobok i kristendom, den behöver inte vara protestantisk och det fanns andra katekeser än Luthers.

Klövja: lasta på ett lastdjur, ofta med en klövsadel som fördelade lasten så att den blev lättare för djuret att bära

Kviga: ung ko som ej kalvat

Kyrkoplikt, kyrkogångsplikt: kyrkoplikt var ett straff där en person visades upp i kyrkan för att ångra sig och bli förlåten; kyrkogångsplikt var tvånget att gå till kyrkan

Kyskhetslöfte: löfte att leva i celibat

Lysning: tillkännagivande i kyrkan att ett par ansökt att få gifta sig, det skedde 3 söndagar i rad för att den som hade invändningar skulle kunna protestera

Mantal, stå i mantal: 1 mantal betydde ursprungligen den jord som behövdes för att försörja en man med familj. Olika gårdar om 1 mantal kunde ha väldigt olika areal beroende på hur bördiga de var. Mantalet var underlag för skattläggningen. Betydelsen försköts så att det blev vanligt att nya gårdar bara var ½, ¼ eller ⅛ hemman. Så var till exempel Liukkola ¼ hemman när Valborgs pappa ägde det och delades sedan i ännu mindre bitar. Att stå i mantal var att vara skattskyldig för en gård, det behövde inta vara ägaren utan kunde vara en arrendator.

Mjärde: fiskeredskap, ofta trattformigt

Nedsättningssedel: kungligt tillstånd att bosätta sig, måste godkännas av det lokala tinget.

Oxmuleskor: små tunna skor som påminner om senare tiders ballerinaskor

Patronymikon: när fadersnamn eller -sonnamn, används för att visa var du hör hemma i samhället. Det är en information om vem du är barn till. I många kulturer används bara fadersnamnet utan -son. Det finns även modersnanm metronymikon.

Retort: gasverkskärl där kol kokas för att avge gas

Ria: torkhus för säd, i överförd mening hjälp för alkoholister.

Räfst: undersökning, granskning

Rödsot: eller dysenteri är en dödlig, mycket smittsam tarmsjukdom med blodiga diarréer.

Socken, kyrksocken: administrativt område med gemensam kyrka, församling

Sockenbud: när prästen kallas ut att göra hembesök hos en svårt sjuk eller döende församlingsmedlem

Statare: jordbruksarbetare, jordbruksfamilj, som anställdes 1 år i taget och huvudsakligen fick sin lön i form av stat=bostad och livsmedel

Stuka: utomhus vinterförvaring för rotfrukter som täcks med halm och jord

Stut: kastrerad tjurkalv, ung oxe

Svedja: skogig mark där träden fällts och bränts för att skapa en odling

Tionde, kvicktionde: skatt som betalades med en tiondel av det man producerat, oftast säd men det kunde också vara andra varor, när man betalade med levande (kvicka) djur kallades det kvicktionde.

Tolvmannaed: en anklagad som nekade till brott kunde samla 12 välkänt hederliga och trovärdiga personer som intygade att den anklagade var en ärlig person.

Torp: ordet har skiftat betydelse genom tiderna.
När Valborgs pappa köpte Liukkola står det torp men det står också att han köpt det *såsom sin Lagh och Wälfångne Skatte ägendom*. Det var alltså en skattegård men små nybyggen, mindre än ½ hemman, kallades torp.
Torp är annars mest använt som arrendeform, en torpare brukade mark som tillhörde en större gård och betalade arrendet med dagsverken och/eller produkter, till exempel skulle många torpare bygga milor och leverera träkol.
Ett torp kan också vara ett hus, en sommarstuga eller bara ett litet rött hus på landet.

Tross: de förråd och den personal som medföljde en armé på marsch, det var mat, vatten, tält, foder till hästarna, mediciner, redskap, ammunition och allt annat man behövde. Trossen hade hundratals vagnar, hästar och drängar. Med trossen följde ett stort antal privatpersoner och familjemedlemmar.

Undantag, undantagskontrakt: en äldre, eller funktionshindrad, person överlåter sin fastighet men får kontrakt på att bo kvar livet ur med mat och husrum. Ofta byggdes en mindre stuga till de äldre.

Vadmal, stamp:
I en vadmalsstamp bearbetades ylletyg kraftigt i varmt vatten, stampades med stockar i en stamp, ungefär som en mortel. Tyget blev tätt och vattenavstötande.
En benstamp användes för att krossa djurben till benmjöl som är ett långtidsverkande gödningsmedel

Äng, åker, vall, hage:
Äng är åkers moder, sa man. Ängen är artrik gräsmark. Ängen betades inte, gräset slogs och torkades till hö som blev vinterfoder. Det var höskörden som avgjorde om korna skulle överleva vintern.
På åkern odlas säd och rotfrukter. Djuren äter hö och bajsar ut gödsel till åkrarna.
Vall är en åker där man odlar djurfoder men kan också vara ett område där man vallar djuren på bete.
En hage är en inhägnad betesmark till skillnad från när korna gick lösa och betade på skogen. Förr, när boskapen gick lös, var det åkrarna och ängarna som var inhägnade för att skydda dem för betande djur.
Begreppen går i varandra och har genom åren använts lite olika men under senare år har den artrika ängen uppmärksammats allt mer. När vi vill värna den biologiska mångfalden är ängens alla växter viktiga.